Ein Kosmos der Schrift

Hanns-Josef Ortheil
zum 70. Geburtstag

Herausgegeben von Imma Klemm

btb

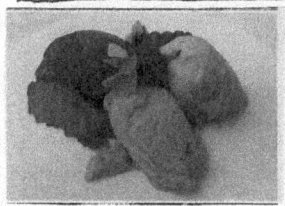

Mittags. Was G während der gemeinsamen
Mahlzeit erzählt. Die Masken und die noch
immer anhaltende Irritation... Zahlen,
Zahlen, die spuken im Hirn, die sich laufend
melden. Die Getesteten, die Geimpften, die
Genesenen... – wie Scharen des Jüngsten Ge-
richts. Kategorien. Klassifikation...

Die Geopolitik der Erde... P macht laufe
niedliche Experimente... Was wächst wo am
besten?! Bodenforschung, Landwirtschaft,
erläßt mich aus... Seit er davon redet,
sehe ich auch laufend Bücher zu diesem Thema.
Vater hatte sich kaum darauf geachtet...
Dabei komme ich doch "vom Land"...

(Früher wurde auf Fragen so geantwortet:
"Wir kommen vom Land "..., ohne gefragt worden zu sein, in die Stille...

Sorbet: Drei Sorten, sagten
sie "Gurke"?! Vier kurze
langweilige Experimente.
Wie die Kürten sogar mit
pays... beruhigt also.
bar?! Alles hat sich in
Forschung verwandelt,
die Gärten, die Kontakte...

Ein Gruß aus Venedig...
Die Gärten der Stadt,
das alte Thema, von
dem früher noch nie-
mand sprach. Die Pan-
demie hat diese inti-
men Bezirke geöffnet

Sitze mit P an den Tennisplätzen, und wir schauen den Spielern zu, die
jetzt wieder regelmäßig trainieren... Im TV laufen die Übertragungen von
Roland Garros. Kein Tennis hat eine solche visuelle Präsenz: Roter Sand,
weiße Linien, die Zuschauertribünen mit den bunten Frohlüften? P kann
stundenlang zuschauen, einzelne Ballwechsel, er wird nicht langweilt. Keine
Sekunde. Theorie und Praxis des "Schlagabtausches" (passendes Wort). Die
Szenerie hat auch etwas vom "Sand": Ballspiele, eine feste Kulisse im Hintergrund, Zerstreuung, die sinkende, abwartende Sonne, die am Ende ihre langen
Schatten streut... Und der kleine Kick des "Künstlichen": Beherrschung, Konzen-
tration, die Ruhe wiederfinden...

Inhalt

»Una vita – oder Herr Ortheil, wie haben Sie das gemacht?«

Ein Gespräch von Klaus Siblewski und Hanns-Josef Ortheil über Hanns-Josef Ortheils »Kosmos der Schrift«

Vorbemerkung

Seit 1979 hat der Schriftsteller Hanns-Josef Ortheil über siebzig Bücher veröffentlicht. Fast täglich geschrieben und notiert hat er aber bereits seit seinem achten Lebensjahr. Entstanden ist auf vielerlei Wegen das, was er selbst einen »Kosmos der Schrift« nennt. Er besteht zum größten Teil aus unveröffentlichten Texten, die sich in einem Archiv befinden. Die veröffentlichten wiederum sind den verschiedensten Gattungen zuzurechnen. Es gibt Romane, Sachbücher, Essays, literarische Tagebücher, journalistische Texte, aber auch Dramen, Drehbücher und Libretti.

Drei Tage lang hat sich Klaus Siblewski, Ortheils Lektor im Luchterhand-Verlag, mit seinem Autor über diesen raren und materialreichen Kosmos unterhalten. Schon allein die Dauer dieses intensiven Austauschs erinnerte an den Klassiker unter den Werkstattgesprächen: das 50stündige Gespräch, das der französische Filmregisseur François Truffaut im Jahr 1962 mit Alfred Hitchcock führte und in dem Buch *Mr. Hitchcock, wie haben Sie das gemacht?* dokumentierte.

Den Titel des Buchs haben Klaus Siblewski und Hanns-Josef

Ortheil leicht variiert übernommen. In ihrem Gespräch »*Herr Ortheil, wie haben Sie das gemacht?*« ging es neben den klassischen Werkstattthemen des *Making of* aber noch um etwas anderes. Die biografischen und emotionalen Hintergründe des Kosmos sollten in einer »Graphoanalyse« zutage treten. Sie bringt die psychischen Konstellationen mit denen des Schreibens in Verbindung, das in einer westerwäldischen Jagdhütte in den fünfziger Jahren des letzten Jahrhunderts begann ...

Drei Listen und erste Fragen

Klaus Siblewski (KS): Vor mir liegen zwei Listen. Eine mit den Büchern, die Du seit 1979 veröffentlicht hast. Ich habe nachgezählt, es sind über siebzig. Und eine zweite Liste mit einer Bibliografie der Texte, die bisher von Dir erschienen sind. Einige wurden bereits in Deinem Kindesalter gedruckt, rasant wird es, als Du etwa zwanzig Jahre alt bist. Von da an kann man Dein Schreiben in vielen Gattungen und Genres kontinuierlich verfolgen. Zunächst in der Rolle als Film-, Musik- und Literaturkritiker, dann als Essayist und Erzähler, später aber auch als Drehbuchschreiber, Librettist, Dramatiker, Sachbuch- und nicht zuletzt natürlich als Romanautor. Diese Bibliografie der gedruckten kleinen und größeren Texte ist sehr umfangreich, ich habe die Texte nicht gezählt, man käme auf eine astronomisch wirkende Summe. Hinzu kommt aber noch etwas Weiteres, sehr Wichtiges. Du hast mir einmal erzählt, dass der Großteil der von Dir geschriebenen Texte unveröffentlicht ist. Es sind Texte, die Du zunächst nur für Dich selbst oder einen kleinen familiären Kreis geschrieben hast: Chroniken, Tagebücher, kleine Porträts und Erzählungen, Dialogisches, Reflexionen, Notate. Etwa mit acht Jahren hast Du mit solchen Texten begonnen und an diesen Formaten weitergeschrieben, bis heute. Ihre Zahl mag ich nicht kalkulieren, das würde mich überfordern.

Wären wir akribisch genau, hätten wir es in Deinem Fall, verknappt gesagt, mit drei Listen zu tun: der Deiner Bücher, der Deiner veröffentlichten und der Deiner unveröffentlichten Texte. Das Ganze nennst Du oft einen *Kosmos*, genauer gesagt, einen *Kosmos der Schrift*.

Ich kenne nichts Vergleichbares, es ist unglaublich, und das im wörtlichen Sinn: Man glaubt es kaum. Und da frage ich mich natürlich: Wie konnte es dazu kommen? Was liegt dem zugrunde? Woraus besteht dieser Kosmos? Wie kam es zu seinen Themen und miteinander verbundenen Gruppen? Was steckt hinter alldem, biografisch, emotional? Und wohin wird das noch führen? Über all diese Themen wollen wir miteinander sprechen, an mehreren Tagen. Wir wollen analysieren, was es mit Deinem *Kosmos der Schrift* auf sich hat. Bist Du einverstanden?

Hanns-Josef Ortheil (HJO): Ja, bin ich, und ich freue mich sehr auf diese Gespräche. Ich glaube, jetzt, kurz vor meinem siebzigsten Geburtstag, ist genau der richtige Zeitpunkt, über diese Themen zu sprechen. Wir kennen uns seit einem Vierteljahrhundert, Du hast seit 1998 meine Arbeiten betreut und lektoriert, wer wäre als Gesprächspartner besser geeignet?

Lass mich zu Beginn aber noch etwas zu den Zahlen sagen, die Du genannt hast: Ich habe viele Reaktionen von Menschen erlebt, die gesagt haben: Das kann ja nicht wahr sein, das kann er gar nicht alles geschrieben haben, es ist unmöglich. Ich wiederum habe diesen Unglauben nicht verstanden, denn es ist doch alles nachzulesen, schwarz auf weiß. Und noch eins. Es ist keine Koketterie, wenn ich sage: Mein Leben scheint aus nichts anderem als Schreiben bestanden zu haben. Aber so war es nicht. Ich würde sogar behaupten: Das Schreiben war immer notwendig und existentiell, ohne Schreiben hätte es kein Leben gegeben. Ich habe aber nie unter irgendeinem Druck oder Zwang gelitten, zu keinem Zeitpunkt. Das Schreiben war und ist eine starke Freude und ein großes, besonderes Vergnügen. Wäre es nicht so, hätte ich niemals weitergeschrieben. Es war der Kommentar zum Leben, seine Verankerung, seine

Vertiefung, seine Deutung. Anfänglich habe ich es fast trance-artig betrieben. Ich habe in dieser Trance des Schreibens mein Leben umkreist, und diese Bewegungen erscheinen mir oft wie Kopfdiktate eines zweiten Ich, aber nie als bittere Kämpfe mit mir selbst. Der Figur des leidenden Schriftstellers habe ich daher nie etwas abgewinnen können. Sollte ich den Charakter meines Schreibens benennen, würde ich sagen: Es verlief frei, locker, entspannt, ohne Verkrampfungen, lauter punktuellen, spontanen, emotionalen Impulsen folgend. Ich benutze dafür gern einen italienischen Begriff aus der Renaissance, den ich sehr mag: Mein Schreiben, sage ich dann, orientiert sich am Ideal der *Sprezzatura*. Absichtslose Leichtigkeit, Unverstelltheit, pure Schreiblust, fast naturwüchsig. Was ich gerade meine, wird hoffentlich verständlicher, wenn wir in die Details einsteigen ...

Die Themen des Gesprächs

KS: Lass mich vorher noch einmal kurz unsere Themen fixieren. Es geht uns ja nicht um ein anekdotisches Gespräch über Deine Schreibvorhaben und Bücher, sondern darum, die Tiefenschichten dieses Schreibens zu ergründen. So gesehen, geht es um Schreibforschung. Wir wollen die Wege des Schreibens verfolgen. Wie ist es Schritt für Schritt entstanden, welche Formen und Genres hat es entwickelt, wie bedingen sie einander? Nach alldem und noch viel mehr wollen wir forschen.

HJO: Ja, wir wollen untersuchen, wie und wodurch der Schreiber und Schriftsteller Ortheil entstanden ist und was dieser lange Entstehungsprozess uns über das Schreiben generell verrät. Ich betrachte mich also in diesem Gespräch als einen Fall, und wir machen uns auf den Weg, eine Fallstudie zu schreiben. Das Schreiben ist mein ganzes Leben lang ein zentrales Thema gewesen, im Blick auf meine eigenen Arbeiten und im Blick auf viele andere Autorinnen und Autoren. Nicht zuletzt aber auch während meiner langjährigen Tätigkeit als Gründer und Leiter eines *Instituts für Literarisches Schreiben und Literaturwissenschaft* an der Universität Hildesheim, wo ich junge Schreibtalente während ihrer ersten Veröffentlichungen begleitet und dabei viel über das Schreiben erfahren habe.

KS: Dann verwandeln wir Dich doch am besten zunächst einmal zurück in einen Schreibanfänger und Schreibschüler und schauen nach, wie er sich bewegt, was er im Einzelnen tut, wie sein Alltag aussieht, was ihn alles umgibt. Lass uns mit einer kurzen Skizze des Raums und der Zeit beginnen, in die Du hineingeboren wurdest. Das war Köln, im November 1951. Du warst das fünfte Kind Deiner Eltern, Deine zuvor geborenen vier Brüder waren jedoch nicht mehr am Leben. Das hat etwas Furchtbares, Ungeheuerliches, versuchen wir trotzdem, darüber zu sprechen.

Die Familienkonstellation

HJO: Ja, versuchen wir es. Lass mich mit einer möglichst nüchternen Beschreibung der Kleinfamilie zur Zeit meiner Geburt beginnen. Meine beiden Eltern kamen aus Wissen/Sieg, einem Ort im nördlichen Westerwald. 1939 haben sie geheiratet und sind nach Berlin gezogen, wo mein Vater, der in Bonn Geodäsie studiert hatte, eine Stelle als Vermessungsingenieur bei der Deutschen Reichsbahn erhielt. 1940 kam mein erster Bruder während der damals einsetzenden Bombenangriffe auf Berlin ums Leben. Karl-Josef, mein zweiter Bruder, wurde 1942 geboren. Damals war mein Vater bereits Soldat und in Russland im Kriegseinsatz. Die junge Familie kam in diesen Jahren nie zur Ruhe. Mein Vater war meist abwesend, wurde mehrmals schwer verwundet und erlebte das Ende des Krieges als Soldat während der Endschlachten in Berlin, in völlig chaotischen, bedrohlichen und schrecklichen Umständen. Meine Mutter war damals schon mit dem Bruder in die Heimat zurückgekehrt und zusammen mit ihren Eltern auf einen entlegenen Hof in der Nähe von Wissen geflohen. Dort kam im April 1945 mein Bruder ums Leben, als der Hof beim Einmarsch der Amerikaner von deutscher Artillerie beschossen wurde, die versteckt in einer nahen Senke lag. Sie feuerte auf den besetzten Hof und damit auch auf die eigenen Leute, mein Bruder, der gerade in einer Scheune auf dem Schoß meiner Mutter saß, starb durch den Einschlag einer Granate in seinen Kopf. Nach dem Krieg lebten die Eltern in Köln, wo mein Vater eine Stelle bei der Deutschen Bundesbahn antrat. In der Nachkriegszeit verloren sie durch zwei Fehlgeburten erneut zwei Kinder. Als ich 1951 als fünftes Kind zur Welt kam, wuchs ich also in einer Familie mit einer langen, sehr leidvollen Vorgeschichte auf. Davon wusste ich natürlich lange nichts und in späteren Jahren nur wenig Genaues, alles, was mit dieser Vorgeschichte zu tun hatte, war eine Art Familiengeheimnis. Meine Eltern sprachen darüber nicht mit anderen Menschen, und ich selbst habe sie auch nie miteinander darüber sprechen hören. Mutter war zum Zeitpunkt meiner Geburt achtunddreißig Jahre alt, Vater war vierundvierzig. Sie waren damals also im Grunde bereits im Großelternalter. Das war 1951 die Familienkonstellation: Meine Eltern waren ein älteres Paar, das nicht mehr daran geglaubt hatte, jemals ein einigermaßen normales Familiendasein zu erleben. Im Grunde begann dieses ältere Paar im Jahr 1951 und damit zwölf Jahre nach der Heirat ganz von vorn. Ich war damals der Hoffnungsträger dieses neuen Lebens, meine Geburt wurde als ein Zeichen dafür empfunden, dass sechs Jahre nach dem Ende des Zweiten Weltkriegs ein familiäres Leben zu dritt vielleicht doch noch möglich sein könnte.

Erste Bilder und Erinnerungen

KS: Erinnerst Du Dich an Bilder und Szenen aus diesen frühen fünfziger Jahren?

HJO: Ja, die gibt es, und einige sind sehr prägnant. Ich habe sie in meinem Roman *Die Erfindung des Lebens* (2009) als Urszenen meiner Kindheit aufleben lassen, jetzt komme ich darauf zurück und erzähle sie möglichst sachlich. Wir lebten im ersten Stock eines Mietshauses in Köln-Nippes am Erzbergerplatz. Das ist ein noch heute sehr eindrucksvoller, ovaler Platz, rundum von Häusern umgeben. In der Mitte befinden sich Spielplätze und Gartenanlagen, der Platz wirkt trotz der vielen Menschen, die dort wohnen, eigentümlich ruhig, fast idyllisch. Woran ich mich als erstes erinnere, ist der Blick aus dem Fenster unseres Wohnzimmers herunter auf den Platz. Ich stand auf einem kleinen Schemel und schaute mir das Leben und Treiben an, und ich war von den vielen Bildern und Szenen sehr fasziniert. Das Zimmer hatte einen Erker, dort standen ein kleiner, runder Tisch und ein Sessel. Das war der Platz meiner Mutter, sie saß in diesem bequemen Möbel, und auf dem Tisch lagen Stapel von Büchern. Ich, auf dem Schemel stehend – und meine Mutter neben mir, sitzend und lesend. Das sind die ersten Bilder, an die ich mich erinnere.

KS: Deine Mutter war eine passionierte Leserin?

HJO: Ja. Sie hatte schon in ihrem westerwäldischen Heimatort als Bibliothekarin für die katholische Pfarrbücherei gearbeitet. Das setzte sie in Köln fort. Sie hat immens viel gelesen, fast ausschließlich Belletristik, und sie war zuständig für die

Bestellungen neuer Bücher. Welche schafft man an, in welche Rubriken gehören sie, welche Leserinnen könnte das interessieren? Meine Mutter machte sich auf kleinen Zetteln Notizen und steckte sie in die Bücher, die dann gekauft wurden. Das war die Sichtung vor dem eigentlichen Erwerb.

KS: Deine Mutter hat diese neuen Bücher gelesen und sich gleichzeitig Notizen gemacht?

HJO: Sie notierte bestimmte Stellen und schrieb kurze Kommentare zu jedem Buch. So entstanden Lesetagebücher, mit Eindrücken und Protokollen der Lektüren. Zum einen gab es die Zettel, die in die Bücher gelegt wurden, zum anderen aber auch schwarze Hefte mit fortlaufenden Eintragungen. Meine Mutter nannte sie *Cahiers*. Ich fand sie immer besonders schön, biegsam, abwaschbar, liniert, dünnes Papier. In diese *Cahiers* notierte sie die Titel, die Autorennamen und wann sie das Buch gelesen hatte. Von …bis …, alles auf die Minute. Das verstehe ich unter »Lesetagebuch«.

KS: Zum Lesen Deiner Mutter gehörte das Schreiben immer dazu?

HJO: Ja, es war für sie ganz selbstverständlich, während des Lesens und danach etwas zu notieren. Ich habe das später schon als Schüler auch so gemacht, und für mich war es ebenfalls selbstverständlich. Das ist es bis heute, ich kann mir Lesen ohne Schreiben gar nicht vorstellen. Da stoßen wir schon auf eine erste Keimzelle des Schreibens, das Notieren als ein Reagieren aufs Lesen, als seine Bestätigung, letztlich als die Hereinnahme des Gelesenen in den eigenen Erlebnishaushalt. Aber, wie gesagt, mir erschien das nicht als etwas Besonderes, sondern als vollkommen normal. Ich sehe meine Mutter an dem runden, kleinen Tisch sitzen. Auf dem Tisch liegen die Bücher, die Zettel, Hefte und Stifte für die Aufzeichnungen, und auf einer Ebene darunter konnte sie das Teeservice abstellen, sie trank Tee während der Lektüren. Diesen Tisch gibt es übrigens noch, ich benutze ihn weiter fürs Teetrinken.

KS: Deine Mutter hat nur zu Hause gearbeitet oder auch in der Bibliothek? Hast Du sie auch dort erlebt?

HJO: Ja, ich wurde in die Bibliothek mitgenommen, aber nur, wenn es dort etwas zu erledigen gab. Wir holten die neuen Bücher ab und brachten sie wieder hin. Lange aufgehalten haben wir uns nicht. Gelesen oder anderweitig gearbeitet wurde nicht, das geschah ausschließlich zu Hause. Was ja auch daran lag, dass sie damals das Sprechen verweigerte.

Die schweigende Mutter

KS: Deine Mutter hat mit niemandem gesprochen?

HJO: Nein, meine Mutter hat damals nicht gesprochen. Mit niemandem. Die Verständigung mit anderen Menschen verlief ausschließlich über Notizzettel. Sie hatte das Sprechen aufgegeben, nicht aber das Lesen und Schreiben. All das, was sie Schreckliches erlebt hatte, ließ sie schweigen. Meine frühen Bilder im Kopf imaginieren eine lesende und schreibende, nicht aber sprechende Mutter, die im Erker unseres Kölner Wohnzimmers sitzt, ohne einmal herunter zu schauen. Man hat mir erzählt, dass auch ich etwa ab drei Jahren immer weniger gemurmelt oder an Lauten von mir gegeben und mich der Mutter angeschlossen habe. Wir waren in dieser Hinsicht ein Duo oder ein Team, später hat meine Mutter dafür eine in meinen Augen sehr passende Bezeichnung gefunden.

KS: Und welche?

HJO: Sie nannte es *das stumme Handwerk.* Häufig hat sie leicht ironisch gesagt, wir machten früher oft *stummes Handwerk.* Die Formulierung ist genial, finde ich. Denn sie fixiert genau, was wir beide machten: Wir waren handwerklich tätig, und wir waren stumm. Ihr Handwerk war das Lesen und Notieren, meines war das Schauen, später auch das Klavierspielen. Und zusammen betrieben wir das Handwerk des Kochens, zu zweit, mittags in der Küche. Ich schnippelte das Gemüse klein, sie machte daraus eine Suppe.

KS: Und dabei wurde auch nicht gesprochen?

HJO: Nein, gesprochen wurde nicht. Aber ich musste nicht rätseln oder überlegen, was gerade geschehen sollte. Im Gegenteil, ich wusste eigentlich immer genau, was zu tun war. Und das war sehr einfach. Das Reden wurde ausgeblendet, wir konzentrierten uns auf das Handwerk. Zu hören war nur das Radio – das hatte eine lautliche Ersatzfunktion. Musik, immer nur Musik, meist klassische, aber auch französische Chansons, etwa von Juliette Gréco. Ich mochte diese Chansons nicht besonders, schon weil ich die Sprache nicht verstand. Meine Mutter aber suchte nach französischen Sendern, Mittelwelle und Ultrakurzwelle, das rauschte in die Zimmer, als käme es aus planetarischer Ferne.

KS: Deine Mutter sprach Französisch?

HJO: Meine Mutter und mein Vater haben Französisch gesprochen, manchmal auch miteinander, unter sich. Der Familienname *Ortheil* (französisch *orteil*) verweist auf die französischen Wurzeln der Familie, mehrere Generationen vor meiner Geburt. Diese Herkunft hatte später starken Einfluss auf mich, ich habe die Besonderheiten der französischen Literatur kennengelernt und sie ab der Pubertät geradezu manisch gelesen. Manche Besonderheiten meines Schreibens lassen sich, glaube ich, aus dieser starken Faszination herleiten. Zum Beispiel die Verankerung des Schreibens im Autobiografischen. Gehen wir darauf aber lieber später genauer ein.

KS: Ja, kehren wir zurück zum *stummen Handwerk* der fünfziger Jahre.

HJO: Mein Metier war damals das Schauen, das unendlich lange Schauen auf den Platz unter uns. Dieses genaue Hinschauen und Fixieren der Bilder – das empfinde ich noch heute als eine zentrale Keimzelle meines Schreibens. Beobachten, Aktionen verfolgen, Atmosphären einsaugen – das ist eine der stärksten Modi vieler Texte. Erst vor wenigen Wochen ist das Buch *In meinen Gärten und Wäldern* erschienen, es besteht fast ausschließlich aus Beobachtungen der Pflanzen und Bäume in meiner unmittelbaren Umgebung. Solche Beobachtungstexte habe ich oft geschrieben, ein Leben lang, zunächst auch ohne daran zu denken, sie je zu veröffentlichen. Sie entstanden wie von selbst, und sie waren nicht das, was man leichtfertig »Impressionen« nennt. Das nämlich waren sie eben gerade nicht, sie enthielten keine »Stimmungen«, sondern hefteten sich eng und sehr direkt an das Gesehene. Der Gestus war also kein impressionistischer, sondern eher ein phänomenologischer. Und erklären kann ich ihn mir dadurch, dass ich mich an die Kindheitsmomente des regungslosen Starrens und Schauens erinnere. Da sind die Wurzeln und Anfänge.

KS: Wir befinden uns immer noch in Deinen ersten Jahren, richtig?

HJO: Ja, die Erinnerungen sind aus der Zeit, als ich drei, vier Jahre alt war. Ich lebe im Binnenraum meiner Mutter, eng an ihrer Seite. Während sie liest, schaue ich auf den Platz, und während sie das Essen in der Küche vorbereitet, helfe ich ihr, und wenn sie zum Einkaufen geht, begleite ich sie. Wir gehen Hand in Hand, das sind die frühsten Bilder.

KS: Wie war das beim Einkaufen? Da hat sie auch nicht geredet?

HJO: Ich erinnere mich jedenfalls nicht daran. Ich sehe, wie sie ihre Notizzettel, auf denen der Einkauf fixiert war, abgibt und mit mir verschwindet. Am Abend ging mein Vater dann in den Geschäften vorbei und holte die bestellten Waren ab. Das war Arbeitsteilung, ganz praktisch.

KS: Du hast nicht gesprochen – hast Du denn überhaupt verstanden, was in den Geschäften geredet wurde? Die Verkäuferinnen haben doch sicher viel geredet, oder?

HJO: Natürlich – und wie! Kölner Verkäuferinnen, die nicht reden, kann ich mir nicht vorstellen, in Köln haben sehr viele Menschen einen enormen Redebedarf. Verstanden habe ich nicht alles, aber ich habe mir einiges zusammengereimt. Zum Beispiel, wenn Kunden bestimmte Waren aussuchten und die dann hochgehalten und eingepackt wurden. Drei Scheiben Emmentaler… – und ich konnte verfolgen, wie die Scheiben geschnitten und in Papier gewickelt wurden. Es gab sehr lebendige Gesprächssituationen, auch sehr viele laute und drastische. Einkaufen gehen machte mir Spaß, meiner Mutter allerdings nicht, die entzog sich den Unterhaltungen und machte nicht mit. Ihr vorherrschendes Lebensgefühl war Angst. Große Angst und Vorsicht gegenüber allem, was geschah. Meine Mutter hatte das Empfinden, es könnte jederzeit und überall etwas Schlimmes passieren. Deshalb blieben wir vor allem in der Wohnung und mischten uns nicht in den Trubel ringsum.

KS: Du sagst, sie hat das Sprechen verweigert und sich damit direkten Kontakten entzogen. Hast Du diese Verweigerung verstanden?

HJO: Schwer zu sagen. Ich sah, dass sie einfach in vielen Bereichen nicht mitmachte. Keine Gespräche auf der Straße, keine in den Läden, äußerste Zurückhaltung. Was aber nicht bedeutete, dass sie nur passiv gewesen wäre. Nein, das war sie gewiss nicht. Sie kümmerte sich um vieles, sie tat, was sie gern tun wollte, aber sie wollte nicht darüber sprechen. Ob sie mit meinem Vater vielleicht doch gesprochen hat, ohne dass ich es mitbekam, weiß ich nicht. Ich habe es jedenfalls nicht erlebt. Es war so, als gehörte das Sprechen nicht zu ihrem Leben, als wäre daran etwas falsch, oder als täte ihr etwas weh, wenn sie gesprochen hätte. Sie machte darum aber kein Gedöns, wie man in Köln sagt, nein, überhaupt nicht. Es war ein Verweigern, eine Enthaltung, und sie hat später gesagt, sie habe es gut entbehren können. Das sei richtig gewesen, es habe das Leben einige Zeit lang leichter gemacht.

KS: Du hast von den Spielplätzen auf dem Erzbergerplatz gesprochen. Hast Du als Kind nicht mitgespielt?

HJO: Nein, ich kann mich nicht daran erinnern. Es gab solche Anläufe, aber sie führten nicht weiter. Entweder spielte ich allein, nur für mich, oder ich saß neben der Mutter auf einer Bank und schaute zu.

KS: Und Deine Mutter hat was getan?

HJO: Na, sie hat wieder gelesen. Bücher, ausschließlich Bücher. Und das ist nun wirklich seltsam: Ich kann mich nicht daran erinnern, dass sie jemals eine Zeitung gelesen hätte. Nein, hat sie wohl nie getan. Keine Zeitung. Keine Zeitschriften, nichts, nur Bücher. Romane. Erzählungen. Gedichte. Das war es.

KS: Wie erklärst Du Dir das?

HJO: Sie hatte eine Phobie vor Nachrichten. Sie konnten Katastrophen oder andere Ereignisse enthalten, die extreme Angst machten. Das versetzte meine Mutter in Panik. In ihrem Binnenraum durfte es so etwas nicht geben, er sollte ruhig, still, ereignislos sein. Nachrichten enthielten Bedrohliches, das machte sie verdächtig, deshalb durften sie gar nicht erst zur Kenntnis genommen werden. Noch viele Jahre später, als mein

Vater einen Fernseher angeschafft hatte, schaute meine Mutter niemals fern. Sie ging auch nicht ins Kino. Nicht einmal ins Theater.

KS: Das heißt, sie hat am öffentlichen Leben überhaupt nicht teilgenommen?

HJO: O doch! Ich sagte ja bereits, dass sie eine Leserin war und von Beruf eine Bibliothekarin. Es gab aber noch eine zweite, ebenso wichtige Passion, denn sie war auch eine recht gute Klavierspielerin. Klassische Musik, Konzerte, Musik wo auch immer, daran hatte sie eine große Freude. Lesen und Klavierspielen – das machte damals ihr Leben aus, und genau diese beiden starken Leidenschaften hat sie mir dann später vererbt.

Mit dem Vater unterwegs

KS: Moment, beim Klavierspielen sind wir noch nicht. Du bist erst drei oder vier Jahre alt und nichts anderes als ein genauer Beobachter oder Betrachter. Du schaust lange hin, und Du versuchst, genau hinzuhören, wenn Du außerhalb der elterlichen Wohnung unterwegs bist. Blicke und Klänge – das alles, ohne selbst aktiv daran teilzunehmen. Sprechen wir jetzt auch von Deinem Vater! Welche Rolle spielte er? Du hast schon angedeutet, dass er abends die Waren in den Geschäften abholte, die Deine Mutter am Morgen bestellt hatte.

HJO: Ja, so war das. Mein Vater hatte auch präzise festgelegte Rollen, und in die schlüpfte er hinein, wenn er abends von seiner Arbeit nach Hause kam. Es ist kurios – aber er hatte ganz entgegengesetzte, und er unterhielt und beschäftigte sich völlig konträr zu meiner Mutter. Zum Beispiel liebte er Zeitungen und Zeitschriften sehr. Abends drehte er mit mir kleine Runden durch das Nippeser Veedel, und sehr häufig suchten wir dann auch eines der typischen Kölschen Büdchen auf. Da wurden dann Zeitungen oder Zeitschriften gekauft, ich durfte mir welche aussuchen und hatte so meinen eigenen Anschauungsstoff. Beinahe jeden Abend gingen wir auch zusammen in den *Goldenen Kappes,* ein großes Brauhaus nahe unserer Wohnung, das es übrigens heute noch gibt. Wir gingen in die Schwemme, da standen sechzig, siebzig Leute an kleinen Tischen und tranken ihr Kölsch. Mein Vater kannte viele von ihnen, und es war für mich jedes Mal ein starker Moment, zu erleben, wie freundlich er begrüßt wurde: Jupp, komm her, hier ist frei – und bring den Jungen mit! So bekam ich zu spüren, wie man integriert sein konnte, integriert, angenommen, dazugehörig. Das war mein Vater in hohem Maß, meine Mutter war es aber nicht und wollte es auch nicht sein.

KS: Und Du? Fühltest Du Dich auch integriert? Was hast Du im *Goldenen Kappes* gemacht?

HJO: Ich bekam einen erhöhten Kindersitz und etwas zu trinken. Ich konnte also schauen, gucken und teilnehmen, obwohl ich kein Wort redete. Das interessierte aber niemand, ich war einfach »dabei« und erhielt sogar einen eigenen Bierdeckel. Wenn ich etwas Kleines zu essen bekam, wurde das auf dem Deckel notiert. Das Essen und ein Getränk – und dazu das Datum. Diese Bierdeckel nahm ich mit nach Hause, sie kamen in eine kleine Kiste, ich sammelte sie, sie waren die erste Sammlung, die ich anlegte.

Die Inseln der schönen Momente

KS: Hast Du eine Ahnung, warum Du sie gesammelt hast?

HJO: Ja, habe ich. Jeder Deckel stand in meinen Augen für einen schönen Moment: das Zusammensein unter Leuten mit meinem Vater, die kleine Abendmahlzeit, friedlich, ungestört. Die Schrift auf den Deckeln hielt diesen Moment fest, deshalb habe ich sie aufgehoben. Ich vermute aber noch mehr, denn im Grunde entstand durch diese Sammlung von Bierdeckeln ja eine Art Chronik. Die dahinströmende Zeit wurde in kleinen Zeitinseln fixiert. Jeder Deckel eine Insel. Und mehrere Deckel hintereinander ergaben eben einen chronikalischen Verlauf. Und genau das hatte für mich eine große Bedeutung: die Zeit festzuhalten, auf etwas zu schauen, das ihren Verlauf imaginierte. Nahm ich einen Deckel in die Hand, setzten die Träumereien ein, sie waren Wege zurück in die gerade erst erlebte Vergangenheit.

KS: Die beschriebenen und gesammelten Bierdeckel brachten zum ersten Mal ein Zeitmoment in Dein Leben. Das sollten wir so festhalten, als wichtigen Bestandteil unserer Schreibforschungen.

HJO: Heute denke ich, sie waren von großer Bedeutung. Vorher war ein Tag wie der andere. Ich stand auf, langweilte mich, schlich durch die Wohnung, versuchte, mich zu beschäftigen, frühstückte. Dann las meine Mutter in ihren Büchern, ich schaute aus dem Fenster, und wir hörten zusammen Radio, klassische Musik, keine Nachrichten. Das alles wirkte zeitlos, wie ein ewiger Stillstand, ohne große Abwechslungen. Die Bierdeckel waren stattdessen erste Markierungen der Zeit: vorher, nachher, die Zeitinsel an einem bestimmten Tag. Daran konnte ich mich orientieren, ich hatte etwas, an das ich mich halten konnte, so sonderbar sich das anhören mag. Für mich als Kind war es eine starke Veränderung. Ich sah und erkannte, was Zeit bedeutet, ich empfand mich als ein Wesen, das eine bestimmte Zeit durchlebt. Deshalb standen auf den Deckeln ja Daten und die jeweils gegessenen Speisen und die Getränke. Der Tageskonsum eben, und der war jeden Tag ein anderer.

Die Kostproben

KS: Wir sprechen von den Mahlzeiten im Brauhaus. Die interessieren mich auch, ich sage Dir später, warum.

HJO: Das Essen kam nie auf großen Tellern, sondern in kleinen Schälchen, das waren Kinderportionen. In der Schwemme wurde normalerweise ja nicht gegessen, sondern nur getrunken. Wer essen wollte, setzte sich an einen Brauhaustisch. Die Mini-Portionen waren etwas Besonderes, wie ein Gruß aus der Küche. Es gab Kölsche Spezialitäten, saure Nierchen oder Reibekuchen, in schmale Streifen geschnitten. Meinen Vater freute das sehr, und er spielte etwas Theater, wenn das gebracht wurde. So sagte er oft: Ah, dem Herrn Baron wird serviert, ah, schau an, der Herr Baron erhält Apfelkompott. Dann lachten alle und schauten zu, wie ich kostete und aß.

KS: Du warst also eine Figur, und Dein Vater sprach in der Schwemme mit den Köbessen und den anderen Gästen über Dich. Damit ließ er Dich am Leben dort teilnehmen.

HJO: Ja, und es war sehr wohltuend, dass ich mich so integriert fühlte. Die meisten Brauhausgäste kamen aus der unmittelbaren Nachbarschaft, so lernte ich die Nachbarn kennen. Allerdings nur die Männer, die Frauen waren meist zusammen mit ihren Kindern auf dem Spielplatz – und den suchte ich ja nicht auf.

KS: Dein Vater hat Dich also in seine Welt eingeführt. Mit der Mutter hast Du Dich in der Zelle der Wohnung aufgehalten, extrem zurückgezogen, und mit dem Vater hast Du soziale Kontakte erlebt. Du bist in einer Doppelwelt groß geworden, so könnte man sagen. Die kleinen Speisen für den Herrn Baron waren der Gipfel, sie machten die Momente im Brauhaus zu etwas ganz Besonderem, Festlichem.

HJO: Ja, so war das, und es war so besonders, weil es einerseits ganz alltägliche Kölsche Speisen waren, die andererseits eigens serviert wurden, als handelte es sich um Delikatessen. Diese kleinen Festmomente, wie Du sie nennst, haben mein ganzes Essverhalten stark geprägt. Sie haben eine kulinarische Lust entstehen lassen, und zwar eben nicht die eines Gourmets, sondern die eines Liebhabers von einfachen, sorgfältig zubereiteten und eigens servierten Speisen.

KS: Jetzt versteht man genauer, warum an so vielen Stellen in Deinen Romanen und Erzählungen etwas gegessen und getrunken wird. Das sind jedes Mal kleine Momente mit einem schlichten, aber eigens betonten Festcharakter. Und jedes Mal spielt das Land oder die Region, in der gerade gegessen wird, eine große Rolle. Das Land ringsum kommt in Gestalt von Zitaten der agrarischen oder maritimen Kultur auf den Tisch. Und das übrigens nicht selten auf kleinen Tellern, als wären es Kostproben.

HJO: Und das sind sie ja auch: Kostproben. Die Speisen und Getränke haben den Status von Figuren, und sie wirken wie Gestalten, die einen besonders intensiven Kommentar zum umgebenden Raum beisteuern. Das Kosten genügt, es geht nicht darum, sich langen Mahlzeiten hinzugeben.

Das visuelle Vergnügen

KS: Und wie war das mit den Zeitungen und Zeitschriften, die Du zusammen mit Deinem Vater an einem Kiosk ausgesucht hast. Waren es nicht auch Kostproben?

HJO: Wir befinden uns ja noch in den mittleren fünfziger Jahren. Es gab kein Fernsehen in unserer Wohnung, aber es gab Zeitschriften mit vielen Fotos und Bildern. Die waren für mich gleichsam Fernsehen. Ich durfte mitnehmen, was ich wollte, ich hatte alle Freiheiten. Zu Hause habe ich viele Fotos und Bilder ausgeschnitten, die mir besonders gefielen. Anfänglich kamen auch sie nur in Kisten, das war aber nicht befriedigend, weil sie chaotisch herumlagen, wie Papierwust. Vater hatte die Idee, sie auf Kartons zu kleben, und das habe ich getan. Damit war ich dann sehr beschäftigt, und ich hatte eine Aufgabe: Zeitschriften und Zeitungen ausschneiden und die Ausschnitte aufkleben und aufbewahren. Auch das war eine chronikalische Arbeit und stark dokumentarisch. Ich steuerte nur das Auswählen und Aufkleben bei, mehr nicht, keine eigenen Zeichnungen, kein Gekritzel, das mochte ich nicht, und ich konnte es auch nicht. Ich habe nie gemalt oder gezeichnet, nur gezwungenermaßen, später, in der Grundschule. Es war desaströs.

KS: Wir sprechen von visuellen und von kulinarischen Kostproben, haben die etwas miteinander zu tun?

HJO: Vielleicht insofern, als die kulinarischen auch wie Bilder oder wie Stillleben erschienen. Drapiert. Gestaltet. Wenige Speisen oder auch nur eine einzige, wie etwa der Reibekuchen, aber eben in schmale Streifen geschnitten, und daneben ein runder Klecks Apfelkompott. Viele Jahre später habe ich übrigens oft allein gegessen. Freunde fanden das seltsam, aber ich ging gerne allein irgendwohin, nahm einige Zeitungen mit und setzte mich an einen Tisch. In Rom war das so während des Studiums, ich ging nicht in Restaurants, das Geld dafür hatte ich nicht, wohl aber ging ich in eine *Tavola calda,* einen Schnellimbiss. Man holte die kleinen Speisen an einem Büfett ab und stellte sich das Abendessen zusammen. Das habe ich immer sehr geliebt. An einem Tisch mit ein paar Zeitungen sitzen, etwas kosten, ein minimaler festiver Moment, den ich oft lange ausdehnte.

KS: Kurz noch einmal zurück zu den Fotos und Bildern. Der Umgang mit ihnen war ein visuelles Vergnügen, ohne einzugreifen, rein medial?

HJO: Es ging los mit dem Ausschneiden der Fotos, und weiter ging's mit dem Aufkleben auf Kartons oder Pappen, die mein Vater mitbrachte. Diese Kartons konnte man in unterschiedlichen Formaten zurechtschneiden, quadratisch, rechteckig, rund, groß oder klein. Waren sie beklebt, erschienen sie wie richtige Seiten, und wenn ich sie hintereinander anschaute, blätterte ich in einem selbst gemachten Buch. Einem mit vielen losen Seiten, so sehe ich das heute. Was damals entstand, hatte bereits einen gewissen Werkcharakter. Nichts Großes, aber etwas von einem Werk. Auch das war also eine Hervorbringung des *stummen Handwerks*, könnte man sagen. Ich betone das so, weil sich darin ein elementares Tun verbirgt: aus einer Quelle, einer Vorlage etwas anderes zu machen. Zielgerichtet, lustvoll, hypnotisiert vom Visuellen, das in andere Formate umgegossen wurde.

Das chronikalische Schreiben

KS: Wir schauen auf die Sammlung der Bierdeckel und auf die der ausgeschnittenen Fotos und Bilder. Beides sind, wie Du betonst, chronikalische Arbeiten. Wann kamen denn Texte hinzu?

HJO: Als ich mit acht, neun Jahren schreiben konnte, habe ich Tag für Tag auch kurze Chroniktexte neben die Fotos und Bilder geschrieben. Nur ein paar Zeilen. Was ist passiert? Was gibt es Schönes zu berichten? Und in späteren Jahren habe ich dann richtige Chroniken geschrieben, völlig verrückt. Als ich in Hildesheim lehrte, habe ich drei Bücher mit exakten Chroniken des Studienangebots sowie sämtlicher Lesungen und Auftritte der Studierenden außerhalb der Universität verfasst. Das wäre für jeden Normalschreiber eine staubtrockene Arbeit gewesen, für mich war es das aber nicht. Ich hatte große

Freude daran. Viele meiner Bücher haben unterirdisch einen Chronikcharakter, der hier und da ins Tagebuch übergeht. Ich denke etwa an *Blauer Weg*.

KS: In so einem Fall wurden die Kurzchroniken in einen literarischen Text verwandelt und veröffentlicht. Was aber ist sonst mit ihnen geschehen und wie sahen sie aus?

HJO: Heute sind es DIN-A4-Skizzenbücher in Hoch- oder Querformat. Eine Zeitlang habe ich die einzelnen Seiten auch in Folien und dann in Ordner gesteckt.

KS: Das heißt mindestens dreihundertfünfundsechzig Seiten und Folien in einem Ordner? Das wäre dann eine Jahreschronik.

HJO: Das bedeutet dreihundertfünfundsechzig Seiten in mehreren Ordnern, denn manchmal schrieb ich am Tag mehrere Seiten.

KS: Du hast nie damit ausgesetzt?

HJO: Nein, ganz ausgesetzt habe ich nie. Aber diese Eintragungen waren natürlich unterschiedlich lang. Etwa ab dem vierzigsten Lebensjahr sind sie jedoch meist von gleicher Länge, ganze Seiten in Skizzenbüchern, lückenlos. Ich konnte jederzeit auf sie zurückgreifen, und das habe ich später auch in vielen Fällen getan. Mit Hilfe dieser Chroniken sind dann literarische Werke entstanden. Wir kommen darauf, wenn wir über die veröffentlichten Reiseerzählungen aus der Kindheit sprechen. Also über *Die Moselreise, Die Berlinreise, Die Mittelmeerreise*. Die habe ich ja als Kind oder junger Mann geschrieben. Ihnen lagen schon damals die Tageschroniken zugrunde, die ich während der Reisen geführt hatte.

KS: Und wie hat sich das visuelle Vergnügen an Fotos und Bildern entwickelt?

HJO: Das hat sich auf frappierende Weise fortgesetzt. Seit ich etwa zehn, elf Jahre alt war, wurde es aktiver. Ich fotografierte damals mit einem einfachen Apparat, den ich mir sehnlichst gewünscht hatte. Ich habe sogar sehr viel fotografiert und die Fotos dann wieder auf Kartons geklebt, und als diese kindliche Ära vorbei war, kamen Film- und Videokameras hinzu. Es gab Zeiten, in denen ich ununterbrochen mit einer Videokamera unterwegs war.

KS: Um was zu filmen?

HJO: Nichts Besonderes. Den Alltag. Einen Gang durch eine Straße, ein Einkauf in einem Laden, Gespräche mit Freunden, was sich eben so ergab.

KS: Nichts Ausgedachtes also, keine Spielfilmszenen oder etwas Ähnliches?

HJO: Nein, niemals. Ich filmte den ereignislosen, oft stillen Alltag. Typischerweise bewegte ich die Kamera kaum. Ich liebte ruhige Standbilder, ich ließ die Menschen und Dinge sich bewegen und beobachtete sie dabei, ich griff aber nicht ein, und ich sagte nie, was sie tun oder lassen sollten.

KS: Ästhetisch betrachtet, war das ja konsequent. Das Kind, das lange auf den Erzbergerplatz schaute, lebte in Dir weiter. Und die Zurückhaltung Deiner Mutter gegenüber explosiven Nachrichten. Du hast das stille, ereignislose, alltägliche Leben gefilmt, das sie so mochte.

HJO: Und ich habe wiederum selbst genau jene Filme sehr gemocht, die sich ebenfalls an dieses Ideal hielten. Viel später habe ich einige Jahre als Filmkritiker gearbeitet, und anhand dieser Kritiken kann man die ästhetische Reduktion noch immer genau beobachten. Reißerische Filme mit rasanter Handlung mochte ich nie, das ist noch heute so. Oft sitze ich sprachlos vor dem Fernseher, wenn ich einen Trailer für den nächsten abendfüllenden Krimi sehe. Wie kann man sich das nur anschauen? frage ich mich im Stillen. Und ich schaue es mir auch nicht an. Viele meiner Romane halten sich übrigens auch an dieses Ideal, ohne dass ich es mir vornehmen würde. Sie erzählen keine rasanten Geschichten und kommen mit wenig Handlung aus, sie wirken ruhig, fast ereignislos, meditativ. Noch eine letzte Bemerkung dazu: Bis heute träume ich davon, einmal einen längeren Film zu drehen, als Regisseur und mit einem guten Kameramann, mit dem ich mich blind verstehen würde. Diesen Traum werde ich wahrscheinlich nie los.

Klavierspielen

KS: Kommen wir noch einmal zu Deiner Mutter zurück, wir haben das Klavierspielen bisher nur gestreift, es ist aber eminent wichtig, ja, es spielt sogar die Hauptrolle in diesen frühen Jahren, wenn ich das richtig einschätze.

HJO: O ja! Als ich vier war, erhielten wir ein Klavier, es war das Geschenk eines Onkels. Dieses Klavier der Marke *Seiler* wurde von Möbelpackern ins Wohnzimmer gerollt und machte auf mich als Kind gleich einen enormen Eindruck. Was war das? Was konnte man damit anfangen? Wenig später erlebte ich zum ersten Mal, wie meine Mutter darauf spielte. Das war, aus dem Rückblick betrachtet, einer der stärksten Momente meines Lebens überhaupt. Es wirkte, als gingen tausend Sonnen auf, es warf mich richtiggehend um. Zweierlei kam da zusammen: Zum einen, dass ich plötzlich erlebte, wie man Musik machen konnte. Zum anderen, dass ich meine Mutter in einer neuen, sehr starken Rolle erlebte. Sie war nicht mehr die schweigende Frau, die sich zurückhielt, sondern die Frau, die wunderbar spielte. Sie hatte gleichsam zu einer Art von Sprache gefunden, die ihr damals mehr entsprach als die der Worte. Dass sie als junge Frau eine Ausbildung als Klavierspielerin erhalten hatte, das wusste ich natürlich nicht, ich habe es erst später erfahren. Diese Geschichte kann man in dem Buch *Wie ich Klavierspielen lernte* (2018) nachlesen, das von dieser lebenslangen Faszination in meinem Leben erzählt. Damals, als ich vier war, kam es erst einmal darauf an, zu erkennen, dass das Klavierspielen auf den ersten Blick anscheinend etwas Einfaches war. Man setzte sich hin und griff in die Tasten – und die machten mit! So machte es jedenfalls meine Mutter.

KS: Ohne Noten, ohne vorher geprobt zu haben?

HJO: Ja, sie legte sofort los, als wäre es das Einfachste von der Welt. Von da an gab es die stille, zeitlos wirkende Wohnung am Erzbergerplatz nicht mehr. Sie war belebt, die Töne und Klänge machten sich in ihr breit, und ich konnte sie sogar näher kennenlernen: indem ich lernte, was Noten sind. Diese Erfahrung war ebenfalls elementar: Ich lernte, sehr langsam, aber doch stetig, dass man die Musik auch festhalten und aufzeichnen konnte. Wie ich vorher die Fotos und Bilder aus den Zeitungen ausgeschnitten und aufgeklebt hatte, malte ich nun Noten auf Papier, schnitt sie aus und klebte sie auf Kartons. Etwas später gab es sogar bereits Notenpapier mit Notenlinien! Das anzuschauen und sich vorzustellen, wie diese Linien zu füllen wären – damit verbanden sich viele Fantasien. Und all das hatte ein einfaches Klavier bewirkt. Es war wie ein Wunder, denn es war ein ideales Angebot für das schweigsame Kind. Erneut gab es etwas zu tun, zunächst etwas Handwerkliches. Ich musste lernen, die Tasten anzuschlagen und zu bedienen, und es gab die Ergänzung durch Theorie, also durch das Notenlernen und Noten aufschreiben. Aus der Zeit, als ich sechs Jahre alt war, gibt es bereits Notenhefte, die voll von Noten sind. Wie kleine Kompositionen. Das waren sie natürlich nicht, es waren aber erste Schreibversuche und damit auch erste Annäherungen an die Schrift, mit der ich sonst nichts zu tun hatte und nichts zu tun haben wollte.

KS: Das Klavier erweitert also die frühen Bilder aus den fünfziger Jahren um etwas Entscheidendes. Wie muss ich mir das vorstellen?

HJO: So, dass meine Mutter jeden Morgen mit dem Klavierüben und Klavierspielen begann. Sie spielte nur klassische Musik, nichts Hochvirtuoses, sondern eher Kompositionen mit eindringlichen Melodieführungen. Musik von Robert Schumann, kurze Stücke von Domenico Scarlatti, Walzer von Chopin, Klaviersonaten von Mozart. Kein Beethoven, niemals Beethoven.

KS: Warum denn das nicht?

HJO: Es entsprach nicht ihrem ästhetischen Empfinden. Ich sagte ja schon, sie entzog sich jeder Dramatik, allen Konflikten, sie bevorzugte das Stille, Ereignislose, Ruhige. Beethovens Kompositionen waren das genaue Gegenteil, sie machten ihr Angst. Sie spielte also sehr selektiv, wodurch ein Kanon von Stücken entstand, die noch heute zu meinen Lieblingsstücken zählen. Wenn ich sie höre, sitze ich in meinen Fantasien auf dem Boden der Kölner Wohnung. Ich höre zu, wie meine Mutter Klavier spielt, genau das habe ich morgens getan.

KS: Sie hat Dich aber auch unterrichtet.

HJO: Ja, das kam bald hinzu. Wir saßen nebeneinander am Klavier, sie spielte mit der rechten oder linken Hand etwas vor, und ich spielte es nach. Es gab noch keine Noten, nichts, es waren Übungen für die beiden Hände, einzeln, dann allmählich auch zusammen, leicht, dann immer schwerer. Heute würde ich sagen, der Unterricht war anfänglich vor allem auf Technik fixiert. Das hatte etwas Sportliches. Wie lassen sich Finger und Hände trainieren, wie machen wir aus ihnen einsatzfähige Körperteile?

KS: Hat Dir das denn gefallen?

HJO: Und wie! Vielleicht gerade deshalb, *weil* es wie Sport erschien. Ich bewegte oder trainierte den Körper ja sonst nicht, ich schaute und beobachtete, spielte aber nicht mit anderen Kindern, was mir körperlich etwas abverlangt hätte. Am Klavier aber bewegte ich mich, der Körper erhielt jetzt kleine Aufgaben, selbst das richtige Sitzen musste ich lernen. Außerdem war das Klavierüben, gerade weil das Klavier als Instrument so leicht zu bedienen war, keine Qual. Das wäre vielleicht im Fall von Violine, Cello oder im Fall von Blasinstrumenten anders gewesen. Das Klavier zeigte seine Tasten, mit denen konnte ich mich anfreunden, ganz einfach.

KS: Das Klavierüben brachte neue Programme für das *stumme Handwerk* mit sich, so könnte man sagen?

HJO: Ja, jeder Tag erhielt neue Strukturen. Aufstehen, frühstücken in der Küche, Mutter spielt Klavier, wir üben zusammen, ich übe allein, paff: schon ist Mittag! Wir gehen in die Küche, wir kochen. Ich beschäftige mich mit den Fotos und Bildern, paff: schon ist Nachmittag! Ich übe wieder allein. Was ich sagen will: Die Tage waren randvoll. Es gab keine Langeweile und keinen Stillstand.

KS: Und Du warst damit anscheinend sehr zufrieden. Könnte man sogar sagen, Du warst glücklich? Es hört sich fast so an. Eigentlich hättest Du das Familienleben als eine Katastrophe erleben müssen, hast es aber nicht, sondern sprichst gut nachvollziehbar von einer glücklichen und gelungenen Zeit als Kind.

HJO: Für meine Eltern bedeutete es eben eine große Freude, ein Kind zu haben. Es gibt sehr bewegende Fotos von meiner Mutter mit mir, die dieses Glück zeigen. Auch viele Verwandte teilten dieses Glück, ja, die ganze Familie feierte dieses Zusammenleben.

KS: Die Familie wollte sich von der fürchterlichen Geschichte vor Deiner Geburt nicht niederdrücken lassen. Verstehe ich das richtig?

HJO: Ja, so habe ich es empfunden. Niemand ließ den Kopf hängen. Das Leben konnte etwas Schönes, Wertvolles sein, wenn man es zu leben wusste. Man musste allerdings viel dafür tun. Über die Zeiten vor meiner Geburt wurde nie gesprochen.

KS: Aber war Desintegration zu erleben, nicht etwas Schmerzhaftes?

HJO: Das ist kompliziert, denn die Desintegration hatte auch ihre positiven Kehrseiten. Ich musste nicht runter auf den Erzbergerplatz, mir unter den Kindern Freunde suchen und sagen, Hallo Peter, vielleicht schaffe ich es bald, von Euch anerkannt zu werden, wäre schön! Nein, mir ging es in der Wohnung oben sehr gut. Ich übte Klavier, ich schnitt Bilder aus und sammelte sie, ich hörte meiner Mutter beim Klavierspielen zu und ging abends mit meinem Vater aus. Die Verwandten kamen ab und zu vorbei und sagten, was für ein prachtvolles Kind, es ist schon wieder gewachsen. Ich hatte nicht das Gefühl, dass etwas nicht in Ordnung war, ganz im Gegenteil.

KS: Ein Unglücksbewusstsein hast Du nie besessen?

HJO: Nein, habe ich nicht.

KS: Du hast nichts vermisst?

HJO: Einmal simpel gesagt: Ich war zu beschäftigt, um etwas zu vermissen. Ich betrachtete mich nicht von außen und fragte, wie geht es Dir so? Nein, ich dachte viel konkreter und damit an das Nächste, das zu tun war. Ich war sozial nur schwach integriert, stark aber in die Trainings- und Übungsprogramme, die sich wie von selbst ergeben hatten. Niemand hat mich zu irgendetwas gezwungen oder gefordert: Bub, Du musst viel Klavier üben, sonst wird nichts aus Dir. So etwas habe ich nie gehört. Im Gegenteil, meine Eltern haben von sich aus keine Ansprüche an mich gestellt. Nicht, als ich klein war, und später auch nicht. Sie haben mir ein Leben lang alle Freiheiten gelassen, das war, von heute aus betrachtet, wirklich fantastisch. Die Trainings- und Übungsprogramme waren ja nicht solche, die aus mir etwas Bedeutendes machen sollten. Nein, ganz und gar nicht. Sie sollten mich beschäftigen, unterhalten, mir einfach Freude machen. Dafür waren sie da, nur dafür. Das sollte man nicht vergessen.

Die Werkstatt

KS: Bezogen auf unsere Schreibforschungen, könnte man sagen: Diese Programme, wie Du sie nennst, hatten etwas von einer kleinen, zwar noch kindlichen, aber doch deutlich und markant strukturierten Werkstatt. In ihr gab es bereits Materialien wie Kartons, Papier, Scheren und Klebstifte, und es gab Anweisungen, wie man mit ihnen umgehen sollte: ausschneiden, aufkleben, sammeln, anschauen, chronikalische Experimente machen. Das war bereits recht viel, und es strukturierte den Alltag ja anscheinend auf beeindruckende Weise. Wollte man etwas übertreiben, könnte man sogar sagen: Diese kindliche Werkstatt ließ bereits eine Schriftstellerwerkstatt erkennen. Und von daher wird einem vielleicht erstmalig sehr klar, wie Dein *Kosmos* entstehen und wachsen konnte. Im Grunde musstest Du nur weitermachen, nicht von diesen Wegen abkommen, sie fortsetzen und weiterentwickeln.

HJO: Na, das hört sich jetzt an wie ein Klacks, und als wäre nichts leichter gewesen als diese Fortsetzung. Das war es natürlich nicht, und es gab durchaus Zeiten, in denen diese Konstellationen stark ins Wanken gerieten. Auch die familiären veränderten sich stark, spätestens mit der Pubertät. Da passierte so allerhand, denn, wie ich ja anfangs hervorhob: Ich lebte nicht mit jungen Eltern zusammen, sondern mit Eltern im Großelternalter. Das hatte seine Vorteile, denn die Eltern waren wegen ihres Alters ruhiger, konzentrierter und trotz aller Verluste doch gelassener als junge Eltern. Es hatte aber auch Nachteile, denn ich spürte ihr Alter natürlich als Kind zumindest indirekt. Vieles, was andere Eltern ganz selbstverständlich mit ihren Kindern machten, machten sie nicht mit mir. Schlittenoder Skifahren zum Beispiel. Laufen. Ballspielen. Federball. Das gab es alles nicht.

KS: Dann lass uns zu einem Alter wechseln, das die Herausforderungen für die Familie erhöhte. Ich meine das Schulalter. Was passierte da? Wie hast Du diesen Bruch und diesen Übertritt in die neue Welt erlebt?

In die Schule gehen

HJO: Hui, jetzt komme ich ins Schwitzen. Zunächst: Meine Eltern machten nie auch nur die geringste Andeutung, dass sich das Leben jemals ändern würde oder dass es ein Anzeichen für Veränderung gab. Konkret gesagt: Ich wusste gar nicht, dass ich zur Schule musste.

KS: Du lebtest ohne die Vorstellung von Veränderung.

HJO: Genau. Ich lebte in einer anderen Welt, die sah Schule nicht vor. Die Fortschritte auf dem Klavier waren enorm, es war zu verfolgen, wie es voranging, und das Klavierspielen machte mir große Freude. Ich verschwendete nicht den geringsten Gedanken daran, dass sich etwas ändern sollte. An Schule habe ich nicht eine Sekunde gedacht. Es hat auch niemand jemals Schule erwähnt.

KS: Und Kindergarten?

HJO: Um Gottes willen, Kindergarten kam erst recht nicht vor.

KS: Aber dann hat Dich doch eine Einladung zur Schule erreicht. Was geschah dann?

HJO: Meine Eltern rührten sich nicht. Mein Vater sprach nur manchmal davon, las mir ein Schreiben der Schulbehörde vor und tat so, als wäre das hinzubekommen: in eine Schule gehen, sich anhören, was die Lehrerinnen einem erklären. Lernen. Aufgaben machen. Ich habe das nicht richtig verstanden. Was sollte ich noch lernen? Rechnen? Schreiben? Davon war die Rede. Wozu aber brauchte ich es? Ich lernte doch bereits genug, die Schule war nichts für mich, sie war überflüssig. So empfand ich das.

KS: Am ersten Schultag hat er Dich in die Schule gebracht?

HJO: Meine Mutter hat es versucht, sie ist zunächst mit mir gegangen. Dann hat sie aufgegeben. Mein Vater musste das Hinbringen übernehmen. Ich gehe hier mal nicht in die Details, weil mich diese Erinnerungen noch immer sehr beschäftigen und rühren. Ich kann darüber nur schwer sprechen. Ich will versuchen, es einfach und nüchtern zu sagen. Ich wurde in die Schule gebracht und stand dann mit vielen anderen Kindern auf dem Schulhof, da herrschte ein wildes Treiben. Ich stand neben meinem Vater und wartete still und ruhig. Und ich dachte, das ist das Gefängnis, das ist Knast.

KS: Wirklich Knast?

HJO: Ja, ich habe gedacht, das ist das Furchtbarste, was es gibt. Um die Schule war ein hoher Zaun, und auf dem Schulhof gab es lauter weiße Linien und Zeichen. Wo man sich aufstellen, wo man gehen, stehen, wo man spielen durfte. Hunderte von Kindern liefen da herum und sollten sich zu Reihen formieren, nach Klassen getrennt. Ich habe gedacht, das ist ja die Hölle. Alleine schon das große Eingangstor, durch das man den Schulhof betreten musste. Das ist das Höllentor, dachte ich, ganz im Ernst. Die Hölle kannte ich durch Bilderbücher, ich wusste, wie es da aussah. Ein hohes Tor, ein Schlund, man geht hindurch und kommt nie mehr zurück. Man wird gequält und an Feuern gebraten. Das Leben war zu Ende, ein für allemal.

KS: Aber Dein Vater war doch dabei.

HJO: Ja, mein Vater war mit mir zur Schule gegangen. Er hatte aber nur wenig Zeit. Nachdem er herausgefunden hatte, wohin ich gehörte, übergab er mich einem Lehrer und ging dann zur Arbeit. Ich war in der Hölle, und er war weg. Was habe ich gemacht? Ich bin sofort nach Hause gelaufen. Bevor ich hier umgebracht werde, nichts wie weg.

KS: Dann warst Du zuhause, und was geschah dann?

HJO: Meine Mutter hat mich empfangen und auf einem ihrer Zettel festgehalten, dass ich rasch wieder nach Hause gekommen war. So erfuhr es mein Vater am Abend.

KS: Und was hat er getan?

HJO: Er war in hellster Aufregung. Und danach setzte sich das fort. Er musste mich jeden Morgen in die Schule bringen und warten, bis ich den Klassenraum betreten und irgendwo Platz genommen hatte. Das zog sich wochenlang hin, weil immer die Gefahr bestand, dass ich wieder nach Hause geflitzt wäre.

KS: Und was hättest Du dort gemacht?

HJO: Na, ganz einfach, Klavier geübt, in Zeitungen und Zeitschriften geblättert, Bilder ausgeschnitten. Das war meine einzige Sehnsucht, ich wollte nach Hause kommen, Klavier üben, meinen Programmen folgen.

Das Wunderkind-Programm

KS: Das hört sich so an, als hättest Du am liebsten eine Art Mozart-Kindheit verbracht. Schule braucht es keine, das Kind übt einige Instrumente und macht erste Kompositionsversuche. Es erlernt seine Fertigkeiten im familiären Raum, in Zusammenarbeit mit den anderen Familienmitgliedern. Danach muss man nur noch überlegen, wo man sein musikalisches Talent gewinnbringend einsetzt.

HJO: Ganz genau diese Konstellationen und die Psychoprogramme, die damit verbunden sind, habe ich in meinem zweiten Buch beschrieben: *Mozart – im Innern seiner Sprachen* (1982). Es geht um Mozart als Kind, um die Familie, den Vater, die Schwester, die Mutter, die Konzertreisen, genau darum geht es. Ich habe die bedrohliche Nähe zu meinem Kinderdasein damals entdeckt und das Gegenbild entworfen: das Kind, das ein Wunderkindprogramm auch verwirklicht. In Falle Mozarts übrigens nicht gezwungenermaßen, sondern freiwillig und mit Begeisterung.

KS: Skizziere dieses Wunderkindprogramm doch bitte noch einen Moment, um den Kontrast genau festzuhalten.

HJO: Das Wunderkindprogramm beginnt im vierten, fünften Lebensjahr mit dem Üben eines Musikinstruments. Fast immer unter der Anleitung der Eltern, die selbst Musiker sind. Zu 95 Prozent ist das der Fall. Es führt oft dazu, dass irgendwann die normale, schulische Weiterbildung abgebrochen wird und man sagt, das Kind muss auf eine Musikschule. Dort erhält es eine Spezialausbildung und konzentriert sich vor allem auf seine genialen Gaben und Fertigkeiten.

KS: Das hätte doch Dein Weg sein können.

HJO: Stimmt, ja, durchaus. Das aber hätte mein Vater nicht mitgemacht. Er brachte mich weiter in die Schule und sah zu, dass ich auch dort blieb. Er ließ sich zeigen, was ich in der Schule lernen sollte. Darum kümmerte er sich, während meine Mutter sich überhaupt nicht dafür interessierte.

KS: Warum denn nicht?

HJO: Ich glaube, meiner Mutter schwebte das Wunderkind-Programm durchaus vor. Sie dachte wohl, dem Jungen geht's gut, er kommt rasch voran und spielt wunderschön Klavier. Bald wird er alle paar Wochen in kleinen Zirkeln auftreten.

KS: Gab es das schon, oder hat sie davon nur geträumt?

HJO: Nein, das gab es. Nach den ersten Technikprogrammen mit meiner Mutter bekam ich eine Lehrerin außerhalb der Wohnung, eine sehr liebenswerte, exaltierte Russin. Ich übte Stücke von Tschaikowskij, Prokofjew oder Rachmaninow. Auch das war eine wirkliche Freude. Und diese Lehrerin hatte zehn, fünfzehn Schüler, die ab und zu auftreten mussten. Da kamen die Eltern und hörten sich das an.

KS: Das wäre eine weitere Etappe im Wunderkind-Programm gewesen.

HJO: Allerdings.

KS: Aber Dein Vater wollte das nicht.

HJO: Nein, mein Vater verband das mit sozialer und psychischer Verelendung. Irgendwann, dachte er, fliegt der Junge ununterbrochen in Flugzeugen um die Welt, gibt Konzerte, hastet hierhin und dorthin, lebt nur noch in Hotels, und wir sehen ihn nicht mehr. Alles, was das Leben wirklich schön macht, verliert er aus den Augen. Er wird nie mehr Freude am Leben haben, er wird üben und üben.

KS: Und Du selbst? Warst Du nicht auch in Versuchung, dem Wunderkind-Programm zu folgen?

HJO: Ich war verführbar, weil ich etwas gut konnte, was die anderen Kinder nicht konnten. Die saßen in der Schule stattdessen vor ihren aufgeschlagenen Fibeln. Ich habe mir gesagt, lass sie doch lesen, schreiben und rechnen, ich kann etwas, was keiner von den anderen auch nur ein wenig kann.

KS: Das heißt, Du hast nicht mitgemacht.

Der Schulunterricht

HJO: In der Schule war mit mir nichts anzufangen. Nichts, gar nichts. Ich habe einfach abgeschaltet und die Zeit verstreichen lassen. Ich habe nicht hingehört, gesprochen habe ich sowieso nicht. Ich saß da und war ein sehr seltsamer Typ. Mein Vater hatte den Lehrern erklärt, dass ich nicht sprechen würde. Und wie war die Reaktion? Man setzte mich in die letzte Reihe und ließ mich vertrocknen. Und ich dachte, das ist in Ordnung, man soll mich in Ruhe lassen. Am schlimmsten war es dann aber im Turnunterricht.

KS: Du warst nie draußen, bist nie herumgerannt, kamst nie in die Verlegenheit, einen Purzelbaum zu schlagen.

HJO: Der Turnunterricht war die Katastrophe. Da war ich ein vollkommen lächerliches Wesen unter all den körperlich fitten Jungs. Die meisten von denen hatten zumindest Fußball gespielt. Und dann dastehen und nicht einmal eine Rolle vorwärts hinbekommen, das war furchtbar. Ich habe aufgegeben. Ich konnte es nicht. Der Turnunterricht war das Peinlichste, das man mir zumutete. Die Schule wurde dadurch immer mehr zu einer monströsen Hölle. Von Seiten der Mitschüler, die ein Opfer gefunden hatten, aber auch von Seiten der Lehrer, die zusahen, wie ich mich quälte. Das hat tiefe Risse hinterlassen und wehgetan. Dieses Gefühl, laufend etwas tun zu müssen, was man nicht will, und dabei verhöhnt zu werden. Das war absolut widerlich.

KS: Wie sah denn Deine Beteiligung am Unterricht später aus, als Du dann gesprochen hast?

HJO: Ich war nie ein aktiver, guter Schüler. Ich habe ein somnambules Schulleben geführt und den Lernstoff gerade so mitbekommen. Man hat mich von Klasse zu Klasse gereicht und alle Augen zugedrückt. Das kann man sich heutzutage kaum vorstellen. Wir leben jetzt in einer anderen Zeit. Schule wird ungeheuer wichtig genommen, es geht immerzu um Leistung und nochmal Leistung. Schon im Gymnasium sollst Du daran arbeiten, einmal ein toller Hecht im gesellschaftlichen Karriereleben zu werden. In den sechziger Jahren gab es so etwas nicht. Als Schüler konnte man noch viel träumen, wegtauchen und etwas ganz anderes tun. Etwas Außerschulisches, wie das dann genannt wurde. Es waren außerschulische Jahre, ich habe fast alles außerschulisch gelernt. Als ich Abitur gemacht hatte, sprach ich trotz vieler Jahre Englischunterricht noch immer ein katastrophales Englisch. Das kritisierte aber niemand, es war allen egal, mir übrigens auch.

Die Schule des Vaters

KS: Dann lass uns jetzt von der Schule sprechen, in die Du wirklich gegangen bist. Dein Vater hat Dich mit sieben, schätze ich, an die Hand genommen und versucht, Dir das Schreiben und Sprechen beizubringen. Abseits von der Schule, außerhalb, im heimischen Westerwald. Du hast davon in einem sehr bewegenden Buch erzählt, ich meine *Der Stift und das Papier* (2015). Lass uns einige Momente und Konstellationen aus diesem Buch nennen und in unsere Schreibforschungen einbauen.

HJO: Mein Vater hat die Initiative ergriffen. Er war derjenige, der mit dem Thema Schule befasst war, und er wollte herausfinden, wie es mit mir und der Schule auf andere Weise weitergehen könnte. Er hat sich längere Zeit frei genommen, und wir sind in seine Jagdhütte im Westerwald gezogen. Da saß ich dicht neben ihm, und es gab eine Schreibplatte. Zuerst wurden Bilder eingeklebt, und es wurde in einfachen Worten darunter geschrieben und benannt, was zu sehen war. So lernte ich Buchstaben für Buchstaben schreiben.

KS: Jetzt gab es statt der Schulgebäude den Westerwälder Raum. Da konntest Du Dich geschützt fühlen.

HJO: Drei Faktoren spielten eine wichtige Rolle. Erstens die Trennung vom schulischen Raum und von den Mitschülern. Zweitens hatte ich nur einen einzigen Lehrer, und das war der Vater, der mir sehr nahe war. Und drittens entwickelte sich ein eigenes Lehrprogramm – wenn man das so anspruchsvoll benennen will. Mein Vater hatte eigentlich nicht die geringste Idee, was er mit mir anstellen sollte. Er hat sich Schritt für Schritt immer neue Schreibaufgaben ausgedacht. Das ging mit dem Malen von Buchstaben los und führte dann langsam zum Schreiben der ersten Worte.

KS: Hat Dir denn das Schreiben Spaß gemacht?

HJO: Und wie! Ich habe sehr bald bemerkt, dass ich noch viel mehr kann als Fotos und Bilder ausschneiden und aufkleben. Ich konnte Gesehenes und Gehörtes festhalten und kleine Ereignisketten aufschreiben. Das war eine sehr starke Entdeckung. Später las mein Vater meiner Mutter vor, was ich geschrieben hatte. Das hat mich noch zusätzlich befeuert.

KS: Das klingt fast wie literarisches Schreiben und nicht mehr nach einem Schreiben, wie es die Fibeln in den 1950er Jahren vorsahen.

HJO: Von Literatur würde ich nicht sprechen, eher vom Einbruch des Schreibens in das alltägliche Leben. Das war eine neue Aktivität, nach dem Klavierspielen und nach dem Umgang mit Zeitschriften und Zeitungen.

KS: Und dann hast Du die Zeitungen und Zeitschriften wohl bald auch lesen können ...

HJO: Ja, aber das Schreiben kam zuerst. Ich übte mit meinem

Vater die Buchstaben, dann die Worte, dann kleine Sätze zu bilden und zu schreiben und mir dabei zu überlegen, was ich mit den Buchstaben, Worten und Sätzen noch weiter anfangen konnte. Man konnte sie austauschen, neu zusammensetzen, mit ihnen spielen. Das Lesen entwickelte sich so von selbst, über das Schreiben habe ich es gelernt.

KS: Hätte Dein Vater nicht Deine Schulbücher benutzen können, bevor er sich alles selber ausdachte?

HJO: Das hätte er, aber vermutlich hätte ich mich dagegen gewehrt, weil ich die Schulbücher mit der Schule in Verbindung gebracht hätte. Daran wollte ich auf keinen Fall in irgendeiner Weise erinnert werden.

KS: Und Klavier gespielt hast Du auch?

HJO: Klavier gespielt habe ich auch, nach wie vor. Man könnte sagen, die Entdeckung des Schreibens verlief ganz ähnlich wie die Entdeckung des Klavierspielens. Beim Klavierspielen gab es zuerst den Unterricht durch die Mutter. Ich lernte, Hände und Finger einzusetzen, und malte Noten. Praxis und Theorie entwickelten sich zusammen. So auch beim Schreiben. Ich erhielt Unterricht durch den Vater, ich malte Buchstaben und setzte sie zusammen. Dann ließen wir uns etwas einfallen, wir wurden Theoretiker: Was hört sich gut an? Welche Worte gefallen uns?

KS: Das erscheint jetzt wie ein Unterricht in Kreativem Schreiben ...

HJO: Ja, in gewisser Weise war es das auch. Kreatives Schreiben. Ohne Lehrbuch. In Eigenregie. Spontan. Assoziativ. Locker. Unterhaltsam. Ich finde es sehr schön, dass Du diese Verbindung ziehst. Auf die sind erst sehr wenige Beobachter meines Schreibens und Arbeitens gekommen. Dabei liegt es doch auf der Hand. Ich habe die ersten Erfahrungen mit dem, was man heute Kreatives Schreiben nennt, in der Jagdhütte meines Vaters gemacht. Das war ein außerschulisches Programm. Nur so hat für mich »Schule« funktioniert. Das Kreative Schreiben war meine erste Schreibschule.

KS: Jahrzehnte später hast Du Dich mit Deinen Studenten an der Universität Hildesheim in die Jagdhütte Deines Vaters gesetzt – so könnte man sagen. Du hast mit einem von Dir ausgedachten Lehrprogramm des Schreibens begonnen. In Eigenregie. Spontan. Locker. Unterhaltsam. Später hast Du diese Programme in mehreren Bänden des *DUDEN*-Verlags veröffentlicht.

HJO: Ja, so war das, endlich sieht das mal jemand. Ich musste nicht lange überlegen, sondern habe meinen väterlichen Schreibunterricht nach Hildesheim verpflanzt. Mit allem, was dazugehörte. Mit weit gespannten Lektüren, vielen Unternehmungen und Studienreisen, das war ein großes Programm, über das ich irgendwann einmal länger und genauer sprechen möchte. Ich habe viel Zeit mit diesen Programmen verbracht, über dreißig Jahre.

KS: Bezogen auf unsere Schreibforschungen fällt mir noch mehr auf. Ich gehe mal zurück auf die Erfahrung, die Du mit den Bierdeckeln und dem Sammeln der Bierdeckel gemacht hast. Es waren Beglaubigungen eines schönen Moments. Wenn Du die Bierdeckel wieder in die Hand genommen hast, konntest Du noch einmal erleben, was an dem jeweiligen Abend passiert war. Und so war das auch mit den Bildern, die Du ausgeschnitten und aufgeklebt hast. Da hast Du ja auch etwas genommen, was Dir gefiel und Du festhalten wolltest, damit Du weiter damit umgehen konntest. Vielleicht war es beim Schreibenlernen nicht anders. Es ging ja nicht nur darum, Dir eine technische Fähigkeit beizubringen, sondern Du machtest die

Erfahrung, dass Du mit Buchstaben, Wörtern etwas festhalten konntest, was Du gesehen hattest und was Dir wichtig war. In *Der Stift und das Papier* gibt es dazu ganz wunderbare Szenen. Du verlässt mit Deinem Vater die Jagdhütte und Ihr schaut in den Himmel und überlegt, wie man etwas über »Wolken« schreiben könnte. Und dann lässt Du Dir etwas einfallen und schreibst darüber. Du hältst die Eindrücke fest und kannst sie später wieder abrufen.

Die Urmomente des Schreibens

HJO: Das ist, glaube ich, ein Urmoment meines Schreibens. Zuerst ist da der schöne oder starke Moment. Den möchte ich aufbewahren und wiedererleben. Wichtig ist, dass diese Momente sich einfach ereignen, ich gehe nicht auf die Suche. Denken wir das weiter, kann ich behaupten: Ich bin nie auf die Suche nach irgendwelchen Themen gegangen. Ich bin niemals jemandem gefolgt, der gesagt hätte: Damit solltest Du Dich mal beschäftigen! Die Geschichte der Nähmaschine ist noch nicht geschrieben. Wäre das nicht etwas für Dich? Nein, so war es nie. Ich habe immer nur mit dem kleinen Haushalt der selbst erlebten und erfahrenen Momente etwas anfangen und arbeiten können. Dadurch hat mein Schreiben seine fortlaufende autobiografische Grundierung erhalten. Das lässt sich aus meiner Biografie herleiten und wird durch sie verständlich. Banal gesagt: Ich kann nicht aus meiner Haut. Leider nicht.

KS: Warum leider?

HJO: Weil es das Schreiben natürlich auch stark begrenzt. Die Welt steht mir eben nicht offen, ich vermesse nur die meiner Erlebnisse und Erfahrungen. Das ist immer so gewesen, von den kindlichen ersten Texten bis jetzt. Alles, was ich schreibe, hat einen direkten Bezug zu meinem Erleben, bis in die letzten, emotionalen und psychischen Details.

KS: Denkst Du oft darüber nach? Irritiert Dich das?

HJO: Nein, ich denke nie daran, wenn ich mit einem Text beginne. Das wäre ja noch schöner. Es würde alles unendlich erschweren und komplizieren. Ich wäre mein eigener Schreibtherapeut, es ist zum Glück ganz anders. Ich spüre eine Verlockung zum Schreiben, ein paar Worte, eine Phrase, eine Wortmusik, ein Motiv, eine Figur, oft nur eine Kleinigkeit. Und dann lasse ich mein Hirn gewähren und machen. Leg los, schreib, kümmere Dich um nichts anderes mehr.

KS: Also auch nicht darum, ob Dir das jeweilige Schreiben relevant erscheint?

HJO: Nein, auch nicht darum. Und das ist wirklich sonderbar und sehr interessant. Zum jeweiligen Schreiben gehört von vornherein, dass ich es als wichtig empfinde. Das meine ich, wenn ich sage, dass ich an nichts anderes mehr denke. Ich habe Feuer gefangen und befrage das nicht weiter. Ich frage also niemals: Wen könnte das interessieren? Oder: Warum mache ich das überhaupt? Oder: Was soll daraus werden? Die Empfindung, etwas Starkes und Besonderes erlebt zu haben, das unbedingt fixiert werden muss, ist stärker als alles andere. Dieses Empfinden muss ich während des gesamten Schreibens spüren und erhalten. Käme jemand daher und würde mich fragen: Was soll das? Oder: Ist das zweite Kapitel wirklich notwendig? Dann würde mich das sehr irritieren. Es würde mich erwachen lassen, ich würde aus der Trance des Schreibens auftauchen und erschrecken. Deswegen kann ich während der Entstehung eines Textes auch mit niemandem darüber sprechen. Keine Silbe, kein Wort. Ich fange an zu schreiben, bleibe bei mir, schreibe den Text zu Ende und gebe ihn weiter. An eine

Lektorin, an einen Lektor, an Dich zum Beispiel. Während ich an dem Text arbeite, herrscht jedoch Funkstille. So ist es immer gewesen.

KS: Du führst mit anderen keinerlei Gespräche über die Relevanz eines Projekts.

HJO: Nein, tue ich nicht. Darüber zu sprechen, wäre sehr gefährlich und könnte sich zerstörerisch auswirken. Im Grunde erhalte ich mir das kindliche Schreiben. Schauen, erleben, reagieren, mit Worten, Sätzen und Klängen etwas wiedererlebbar machen.

KS: Welche weiteren Schritte des Schreibenlernens haben sich denn ergeben, worüber hast Du damals geschrieben?

Textgattungen

HJO: Als nächstes sind Texte entstanden, die man bereits bestimmten Genres oder Gattungen zuordnen könnte. So gab es zum Beispiel das Genre der Dokumentationen. Ich bin durch den Ort gegangen und habe aufgeschrieben, was hier und dort geredet wurde. Unterhaltungen in den Läden. Gespräche auf den Straßen. Das waren dann kurze Dialoge, die kleine Motive umkreisten. Dabei kam mir entgegen, dass mich viele kannten. Wenn ich in meinem westerwäldischen Heimatort unterwegs war, wussten die meisten, wer ich war. Ich war der Hanjo. Da kommt der Hanjo, riefen sie dann, und damit meinten sie: Der Hanjo ist völlig in Ordnung. Er geht rum und schreibt ab und zu etwas auf, das ist für ihn wichtig, denn er will lernen. Aus diesen kurzen Dialogen ergaben sich bald auch Geschichten. Die hatte ich irgendwo aufgeschnappt. Man könnte sie Dorfgeschichten nennen. Die habe ich mir nicht ausgedacht, sondern ich hatte sie gehört. Ich musste etwas gehört oder gesehen haben, das schrieb ich auf. Freie Erfindungen gab es nicht.

KS: Hättest Du Dir denn gerne etwas ausgedacht?

HJO: Nein, ich kam nicht einmal auf den Gedanken.

KS: Auf den Gedanken musstest Du auch nicht kommen. Du hattest ja genügend Schreibaufgaben, denen Du nachgehen konntest, Du warst ausgelastet. Du bist losgegangen und hast Dialoge und Geschichten gesammelt, und die anderen versorgten Dich laufend mit neuem Material. Du musstest Dir also nichts ausdenken, um am Schreiben zu bleiben. Wir sprechen jetzt nicht nur über einige Wochen des Schreibenlernens, sondern über einen längeren Zeitraum, richtig?

HJO: Zunächst habe ich mit dem Vater einige Wochen am Stück im Westerwald verbracht und dann immer wieder einige Tage. Von Köln aus war es ja nur eine Stunde mit dem Zug. Das Schreibenlernen führte allmählich zu Formen des Lesens. Schließlich war der Kopf so voll mit Wörtern, Texten und Klängen, dass ich sie nicht mehr nur für mich behalten konnte. Es brach richtiggehend aus mir heraus, wie gestaut, es war eine Explosion. Diese Szene des plötzlichen, eruptiven Sprechens kann man in *Die Erfindung des Lebens* nachlesen.

KS: Die aufgeschriebenen Geschichten hast Du nur für Dich behalten? Oder hast Du sie auch vorgelesen?

HJO: Ja, ich habe sie manchmal auch vorgelesen. Mein Vater war der erste, der diese Geschichten auch hören wollte und der sich sehr freute, wenn ich ihm etwas vorlas. Bei meiner Mutter bin ich gar nicht so sicher, ob sie das auch gerne hörte. Dann bekamen die Großeltern und einige nahe Verwandte sie zu hören. Und jedesmal wurde gesagt: Donnerwetter, was der sich so alles gemerkt hat, unglaublich! Also ob das ein Problem gewesen wäre.

KS: Ist es übertrieben zu sagen, dass das erste Lesungen waren?

HJO: Nein, es stimmt, ich hatte ja wirklich eine erste Zuhörerschaft in der Verwandtschaft. Unter den Verwandten kam damals auch zum ersten Mal die Idee auf, diese Geschichten zu veröffentlichen. Und das wurden sie schließlich auch, in der Kirchenzeitung der Erzdiözese Köln. Dort erschienen die ersten kleinen Erzählungen. Wie etwa die Geschichte von einem Gastwirt, der neben uns wohnte und im Stadium tiefster Trunkenheit auf seinen Hund schoss, weil er ihn für einen Hasen hielt. Die Kirchenzeitung gehörte noch immer zum familiären Raum, weil alle in der Familie die Kirchenzeitung lasen. Danach gab es aber auch erste Veröffentlichungen auf den Kinderseiten der Tageszeitungen. Da begegnete ich einer anderen Leserschaft, einer, die mir nicht nur wohlgesonnen war. Plötzlich sprach man darüber, ich wurde darauf angesprochen, vor allem in Köln.

KS: Aber hast Du Dich nicht gefreut, auf Deine Geschichten angesprochen zu werden?

HJO: Na ja, es gab nicht nur freundliche Reaktionen. Es hieß auch: Warum muss sich der so hervortun? Warum druckt die Zeitung diesen Kinderkram? Plötzlich gab es eine missgünstige, herumnörgelnde Leserschaft. Mein Vater bemerkte sofort, dass mir diese Kommentare zusetzten. Und dann wurden eben keine Geschichten mehr verschickt. Ich habe alles nur noch für den Hausgebrauch geschrieben und in der Familie vorgelesen.

KS: Aber gefreut hast Du Dich schon, Deine Geschichten gedruckt zu sehen?

HJO: Ja, das war eine enorme Freude. Den Namen gedruckt zu sehen, den Titel, die ganze Erzählung. Darüber habe ich mich richtig gefreut.

KS: Jetzt hast Du in die Rolle desjenigen hineingefunden, der auf einmal gut schreiben kann. Dessen Erzählungen sogar gedruckt werden. Wäre das jetzt nicht eine zweite Chance gewesen, Dich der Schule zu verweigern? Du hättest doch sagen können, ich habe Schreiben ohne Schule gelernt und werde mein Schreiben mit der Unterstützung des Vaters weiter verbessern. Also Schule, ade!

HJO: Nein, das wäre schön gewesen, aber so einfach war es leider nicht. Es war erst einmal so, dass ich in der Schule plötzlich auffiel. Ich musste meine sogenannten Aufsätze vorlesen, sie waren etwas Besonderes, und die Lehrer waren oft einfach baff. Da bekam ich immer wieder denselben Kommentar zu hören: Das kannst Du nicht selbst geschrieben haben, dabei hat Dir jemand geholfen. Die Mitschüler schlossen sich dem an: Na, wo hast Du den Aufsatz denn her? Das hat mich sehr wütend gemacht, was ich aber nicht zeigte. Denn ich hatte ja nun zwei Fähigkeiten, die ich weiter entwickeln konnte und die mir viel Freude machten. Schreiben und Klavierspielen. Diese beiden besonderen Fähigkeiten konnte ich einsetzen. Das Klavierspielen zum Beispiel im Schulorchester, wo man mir bei bestimmten Konzerten solistische Aufgaben zutraute. Nach außen hin wurde das, was ich nicht konnte, einigermaßen kompensiert durch das, was ich konnte. Im Grunde ging das so weiter bis zum Abitur.

KS: Welche Auswirkungen hatte das auf Deinen Tagesablauf? Veränderte sich die Abfolge Deiner Tätigkeiten?

HJO: Es blieb bei einem stark strukturierten Tagesablauf. Wenn ich aus der Schule nach Hause gekommen war, aß ich eine kleine Mahlzeit und übte lange Klavier. Hausaufgaben machte ich nur pro forma und in geringem Umfang. Geschrieben habe ich nach Möglichkeit jeden Tag. Wenn ich zwei, drei Tage nicht schreiben konnte, entstand sofort ein Gefühl von Leere. Dagegen half schon, nur das aufzuschreiben, was gerade am Tag passiert war. Es musste nicht viel sein, aber es musste etwas dastehen. Drei Mandarinen gekauft. Eine Sonate in D-Dur von Joseph Haydn geübt. Ganz oben stand immer das Datum, darunter der chronikalische Eintrag. Am liebsten schrieb ich Geschichten auf, die ich gehört hatte, fast immer waren es Geschichten von Älteren.

KS: Warum von Älteren?

HJO: Ich hatte keine guten Freunde in meinem Alter. Meine Klassenkameraden bekam ich ja mehrere Stunden am Morgen zu sehen, das genügte mir. Nachmittags hatte ich gar keine Zeit, mich mit ihnen zu treffen. Außerdem mochte ich Geschichten, die mit der Schule nichts zu tun hatten.

KS: Was hast Du mit den Notaten gemacht?

HJO: Ich schrieb sie in Hefte, und diese Hefte wurden aufgehoben und aufeinander gestapelt.

Das elterliche Archiv

KS: Da kam aber eine Menge zusammen – oder? Wo habt Ihr die hingetan?

HJO: In das, was in der Familie immer *Das Archiv* genannt wurde. Dieses Familienarchiv hatte mein Vater angelegt. Es reicht bis in die ersten Jahre seines Studiums in Bonn zurück. Nachdem er sein Elternhaus im Westerwald verlassen hatte, begann er, vieles zu archivieren. Zunächst nur Sachen und Dokumente, die zum Alltag der jungen Familie in Berlin gehörten. Fotos, Postkarten, Briefmarken, Eintrittskarten zu Veranstaltungen, Ausschnitte aus Zeitungen. Das kam in Kartons, die beschriftet und auf dem Speicher oder im Keller aufgehoben wurden. Mit den Jahren wurde dieses Archiv für meine Mutter zu einem Ärgernis, verstärkt seit den Kölner Nachkriegsjahren. Ein Karton und noch ein Karton – wohin soll das noch führen? Wir ersticken daran. Die Wohnung in Köln reichte nicht, es musste ein neuer, größerer Raum gefunden werden, auch für das Wohnen. Mitte der fünfziger Jahre entschieden sich meine Eltern, im Westerwald ein eigenes Haus zu bauen. Ab 1958 entstand ein Einfamilienhaus mit kleinem Anbau. Mitten im Wald, auf den Westerwälder Höhen, sehr schön gelegen.

KS: Wo habt Ihr im Westerwald denn vorher gewohnt?

HJO: Bei den mütterlichen Großeltern im Ort oder den Verwandten meines Vaters auf dem Land. Das neue Einfamilienhaus hatte große Keller- und Speicherräume, in denen das Archiv zunächst untergebracht wurde. In dieses Haus zogen meine Eltern am Ende ihres Lebens ein, nachdem es davor zum Teil vermietet gewesen war. Als mein Vater pensioniert wurde, haben sie das gemacht. Sie haben ihre letzten Lebensjahrzehnte in diesem Haus verbracht und nach langem Touren durch »die Welt«, wie meine Mutter das nannte, endlich wieder nach Hause, zurück in ihre Heimat, gefunden. Ich habe die Tage, als sie einzogen, noch genau in Erinnerung. Ich war dabei und habe ihnen geholfen, alles unterzubringen und einzuräumen. Wir waren sehr glücklich, aber wir wussten auch, dass dieses kleine Einfamilienhäuschen nicht ausreichen würde, um das Archiv auf Dauer zu beherbergen.

KS: Habt Ihr eine Lösung für das Problem gefunden?

HJO: Ja, und es war eine, die meiner Mutter sehr entgegenkam. Sie wollte das Einfamilienhaus als Wohnhaus und nicht als Archivhaus gestalten. Das Archiv sollte ausgelagert werden. Mein Vater nahm sich das zu Herzen und kam auf die Idee, eine große Scheune als Archivlager zu mieten. Sie gehörte zunächst noch Verwandten, die damit nichts mehr anfangen konnten. Es war ein leerer, trockener, großer Scheunenraum.

In dem wurde das Archiv nach und nach untergebracht. Alle Kartons, aufeinander gestapelt. Nummeriert und mit Daten beschriftet. Das war ungeheuer eindrucksvoll, diese Menge von Kartons zu sehen und vor allem die Ordnung, die sich nun ergab. Wie ein Bauwerk oder ein System. Dazu der Scheunengeruch, Heu, Stroh, fantastisch. Ich habe das alles später eine *Soziale Plastik* genannt, in Anlehnung an Joseph Beuys. Für mich war dieses große Archiv ein Beuyssches Lager. Mit den Kartons, mit Kisten, alten Möbeln, Gemälden und Zeichnungen. Die Geschichten der Familie waren hier gespeichert. Das Ganze hat mich so beeindruckt, dass ich vor einiger Zeit einige Dinge aus diesem Archiv herausgenommen und in meinem westerwäldischen Heimatort in einem gemieteten Laden untergebracht habe. Ich habe ihn *Sala Ortheil* genannt – und auch dieser Einfall war durch Beuys inspiriert. In Düsseldorf hatte er einmal einen Laden gemietet und dort eine Art Bürgerbüro eingerichtet. Als Bürgerbüro verstehe ich die *Sala* aber nicht, sondern als etwas Privates. Als einen Erinnerungsraum, in dem ich Gäste empfange. Freunde und Bekannte aus dem Ort, aber auch Menschen von weither. Ich interessiere mich schließlich noch immer für alles, was sie erzählen.

KS: Und Du möchtest es noch immer aufschreiben?

HJO: Das habe ich vor. Dorfgeschichten. Chronikalisches. Wie in Kindertagen.

KS: Dieses große Archiv ist eine wichtige Komponente in unseren Schreibforschungen. Das Geschriebene wurde nicht nur aufgehoben, sondern es erhielt auch einen dafür eingerichteten Platz. Du konntest mit der Zeit auf diese Sammlung zurückblicken, Du hattest sie gleichsam im Rücken, das empfinde ich als bedeutsam.

HJO: Ja, es war wirklich von großer Bedeutung. Ich habe mich oft in diesem Archiv aufgehalten und mir Sachen angeschaut oder in Texten von früher gelesen. Diese Besuche haben mich sehr beruhigt.

KS: Das erinnert mich an Verwandte von mir, die auf der Flucht waren und danach schauten, ob sie irgendwo etwas finden konnten, was ihre Erinnerungsgegenstände aufbewahrte. Sie brauchten das alles um sich herum, als Beweis, dass sie noch auf der Welt waren und dass sie nie wieder in die Situation kommen würden, nichts mehr zu haben und wieder fliehen zu müssen.

HJO: Das verstehe ich gut – mit Hilfe des Archivs wehrte man sich gegen die Entwurzelung. Wahrscheinlich fühlten sich die Eltern auch ein Leben lang entwurzelt. Ihr Familienleben begann in Berlin, später ging es nach Köln, dann nach Wuppertal, schließlich nach Mainz. Mein Vater wurde von einer Bundesbahndirektion in die andere versetzt, und wir mussten mit umziehen. Im Hintergrund gab es aber immer den Westerwald. Das war für sie die eigentliche Heimat, und dahin wollten sie am Ende des Lebens wieder zurück. Alle paar Wochen sind wir hingefahren und haben etwas Zeit dort verbracht. Seit Mitte der fünfziger Jahre sämtliche Schulferien und großen Feiertage. In den Städten, in denen wir lebten, drohte alles verloren zu gehen, im Westerwald nicht. Dort erhielt es eine Heimat. Und das Zentrum dieser Beheimatung war das große Archiv. So sehe ich das heute.

KS: Und dieses große Archiv gibt es noch und Du empfängst auch dort Gäste?

HJO: Ja, das gibt es noch, Gäste empfange ich dort aber nicht, die Eltern haben da strenge Verfügungen erlassen. Was an Texten veröffentlicht wird und was damit weiter geschehen soll. Nur ein sehr kleiner familiärer Kreis hat Zugang. Ich habe aber vor, in meiner SALA regelmäßig Dokumente, Texte, Bilder, Fotografien und Gegenstände auszustellen. Das sind dann kleine, kompakte Installationen, Zeitkapseln der Familiengeschichte gleichsam.

Die Städte der Kindheit

KS: Dann lass uns doch jetzt über die Städte sprechen, in denen Ihr gewohnt habt. Bei Deinen Schilderungen von Köln hatte ich immer den Eindruck, dort hätten sich Deine Eltern trotz allem wohl gefühlt.

HJO: Ja, das stimmt. Köln und der Westerwald, die Großstadt, das Land – das war im Grunde ihre Fantasie vom Wohnen.

KS: Und wie war es dann aber für Dich, nach Wuppertal zu ziehen?

HJO: Wuppertal ist von Köln nicht weit entfernt, 25 Minuten mit der Bahn, aber das Leben war dort ganz anders. Wir mussten eine Wohnung akzeptieren, die von der Bundesbahn angeboten wurde. Eine sogenannte bahneigene Mietwohnung. Sie war sehr preiswert. Meine Eltern wollten aber in Köln bleiben. Was zu der eigenartigen Situation führte, dass wir diese Wohnung in Wuppertal annahmen, gleichzeitig aber auch weiter in Köln wohnten. Mein Vater wollte ursprünglich jeden Tag von Köln nach Wuppertal und wieder zurück fahren, aber die sehr niedrige Miete stand einem nur zu, wenn man in Wuppertal auch wohnte. So mussten wir in Wuppertal eine kleine Wohnung beziehen und hatten gleichzeitig noch eine kleine Wohnung in Köln. Köln sollte erhalten bleiben. Köln und das Rheinland, verbunden mit der Heimat im Westerwald.

KS: Wie gefiel Dir denn dieser Umzug nach Wuppertal und wie ist das Leben dort für Dich gewesen?

HJO: Sehr fremd. Ich musste in Wuppertal die Volksschule besuchen. Das war noch das Beste, denn dort wussten die Mitschüler und Lehrer nichts von meinen früheren, zurückliegenden
Schulproblemen. Ich wurde dort freundlich aufgenommen
und war eine Zeitlang sogar ein recht guter Schüler. In Wuppertal bin ich danach auch auf das Gymnasium gegangen, da
wurde es unangenehmer. Es war ein altsprachliches Gymnasium mit Griechisch und Latein als Pflichtfächern. Die Pallas
Athene stand am Eingang, das gab den Ton an. Dieses Gymnasium verstand sich als eine Schule für besonders Begabte,
und der Direktor betrachtete sich wegen dieses Amtes wahrscheinlich bereits als Kandidat für höhere politische Ämter.
Die Mitschüler waren sehr ehrgeizig, da wehte ein heftiger, ei-
siger Wind. Es musste viel gelernt und geleistet werden. Und
das wollte ich ja nicht. Man sollte mich weiter in Ruhe lassen,
ich wollte nicht Xenophon und Homer im Original lesen, sondern Klavierüben und Schreiben.

KS: Freunde hast Du dort also auch keine gefunden?

HJO: Richtige Freunde nicht, nein. Aber Gesprächspartner, so
könnte man das nennen. Man schlich in Zweiergruppen über
den Schulhof und philosophierte. Und man sprach über na-
turwissenschaftliche Details, chemische, physikalische. Wuppertal war ja ein bedeutender Standort der Frühindustrie,
dort gab es *Bayer* und andere Fabriken, die viele Mitschüler schon im Auge hatten. In diesen Werken wollten sie Karriere machen, als Ingenieure, Chemiker, als Gott weiß was.
Ich hatte damit nicht das Geringste zu tun. Hinzu kam, dass
ich in Köln katholisch erzogen worden war und dass Wuppertal eine durch und durch protestantische Stadt war. Dort
setzte ich meine katholisch inspirierten Freuden also in der
Diaspora fort, zum Beispiel als Sänger gregorianischer Cho-

räle in einer Schola. Morgens in der Frühe katholische Messe, Choräle singen, dann altsprachlicher Unterricht, dann Gespräche über chemische Untersuchungen, es war ein buntes Leben, aber sehr sehr fremd. Bis auf eine starke, leuchtende Ausnahme.

KS: Ich bin gespannt …

Musiktheorie mit Folgen

KS: Ich erhielt in Wuppertal einen exzellenten Musiklehrer, Erich Forneberg. Er kam ursprünglich auch aus dem Westerwald und stammte aus einer Familie, die meine Eltern kannten. Erich Forneberg unterrichtete mich privat, im Klavierspielen und in Musiktheorie. Als Theoretiker war er eine große Nummer, denn er hatte sehr anerkannte Bücher über Harmonie- und Kontrapunktlehre und viele Monografien über bedeutende Komponisten geschrieben. Er brachte mich auf den neusten Stand des Komponierens, jetzt erfuhr ich etwas über Arnold Schönberg, Alban Berg, die Zwölftonmusik und viel über außereuropäische Musik. Die Klavierstunden waren zweigeteilt: Klavierspielen und danach Musikhören, in Erich Fornebergs Wintergarten, bei Tee und Gebäck. Da habe ich enorme Fortschritte gemacht, diesen Stunden verdanke ich sehr viel, es waren ganz wunderbare Gespräche, an die ich mich noch heute gut und gerne erinnere. Das fundamental Neue bestand vor allem darin, Kompositionen zu analysieren. Die Struktur, den Verlauf – und zweitens: zu überlegen, ob sie auch einen anderen Verlauf hätten nehmen können. Dieses Analysieren hatte einen starken Einfluss auf meinen Umgang mit Texten. Ich verstand Sätze plötzlich als Phrasen mit einem bestimmten Verlauf, ich hörte die Wörter wie Klanggebilde, ich erlebte Texte als Kompositionen.

Das war eine entscheidende Erweiterung und viel mehr als nur Musikunterricht. Wenn ich Texte lese, höre ich sie, und wenn ich welche schreibe, ist da zunächst ein Klangzusammenhang, bis in jede Nuance. Texte, die sich beim Lesen als nicht-musikalisch erweisen, kann ich nicht weiterlesen. So stark war dieser Forneberg-Unterricht, dass ich ihn als meine eigentliche Schule verstand. Ich hatte also zu meinem großen Glück wieder eine »Zweitschule« gefunden, die den normalen Schulunterricht überlagerte und übertönte. Ich wurde Erich Fornebergs Schüler – und genau das wollte ich unbedingt sein.

Ein Schreibgehäuse

KS: Wie sah Deine Schreibwerkstatt denn in Wuppertal aus?

HJO: In Wuppertal war alles hochgradig skurril, so auch das Schreiben. Dort bekam ich einen eigenen Schreibtisch. Mein Vater ließ ihn von einem Tischler anfertigen. Es war mehr ein Schreibgehäuse als ein Schreibtisch. Ich musste seitlich eine Klappe öffnen und konnte mich dann in das Gehäuse zwängen. Dort hinein habe ich mich zurückgezogen und nur das gemacht, wozu ich Lust hatte: Geschichten und Chroniken schreiben.

KS: Dieses kleine Schreibkabinett stand in der Wuppertaler Wohnung wo?

HJO: Im Wohnzimmer und dort am Fenster. Ich hatte kein eigenes Zimmer. In Köln konnte ich die Tür der Abstellkammer, in der ich schrieb, hinter mir zumachen, in Wuppertal nicht.

KS: Dann hast Du im Raum der Familie geschrieben.

HJO: Ja.

KS: Wie war das auf die Dauer?

Der Tagebuchimpuls

HJO: Ich habe bestimmte Vermutungen. Je länger ich mit meinen Eltern zusammenlebte, umso mehr hatte ich den Eindruck, dass über bestimmte Dinge nicht gesprochen wurde. Vor allem nicht über die früheren Zeiten, das Familienleben in Berlin, die Geburt und den Tod meiner Brüder. Davon wusste ich fast nichts, was, von heute aus betrachtet, verständlich ist. Es gab eine untergründige, massive Trauer, die nicht nach oben und nicht nach außen dringen sollte. Wie meine Eltern diese Vergangenheit vor meiner Geburt überhaupt bewältigt haben, ist mir bis heute nicht klar. Ich habe Momente starker Traurigkeit vor allem bei meiner Mutter erlebt, und ich habe als Kind wohl sehr mitleidend darauf reagiert. Darüber kann ich aber nicht mehr sagen, das geht nicht. Uns interessiert ja vor allem das Schreiben, und da kann ich sagen, dass ich bereits in der Wuppertaler Zeit nach neuen Genres suchte. Ich wollte nicht nur aufschreiben, was ich hörte und sonstwie mitbekam, sondern auch, was in mir vorging. Das würde ich einen klassischen Tagebuchimpuls nennen. Das Tagebuch war aber etwas, das im Schreiben mit meinem Vater nicht vorgesehen war. Mein Vater mochte so etwas überhaupt nicht. Darüber schreiben, was in einem vorging, nein, das wollte er weder hören noch lesen. Er hätte selbst nie über solche Themen gesprochen, und er empfand Menschen, die so etwas taten, als peinlich. Ich bin ihm darin aber nicht gefolgt, ich habe zumindest versucht, auch aufzuschreiben, was ich empfand. So entstand in Wuppertal ein geheimes Notieren. Zum ersten Mal in meinem Leben gab es ein unbeobachtetes, nicht vorgegebenes Schreiben, das hatte für mich auch etwas Widerständiges, fast Revolutionäres. Mit roten Ohren habe ich aufgeschrieben, was ich, wäre ich meinem Vater gefolgt, nicht hätte aufschreiben sollen.

KS: Und wo entstand dieses neue, widerständige Schreiben?

HJO: In meinem Schreibgehäuse, dem Wuppertaler Schreibtisch, wie ich ihn nenne. Ich schrieb diese Texte, als machte ich Hausaufgaben für die Schule, sie fielen nicht auf, und ich schrieb sie in Hefte, wie auch die anderen Texte. Sie wanderten zusammen mit den anderen Heften ins Archiv, das kontrollierte ja niemand. Auch jeder Tagebuchtext erhielt zunächst eine Datumsangabe, darunter kam dann der Text. Hätte man ihn nur flüchtig betrachtet oder überflogen, hätte man ihn für eine der üblichen Chroniken halten können. Und wie im Fall der Chroniken klebte ich auch neben viele Tagebuchtexte Fotografien und Bilder, die ich ausgeschnitten hatte. Auf den ersten Blick waren die Tagebuchtexte also nicht als solche zu erkennen, ich versteckte sie im Chronikdesign.

KS: Entstanden solche Texte auch täglich, wie die Chroniken?

HJO: Neinnein, soviel Zeit hatte ich nicht. Sie entstanden in sehr unregelmäßigen Abständen, immer dann, wenn etwas »in mir kochte«, wie ich das nur für mich nannte. Es waren eben stark emotionale Texte, Ausbrüche, kleine Explosionen.

KS: Das Tagebuchschreiben hat Dich weiter sehr interessiert. Ich kenne eine Reihe von Artikeln von Dir zu diesem Thema.

HJO: Tagebücher interessieren mich geradezu brennend. Ich habe immer darauf geschaut, wie Menschen Tagebücher führen. Was gehört hinein, was nicht? Solche Fragen beschäftigten mich. Sie entstanden dadurch, dass mir selbst nie ganz klar war, was hineingehörte. Wo beginnt das Chronikalische, wo das Private, stark Emotionale? Kann man beides miteinander verbinden? Hat Thomas Mann das geschafft? Nein, seine Tagebücher sind vor allem chronikalisch. Und Julien Green? Nein, seine Tagebücher sind vor allem privat. Gibt es überhaupt Verbindungen zwischen diesen Lagern? Soll es sie geben? Meine

Herren, ich mache mir bis heute über so etwas unendlich viele Gedanken.

Das autobiografische Material und seine Vertiefung

KS: Worum geht es dabei, betrifft das auch das sonstige Schreiben?

HJO: Ja, es berührt etwas Grundlegendes, denn es geht wohl auch darum, inwieweit ich zum Beispiel in meinen Romanen und Erzählungen in das Private und Emotionale einsteige und abtauche. Anders gesagt: Es geht darum, wie tief ich das autobiografische Material verankere, verwandle oder verstecke. Die Romane haben in meinen Augen zunächst ein chronikalisches Gerüst, das sich ziemlich genau mit dem deckt, was ich vor Ort irgendwo erlebt habe. Diese chronikalischen Momente übernehme ich in den Roman ...

KS: Kannst Du das an einem Beispiel erläutern?

HJO: Mmm, ich versuche es mal. Nehmen wir meinen Roman *Die große Liebe.* Er spielt in einer Stadt an der italienischen Adriaküste, in San Benedetto del Tronto. Dort bin ich viele Male gewesen, Jahr für Jahr. Der Roman wird von einem in München arbeitenden Fernsehredakteur erzählt, der dorthin fährt, um für einen Film über das Meer zu recherchieren. Er quartiert sich in einem Strandhotel ein, schwimmt im Meer, macht Ausflüge in die Umgebung. Diese Abläufe der Handlung decken sich fast eins zu eins mit denen, die ich erlebt habe. Als ich den Roman plante, bin ich nach San Benedetto del Tronto gefahren, habe mich in einem Strandhotel einquartiert, im Meer geschwommen und mich mit den Menschen dort unterhalten. Das wären die chronikalischen Momente, die ich während meines Aufenthalts in einem Skizzenbuch festgehalten habe. So entstanden bereits erste Strukturlinien für den Roman, ohne dass ich bereits gewusst hätte, wovon er sonst noch erzählen will. Ich wollte von San Benedetto erzählen, vom Meer, von den starken Momenten, die ich viele Jahre dort erlebt hatte.

KS: Ich verstehe. Du hattest Feuer gefangen, wie wir das genannt haben. Es war nicht mehr relevant, ob sich sonst noch jemand für San Benedetto und das Meer interessiert ...

HJO: Das war überhaupt nicht relevant. Ich befand mich, als ich in San Benedetto eintraf und das Hotel bezog, im Kraftfeld des Romans und seines Schreibens. Der Roman schrieb sich dann gleichsam von selbst.

KS: Moment, der Roman ist ein Roman über diesen Adriaraum und ein Roman über das Meer, aber es ist auch ein Roman über eine Liebesbeziehung. Wie kommt denn die nun hinein?

HJO: Von selbst, ich sagte es ja. Ich bin zunächst beim Strandhotel, dem Meer und dem konkreten, geographischen Adriaraum geblieben, dann ist meinem Erzähler eine Person begegnet.

KS: Eine Person?! Eine Frau!

HJO: Eine Frau, ja.

KS: Diese Frau ist Meeresbiologin und leitet das meereskundliche Museum der Stadt. Bist Du auch dort gewesen?

HJO: Mein Erzähler bewegt sich auch dorthin, und dort trifft er die Direktorin, ja.

KS: Und diese Direktorin hast Du auch getroffen?

HJO: Jetzt wird es kompliziert, und weil es sehr kompliziert ist, möchte ich an dieser Stelle vorerst nicht mehr dazu sagen. Heben wir uns weitere Erläuterungen dazu für später auf, wenn wir über die drei Liebesromane sprechen, die ich sonderbarerweise geschrieben habe.

KS: Sonderbarerweise?!

HJO: Sonderbarerweise ...

KS: Aha. Nun gut, darüber werden wir noch sprechen. Ich glaube, anhand Deines Romanbeispiels ist deutlicher geworden, wie das chronikalische Gerüst sich ins Emotionale verlagert. Das Gerüst übernimmt gleichsam die Führung, und die Emotionen steigen dann und wann ein und wollen ausgelotet werden. So stelle ich mir das vor.

HJO: Ja, so in etwa. Auf das Tagebuchschreiben bezogen, frage ich mich: Wie stark erlaube ich dem Tagebuch, chronikalisch zu sein, und wie stark dürfen die emotionalen Momente auftreten und sich ausbreiten? Das ist die Grundfrage. Und diese emotionalen Momente wurden natürlich in einem bestimmten Alter immer wichtiger. Ich bin jetzt zwölf, dreizehn Jahre alt, ich lebe mit den Eltern in Wuppertal, singe gregorianische Choräle, übe wie der Teufel Klavier, schreibe in einem Schreibgehäuse Chroniken und kurze Texte, nehme an Gesprächen über chemische und physikalische Experimente teil, gründe ein musikalisches Trio, das in Wohnhäusern direkt an der Wupper probt – die Schwebebahn rattert wenige Meter entfernt vorbei. Mann, das war alles eine stark skurrile Suppe, tief im Bergischen Land, mit einem Schwimmbad, das in Wuppertal kurioserweise *Schwimmoper* genannt wurde. Toll und verrückt war das alles – wie hätte ich da nicht emotional explodieren sollen? *Wuppertal* forderte das doch geradezu heraus. Ja, eigentlich sollte ich sofort einen Roman über diese Wuppertaler Jahre schreiben. Wie die Emotionen zu kochen begannen, wie die Sexualität plötzlich eine starke Rolle spielte, der Umgang mit den Mitschülerinnen, die Gespräche mit denen, erste Spaziergänge zu zweit…, ich skizziere und entdecke gerade einen Roman…

KS: Ich halte das mal für die nächsten Verlagsprogramme fest, aber bevor Du weiter Feuer fängst, lass mich noch einmal kurz auf das Schreiben im Schreibunterricht Deines Vaters zurückkommen. Gab es den weiterhin, neben der Schule?

HJO: Nicht mehr so wie in den Anfängen. Ich dachte mir eigene Schreibaufgaben aus, und ich war da sehr erfinderisch. Viele Texte, die ich schrieb, gab ich an meinen Vater weiter, und er hatte daran einfach nur seine Freude. Er konnte sich wirklich immens, sichtbar und fühlbar, freuen. Manchmal las er sich meine Texte laut vor, mehrmals, wie Texte eines Autors, den er gerade erst kennengelernt hatte.

KS: Hat er Deine Texte eigentlich auch korrigiert oder Veränderungen vorgeschlagen?

HJO: Nur sehr begrenzt, inhaltlich nie und auch nicht, was zum Beispiel die Handlungsabläufe betraf. Ich würde sagen: Er hat sich nie wirklich eingemischt. Aber er hat Wortwiederholungen korrigiert und manchmal kleine stilistische Eingriffe vorgenommen. Umstellungen, Verknappungen, in der Art. Blickt man auf diese frühen Kölner und Wuppertaler Jahre zurück, kann man die Veränderungen meines kindlichen Schreibens anhand der Reisebücher aus diesen Jahren gut verfolgen. Die Reisen mit meinem Vater, immer zu zweit, waren Höhepunkte. Ich fand sie ganz wunderbar, sie bedeuteten großes, ungetrübtes Glück, abseits vom sonstigen Familiären. Wir fuhren an die Mosel, nach Berlin und schließlich mit einem Frachtschiff durchs Mittelmeer, von Antwerpen bis Griechenland und in die Türkei. Das waren richtige Abenteuerreisen, und ich schrieb während dieser Reisen zunächst meine chronikalischen Texte, Tag für Tag, die ich dann nach der Rückkehr in Reiseerzählungen umschrieb. Sie lagen lange Zeit im Familienarchiv, erst vor kurzem habe ich sie wieder entdeckt und an meinen Verlag geschickt. Und sie wurden dann sogar veröffentlicht: *Die Moselreise, Die Berlinreise, Die Mittelmeerreise.*

Schaut man sich diese Texte an, erkennt man, wie der Tagebuchimpuls immer stärker geworden ist. Sie enthalten also neben den chronikalischen, stillen, neutralen Passagen auch viele emotionale, eruptive Momente, das ist gut zu erkennen. Überhaupt bin ich auf diese Texte sehr stolz, ich kenne etwas Vergleichbares nicht, und ich finde, sie enthalten ein sehr eigenes Schreiben und Erzählen, das man nicht mehr kindlich nennen kann. Ich glaube, das wurde nicht richtig verstanden, das große Feuilleton hat sich dazu nicht auf interessante Weise geäußert. Warum eigentlich nicht?

KS: Bevor wir uns in Feuilletontexte vertiefen, sollten wir in Deinen Kinderjahren weiterreisen. Von Köln aus seid Ihr nach Wuppertal gezogen, zumindest pro forma, danach geht es nach Mainz. Wann war das?

Der Umzug nach Mainz

HJO: Das war 1966. Wir zogen nach Mainz, in eine kleine Neubauwohnung, die wiederum der Bundesbahn gehörte. Die Kölner Wohnung wurde aufgegeben, der Westerwald aber blieb weiter im Hintergrund, und wir verbrachten dort alle Ferien. In Mainz ging ich in die Oberstufe eines ebenfalls altsprachlichen Gymnasiums. Damit begann für mich eine neue Zeitrechnung. Mainz war anders als Wuppertal, natürlich, es war ganz anders. Die Eltern fühlten sich in Mainz auch recht wohl, allein schon durch die Nähe zum Rhein. Der Rhein war die Verbindung zu Köln, an den Rhein zu gehen und dort entlang zu laufen, mit den Schiffen zu fahren, das war die Fortsetzung Kölns. Wir waren nach Wuppertal wieder im Rheinland angekommen.

KS: Bisher hast Du sehr stark in der Familie gelebt – wie war das dann in Mainz? Bist Du da auf Distanz zu den Eltern gegangen, und wenn ja, wie hat sich das dargestellt?

HJO: Ich beginne mal wieder mit der Erinnerung an einige schlichte Bilder. In Mainz besuchte ich das Rabanus-Maurus-Gymnasium, es war nur wenige Hundert Meter vom Rhein entfernt. Wenn wir Schüler Schulschluss oder eine längere Pause hatten, gingen wir an den Rhein. Wir setzten uns dort auf die Stufen zum Wasser, hörten Musik, redeten, hingen ab, wie man jetzt sagen würde. Damit verband sich ein starkes Freiheitsempfinden, mit dem Blick auf die vorbeifahrenden Schiffe, die nahe Brücke, den weiten Himmel.

KS: Du schilderst jetzt, bemerke ich gerade, die Eröffnungsszene Deines ersten Romans *Fermer* (1979). Die junge Hauptfigur gleichen Namens läuft im Vorfrühling an einem großen Fluss entlang, beobachtet die vorbeifahrenden Schiffe und macht sich auf den Weg, weg von zu Hause, irgendwohin, er hat noch keinen konkreten Plan…

HJO: An einem Vorfrühlingsabend kehrte der junge Fermer nicht mehr in die Kaserne zurück… – das ist der erste Satz, ja.

KS: Wenn wir ihn jetzt lesen, nach allem bisher Gesagten, ist er gleich mehrfach aufgeladen. Fermer verlässt die Kaserne, er desertiert und sucht ein neues Leben. Bevor wir weiter über diesen Roman und seine Entstehung sprechen, noch einige Fragen zum Mainzer Leben. Du sagst, Du bist mit anderen Mitschülern oft an den Rhein gegangen. Dann hast Du also in Mainz jetzt Freunde in der Schule gefunden?

HJO: Ja, zum ersten Mal. Keine Gesprächspartner, sondern richtige Freunde. Und am Rhein wurde auch nicht philosophiert oder über chemische Experimente gesprochen, sondern Musik gehört. 1966! Da gab es vielleicht Musik! Ich saß im Unterricht zufällig neben einem Mitschüler, der sich fantastisch auskannte. Der hörte die Hitparaden rauf und runter, der war in der Klasse der große Experte. Die *Beatles,* die *Rolling Stones,* die *Bee Gees, The Who*... – mir klingelten nur so die Ohren. Mein neuer Mitschüler fragte mich nach meinen Vorlieben, und ich musste passen. Ich wusste nicht viel über diese Gruppen, sondern hatte höchstens flüchtig von ihnen gehört. Was hörst Du denn für Musik?, fragte er mich, und ich sprach von Mussorgskij, Rachmaninow und Skrjabin. Die kannte nun wiederum mein Mitschüler nicht.

KS: Das war bestimmt nicht einfach, da könnte es gekracht haben.

Journalistische Texte

HJO: Ja, wir hatten deftige Auseinandersetzungen, die aber freundschaftlich waren und blieben. Wir gingen nicht herablassend oder kritisch, sondern ironisch miteinander um. Und wir entwickelten aus unseren Debatten ein Projekt, weil wir bemerkten, dass wir beide Spezialgebiete hatten und uns in denen gut auskannten. Die neue Musik und die alte, ganz simpel gesagt. Unser Projekt war das einer Schülerzeitung, für die wir die Aufgaben verteilten. Weil mein Mitschüler alle Welt kannte, hatte er auch bald eine Druckerei an der Hand. Und dann legten wir los, ernannten uns zu Redakteuren, luden noch andere Freunde zur Mitarbeit ein und besetzten die Ressorts. Ich habe kleine Artikel über klassische Musik geschrieben und längere über neue Lyrik und Gegenwartsphilosophie. Die Zeitung war ein Erfolg, sie wurde viel gelesen, und wir waren plötzlich in der ganzen Schule bekannt. Die junge journalistische Truppe!

KS: Das war Dein Einstieg in den Journalismus...

HJO: In der Tat. Ich schrieb Artikel, dachte mir Themen für die nächsten Nummern aus, ging in Redaktionskonferenzen, traf Redakteure von anderen Schülerzeitungen, es nahm allmählich Fahrt auf.

KS: Aber wie war das, plötzlich Artikel zu schreiben und sich Themen auszudenken? War das ein anderes Schreiben als zuvor?

HJO: Nein, nicht grundlegend. Ich reagierte mit den Artikeln auf Bücher, die ich gelesen hatte, und ich reagierte auf Artikel in Zeitschriften und Zeitungen. Dabei kam wieder das Feuerfangen ins Spiel. Ich konnte nicht über beliebige Themen schreiben, die sich durch ihre Aktualität hervortaten, nein, es mussten Themen sein, die in mir auf irgendeine Weise etwas zum Brennen und Klingen brachten. Wir befinden uns jetzt, in den Jahren nach 1966, in der Hochzeit der Politisierung öffentlicher Diskurse. Da bekam ich oft zu hören: Schreib doch mal was über die Studentenproteste und die Demonstrationen, oder: Wie wäre es, mal ein paar Worte über Karl Marx zu verlieren? Das konnte ich nicht, die politischen Themen waren mir fremd, ich hatte dazu keinen direkten, inneren Zugang. Ich schrieb aber immerhin über Enzensbergers Lyrik und über die von H.C. Artmann, die großen Eindruck auf mich machte.

KS: Da kommt aber wieder das Thema der Relevanz ins Spiel. Als junger Journalist musstest Du eine Leserschaft im Auge haben und Dich fragen: Interessiert Enzensbergers Lyrik überhaupt meine Mitschüler?

HJO: Stimmt, das musste ich mich plötzlich fragen, ich war, was die Artikel betraf, nicht mehr ganz frei. Ich musste mich fragen: Will das überhaupt jemand lesen? H.C. Artmann?! Von dem hatten meine Mitschüler noch nie gehört. Es war also riskant, darüber zu schreiben, wir mussten nach Erscheinen der Artikel bei unseren Lesern nachhorchen, ob sie auch interessant genug waren.

KS: Und? Waren sie das?

HJO: Ja, das waren sie, aber nicht für die Mitschüler, sondern für viele Mitschüler*innen*. Das war eine Entdeckung: Mit-

71

schülerinnen, die H.C. Artmann für einen tollen Hecht hielten. Für einen Lyrik-Popstar! Was der so alles schreibt! Das ist etwas anderes als alles, was wir sonst zu lesen bekommen, das ist etwas, das sich sehen und vor allem hören lassen kann. Es passt in unsere Zeit, es ist die Lyrik, die zur neuen Musik passt! Dafür hatte ich dann einen guten Riecher. Ich hörte die neue Musik und war da keineswegs auf der Höhe der Zeit, denn ich hörte sie nur nebenher und nicht exzessiv. Aber bestimmte Impulse dieser Musik nahm ich doch intensiv auf und empfand bestimmte literarische Texte als zugehörig. Es waren nicht unbedingt Texte, die ich sehr mochte, das nicht, aber es waren Texte, die einschlugen, weil sie ein Zeitgefühl trafen. Texte des jungen Handke wie etwa die *Publikumsbeschimpfung*, Prosa von Wolf Wondratschek, Lyrik von Ernst Jandl. Das waren natürlich Spezialinteressen, aber ich durfte sie pflegen, über die großen politischen Themen schrieben andere Mitschüler, nicht ich. Noch etwas Skurriles: Wegen einer Verletzung der Hornhaut des rechten Auges trug ich damals kurze Zeit eine Brille. Es war eine randlose, federleicht, ich fand sie hochelegant. Damals war ich der einzige Schüler, der so eine Brille trug. Es gab Mitschülerinnen, die das erstaunlich sexy fanden. Ich bekam zu hören, ich sehe aus wie Augstein.

KS: Und Augstein fanden sie sexy?

HJO: Erstaunlicherweise, ja. Ich hätte auf dieser Linie weitermachen können: mich entsprechend kleiden, die Haare wachsen lassen, mein Klavierspiel aktualisieren, in eine Band eintreten und so weiter. Das habe ich aber alles nicht getan.

KS: Und warum nicht? Das wären in den sechziger Jahren doch schöne Aussichten gewesen! Eine Karriere in der Popmusik! Vielleicht auch Texte und Jazz, wie es Jandl vorführte. Warum nicht?

Die Professionalisierung 1

HJO: Ich bin meinen Passionen treu geblieben. Klavierspielen und eigene Texte schreiben. Da kamen jetzt die journalistischen Texte hinzu, die machten aber nur einen sehr geringen Teil aus. Ich blieb meinen Passionen treu, weil sich das, was wir den außerschulischen Bereich genannt haben, neu belebte. Das Klavierspielen und das Schreiben wurden nämlich in gewissem Sinn jetzt professionell. Das Klavierspielen dadurch, dass ich in Mainz auf das Peter-Cornelius-Konservatorium ging und dort eine Lehrerin erhielt, die eine Schülerin von Claudio Arrau und daher eine hervorragende Pianistin war. Sie hieß Daniela Ballek und hat mich dann viele Jahre lang unterrichtet. Sie hob mein Klavierspielen auf ein völlig neues Niveau, durch die Arrausche Klaviertechnik, die ich erst von Grund auf neu einstudieren musste. Ich übte jetzt den Solopart großer Klavierkonzerte, Beethovens Nummer 1, 2 und 4, Schumann, Chopin. Daniela Ballek spielte den Orchesterpart und ich den solistischen. Ich studierte jetzt also ein durchaus ernstzunehmendes Repertoire, ich trat in Konzerten des Konservatoriums und der Schule auf, ich wurde ein »Klavierlöwe«, wie es in einer Rezension der *Mainzer Allgemeinen Zeitung* hieß.

KS: Kommen wir kurz auf Deine Eltern zu sprechen. Wie fanden sie es, plötzlich einen Klavierlöwen am Tisch sitzen zu haben?

HJO: Meiner Mutter hat das sehr gefallen, aber mein Vater tat so, als bemerkte er es nicht. Er war weiterhin auf der Seite der Literatur, las meine Schulaufsätze und die Artikel, die ich schrieb. Die wiederum interessierten meine Mutter nicht. Meine Mutter dachte, dass ich Pianist werden würde, mein Vater aber hatte keine Ahnung, was eigentlich. Ein Journalist bestimmt nicht, ein Schriftsteller erst recht nicht. Daran dachte er keine Sekunde, und ich selbst dachte auch nie daran.

KS: Woran dachtet Ihr denn, was wäre möglich gewesen?

HJO: Mein Vater sprach darüber nicht, ich glaube, er hatte nicht die geringste Idee. Sorgen machte er sich keine, er hat immer geglaubt, dass ich meinen Weg schon irgendwann gehen würde. *Meinen,* sage ich, nicht den, der meiner Mutter vorschwebte. Er schwieg dazu einfach, er ließ meinem Leben seinen Lauf, so könnte man sagen. Unsere starke Nähe blieb weiter erhalten, wir verstanden uns, die damals typischen Vater-Sohn-Konflikte gab es zwischen uns nicht. Es bestand eine aus der Kindheit herkommende, tiefe Zuneigung. Wenn man die frühen Reiseerzählungen liest, erkennt man sofort, wie eng die Verbindung zu meinem Vater war. Das hat sich nie geändert. Höchstens, dass ich in den späten sechziger Jahren kritischer wurde und mehr nachfragte. Die Kriegserlebnisse meines Vaters haben mich zum Beispiel beschäftigt, politische Themen weniger, fast gar nicht. Über die Kriegserfahrungen ist er aber häufig hinweg- und nicht ins Detail gegangen. Außerdem mündeten sie fast immer in die lange Erzählung von seiner Rückkehr aus dem Krieg. Wie er von Berlin aus schwer verwundet und zu Fuß nach Überquerung der Elbe zurück in den Westerwald gehumpelt ist. Wie er auf der letzten Wegstrecke dort von Verwandten auf einem Karren nach Hause gebracht wurde. Und wie er meine Mutter wieder in die Arme genommen und dabei erfahren habe, dass mein Bruder wenige Tage vorher ums Leben gekommen war. Diese Heimkehrererzählung überschattete alles, und sie löste bei mir jedes Mal starkes Mitleid aus. Das erklärt vielleicht auch, dass ich nicht mehr weiterfragte. Über die Details der Heimkehr kann ich nicht mehr sagen, ich kann darüber nicht sprechen. Ich habe die tiefe Zuneigung erwähnt und wollte sagen: Sie hat immer bestanden, eine intensive Nähe, bis zum Tod meines Vaters.

KS: Dann kommen wir wieder auf die Mainzer Jahre zurück. Könnte man immerhin behaupten, dass Du begonnen hast, Dich etwas von den Eltern zu entfernen? Durch die neuen Freunde, den Journalismus, das professionelle Klavierspielen?

HJO: Ja, das kann man sagen. Es war aber beidseitig. Ich entfernte mich von den Eltern, und die Eltern entfernten sich allmählich auch von mir. 1966 waren wir nach Mainz gezogen, da gab es bereits eine Perspektive, wann der endgültige Umzug in den Westerwald anstehen würde: 1972, da sollte mein Vater pensioniert werden und wurde das dann auch. In gewisser Weise lebten meine Eltern in Mainz bereits auf Abruf. Sie freuten sich auf das, was sie »Das Alter« nannten. Ein endlich zur Ruhe gekommenes Leben im »Kreise der Lieben«, womit die vielen Verwandten im Westerwald gemeint waren. Diese Hinwendung zum »Alter« war auch für mich spürbar. Die Eltern kultivierten ihre eigenen Interessen stärker als zuvor, ich spielte nicht mehr die Rolle des am Leben gebliebenen, einzigen Kindes. Beide vertrauten darauf, dass es gut mit mir weitergehen würde. Als Pianist oder anders, aber auf jeden Fall gut. So dass ich glücklich damit wäre. Sie selbst waren mit ihrem eigenen Leben zufrieden, sie freuten sich sehr auf die späten Jahre im Westerwald. Und es wurden dann auch entspannte, schöne Jahre. Mein Vater ist 1988 gestorben, meine Mutter 1996.

Die Professionalisierung 2 – Lektorat

KS: Du hast angedeutet, dass in Mainz auch das sonstige Schreiben neben dem neuen, journalistischen eine professionelle Note bekommen habe. Inwiefern?

HJO: Ich hatte in Mainz im außerschulischen Bereich auf zweierlei Weise und Ebenen großes Glück. Zum einen beim Klavierspielen, als die Pianistin Daniela Ballek meine Lehrerin wurde. Und zum anderen beim Schreiben, als ich gleich in meinem ersten Mainzer Oberstufenjahr einen Deutschlehrer erhielt, der mein weiteres Schreiben sehr beeinflusst hat. Das war Hermann Josef Himstedt, der durch seine Herkunft übrigens eine enge Beziehung zum Rheinland hatte, zur Mittelrheinlandschaft und zum Rheingau. Kurioserweise war er gerade an das Mainzer Rabanus-Maurus-Gymnasium versetzt worden und also dort neu, so wie ich. Ich erwähne das, weil es Folgen hatte. Er musste sich an dem für ihn neuen Gymnasium erst orientieren, und dazu gehörte, dass er in den Schulpausen auf dem Schulhof seine Runden drehte. Da sprach er mit Kollegen, aber auch mit vielen Schülern, er wollte die neue Umgebung kennenlernen. Während dieser Schulhofrunden nahm er mich zum ersten Mal aufmerksamer wahr. Ich war ja auch neu, das wusste er, und er wollte mir anscheinend helfen, mich zurechtzufinden. Wenn er mich sah, kam er oft zu mir, und wir unterhielten uns. Gehen wir ein paar Schritte zusammen, sagte er, fast immer gut gelaunt, und dann drehten wir unsere Runden. Irgendwie witterte er, dass ich mich sehr für Literatur interessierte, er hatte das schnell raus. Und genau darüber unterhielten wir uns fast ausschließlich. Über neue und alte Literatur, querbeet. Er empfahl mir viele Bücher und sorgte dafür, dass ich sie las. In der Nähe des Gymnasiums befand sich die Mainzer Stadtbibliothek. Oft sagte er: Laufen Sie rasch hin, noch heute, schauen Sie, ob Sie das Buch bekommen. So entwickelte sich ein intensiver Kontakt, der mit den Jahren sogar eine Art Freundschaft wurde. Und das, obwohl er viel älter als ich war. Ich habe ihn als einen ganz ausgezeichneten Lehrer erlebt, und so erlebte nicht nur ich ihn. Fast die ganze Klasse war von ihm fasziniert, und das wollte in den späten sechziger Jahren etwas heißen. Wir haben Goethes *Faust* gelesen, und er hat es fertiggebracht, uns dafür zu begeistern. Die meisten Mitschülerinnen und Mitschüler lebten nun wirklich in sehr anderen Welten. Für die war Faust ein anstrengender Wichtigtuer und Gretchen eine bedauernswerte junge Frau, die man am liebsten in einen Aufklärungskurs geschickt hätte. Wir lasen aber nicht nur ältere Texte, sondern auch viele aktuelle: Handke, Jandl, Bachmann, Enzensberger, viel Lyrik, wenig Drama, und in der Prosa ließ unser Lehrer nur wenig gelten: Kleist vor allem, Heinrich von Kleist und Franz Kafka.

KS: Erstreckte sich dieser Einfluss Deines neuen Lehrers auch direkt auf Dein Schreiben? Bekam er überhaupt etwas davon zu sehen?

HJO: O ja, und das war sehr spannend. Als Deutschlehrer musste er meiner Schulklasse natürlich auch Aufsätze abverlangen. Es gab damals noch das Format der sogenannten Besinnungsaufsätze, und das war ihm stark zuwider. Uns über gesellschaftliche oder politische Themen schreiben zu lassen, wäre ihm nie in den Sinn gekommen. Die Themenstellungen hatten stattdessen fast immer eine philosophische Note. Daneben gab es aber auch freie Themen, wie wir es nicht gewohnt waren. Ich erinnere mich sehr genau an ihr erstes Auftreten. Er verteilte die Fotografie eines mediterranen Straßencafés und forderte uns auf, zu diesem Foto eine Erzählung zu schreiben. Das war so neu, dass viele von uns fragten: Wie soll das gehen? Welche Erzählung? Worüber sollen wir denn erzählen? Und so weiter.

KS: Im Grunde war das eine Aufgabe der Rubrik Kreatives Schreiben, nicht wahr?

HJO: Absolut. Und es war eine Aufgabe, wie sie mein Vater mir früher in ähnlicher Weise, aber doch anders, häufig gestellt hatte. Ich hatte ja viel fotografiert, wir haben uns zusammen die

Fotografien angeschaut, und mein Vater fragte: Fällt Dir dazu etwas ein? Irgendetwas? Die Aufgabe bestand darin, dass ich über Menschen schreiben sollte, die existierten und auf dem jeweiligen Foto zu sehen waren. Ich schrieb nichts Erfundenes, sondern belebte gleichsam nur die stummen Gestalten auf den Fotografien. Im Blick auf das mediterrane Straßencafé war das aber anders. Jetzt musste ich Figuren erfinden, und genau das tat ich. Ich schrieb also eine Erzählung, und dann erhielten wir etwas später unsere Aufsätze zurück, ich aber nicht. Ich fragte meinen Lehrer, ob er meinen Aufsatz vergessen habe, und er antwortete: Warten Sie bitte, damit lasse ich mir noch etwas Zeit. In der nächsten Schulpause auf dem Schulhof wurde er konkreter und sagte: Ich werde Ihren Aufsatz lektorieren. Es geht nicht um Korrekturen, sondern um ein Textlektorat. Peng! Lektorat ... – ich wusste damals nicht, was genau er meinte. Es klang sehr anspruchsvoll, aber mehr ahnte ich nicht.

KS: Du hast gar nicht genau verstanden, was er mit »Lektorieren« meinte?

HJO: Ich wusste nicht, was er vorhatte, absolut nicht. Ich fragte weiter nach, was denn jetzt geschehe. Und er sagte, er werde Satz für Satz auf seine literarische Haltbarkeit überprüfen und Vorschläge zur Veränderung machen. Er hielt meine Erzählung also für einen literarischen Text. So etwas hatte noch niemand von meinen Texten behauptet. Alles, was im familiären Raum entstanden war, galt als familiäre Unterhaltung, nicht aber als »Literatur«. Hermann Josef Himstedt brachte diesen starken Begriff zum ersten Mal ins Spiel.

KS: Hast Du nach dieser Ankündigung eine lektorierte Fassung Deiner Geschichte bekommen?

HJO: Ja, ich bekam eine von A bis Z lektorierte Fassung zurück. Mit Durchstreichungen, Ergänzungen, Fragen am Rand. Das sollte ich mir alles genau anschauen und eine zweite Fassung erstellen. Und das habe ich dann auch getan.

KS: Darüber hinaus – was war für Dich neu?

HJO: Der gesamte Umgang mit den Details. Ich erzählte zum Beispiel von einer bestimmten Figur, daran knüpften sich plötzlich Fragen. Warum reagiert die Figur so und nicht anders? Wofür brauchen wir sie? Sollte sie wirklich derart dominant sein? Warum spricht sie so unbeholfen? Und so weiter. Der Text stand jetzt auf dem Prüfstand, er wurde entkleidet und war dann erst einmal nackt. Später konnte man daran gehen, dieses oder jenes Kleidungsstück nach sorgfältiger Überlegung wieder zu verwenden.

KS: Das klingt nach klassischem Lektorat.

HJO: Das war es. Neu und anders war also vor allem, dass ich bis in jedes Detail genau reflektieren sollte, was ich schrieb. Die Gründe für das Handeln der Figuren. Deren Charakter. Ihre Sprechweisen. Ich war für sie verantwortlich, als wären es lebendige Geschöpfe. Es ging also darum, in mir ein Autorenbewusstsein zu wecken: der Autor und sein Text. Bis dahin hatte ich mich nicht in diesem Sinn als Autor verstanden, und ich hatte mich auch nicht so verstehen müssen. In den Texten, die ich im familiären Raum geschrieben hatte, kamen nur Figuren vor, die mir sehr vertraut waren und die ich gut kannte. Ich musste nicht überlegen, warum sie so und so handelten und nicht anders. Im Grunde musste ich überhaupt nicht überlegen, wie ich sie anlegte und auftreten ließ. Jetzt sollte ich aber Texte schreiben, deren Figuren und Handlungen frei erfunden waren. Die mussten entworfen werden, herangezüchtet wie kleine Pilze, die Aromen verbreiten.

KS: Eine Frage: Deine familiären Texte, wie Du sie nennst – hast Du Deinem neuen Lehrer und Lektor welche gezeigt?

HJO: Nein, habe ich nicht. Ich spürte, dass es ganz andere Texte waren, vertrauliche gleichsam, Texte für die Eltern oder mir nahe Menschen. Die konnten etwas damit anfangen, ohne sie infrage zu stellen. Niemand hielt sie für »Literatur«, und sie konkurrierten nicht mit sonstigen literarischen Texten. Die neuen, frei erfundenen Texte sollten das aber, ich hatte plötzlich die halbe Literatur im Nacken.

KS: Du hattest jetzt einen strengen Leser, der Maßstäbe anlegte. Hast Du ihm viele weitere Texte gegeben?

HJO: Das habe ich, ich gab ihm die frisch geschriebenen Geschichten zur Lektüre, und er strich und korrigierte weiter. Er brachte dann mit der Zeit auch den Gedanken an das Publizieren ins Spiel. Nicht laufend, aber doch in subtilen Andeutungen. Damals war er mit einem älteren Lektor des Insel-Verlages gut befreundet, und die Andeutungen liefen darauf hinaus, dass er meine Erzählungen diesem Freund einmal zeigen würde. Unverbindlich gleichsam, um noch eine andere Stimme zu hören, wie es hieß.

KS: Und das wäre Dir recht gewesen?

HJO: Nein, wäre es nicht. Es war etwas kompliziert. Wenn ich eine Geschichte geschrieben und mit meinem Lehrer daran gearbeitet und sie verändert hatte, entstand bei mir das Gefühl, die Erzählung stimme nach getanem Lektorat. Sie war dann handwerklich gut gebaut, wie eine Vase aus Ton, an der man lange geformt hat. Irgendwann sagten wir dann auch: So, jetzt ist gut, jetzt ist Schluss, jetzt haben wir getan, was wir konnten. Und dann passierte etwas Seltsames. Ich hatte nämlich nicht mehr das Gefühl, dass es *meine* Geschichte sei.

KS: Sondern?

HJO: Sondern die Geschichte eines talentierten Jungautors mit Namen Ortheil. Als hätte ich eine literarische Gesellenprüfung unter den Augen des Meisters abgelegt. Wie ein Tischlergeselle, der einen durchaus respektablen Tisch hinbekommen hat. Das Problem war nur: Es war nicht *mein* Tisch, sondern einer, den der Meister für einen literarischen hielt. Ich selbst kam in diesen Texten nicht vor, oder, genauer: Meine diffusen, emotionalen Impulse, meine Tagebuchtriebe – die waren nirgends am Werk. Sie waren ausgeblendet, ich hatte sie der »Literatur« geopfert.

KS: Und was bedeutete das für das weitere Schreiben?

HJO: Eine Art Schizophrenie. Für mich selbst, also privat, schrieb ich weiter meine chronikalischen Texte und Tagebuch. Und daneben begab ich mich in die literarische Werkstatt meines Lehrers und Lektors und schrieb seltsame Erzählungen, die ich aber keineswegs veröffentlichen wollte. Ich betrachtete sie als Übungen. Mal sehen, was dabei herauskommt, dachte ich mir. Keine Ahnung, wohin mich das führt.

Die Hemingway-Werkstatt

KS: Das heißt, Du hast noch nicht wirklich daran geglaubt, ein Autor zu sein?

HJO: Keinen Moment. Ich hielt mich nicht einmal für einen Autor-Anwärter. Sondern für jemanden, der weiter »Das Schreiben« übt. Daran war ich ja seit der Kindheit gewöhnt. Schreiben übt man, das konnte ich gut, und so machte mir das Schreiben auch Spaß. In der Werkstatt war das nicht immer der Fall, ich musste mich manchmal dazu überreden, aber es klappte. Es klappte vor allem dann, wenn wir uns in der Hemingway-Werkstatt befanden. Wir waren ja nebenbei auch auf der andauernden Suche nach anderen Schriftstellern, von denen ich lernen könnte. Da kam von Seiten meines Lehrers neben Heinrich von Kleist etwa Adalbert Stifter ins Spiel. Aber auch Thomas Mann. Und ich selbst durfte auch jemanden ins Spiel bringen. Und das war eben Ernest Hemingway. Dafür gab es damals einen ganz einfachen Grund: Hemingway gehörte zu den wenigen Schriftstellern, deren Erzählungen mein Vater las. Nicht die Romane, wohl aber die Erzählungen, die Nick-Adams-Stories. Sie gefielen ihm sehr, vor allem ihrer Naturschilderungen wegen. Er fand sie präzise und klar, und er hatte auch eine Freude an den Figuren. Wie etwa an dem Vater, der seinen kleinen Sohn mit auf eine Kajakfahrt nimmt. Hemingway hatte also bereits einen Auftritt in der Schreibschule meines Vaters erhalten. Ohne einen Gedanken daran, ihn nachzuahmen oder sonst etwas mit seinen Texten anzustellen. Es war vorerst nur eine Begleitlektüre von uns beiden.

KS: Ich weiß, dass Dein Vater Dir noch ein anderes Hemingway-Buch geschenkt hat, das dann für Dein Schreiben starke Bedeutung erhielt: *Paris, ein Fest fürs Leben.*

HJO: Ja, das war 1966, da war gerade die deutsche Übersetzung erschienen. Und Du hast recht. Die Erzählungen in diesem Paris-Buch haben mir über die Maßen gefallen. Hinzu kam, dass ich wenig später mit meinem Vater nach Paris fuhr und diese Erzählungen dort gleichsam vor Ort las. Ich hatte also direkt vor Augen, worüber er geschrieben hatte. Sie waren in Hemingways späten Jahren entstanden, blendeten aber zurück in die zwanziger Jahre. Da lebte er als junger Reporter in Paris. Als Reporter, betone ich, und eben noch nicht als Schriftsteller. In dieser Hinsicht war er auf der Suche und knüpfte viele Kontakte mit älteren Autoren, Künstlern und inspirierenden Frauen wie Gertrude Stein. Ich las diese Erzählungen wie eine Einführung in das entstehende Schriftstellerleben. Und dazu gehörte eben Paris und ein bestimmtes Lebensgefühl: das einer Bohème. Dieser Zusammenhang von Schreiben und Leben faszinierte mich sehr. Im idealen Fall ist das Schriftstellerleben ein Bohème-Leben, so dachte ich damals und trug Hemingways Paris-Erzählungen mit mir herum wie eine Bibel. Ein Schriftsteller war ich noch nicht, und ich wollte auch keiner werden. Das Schriftstellerleben dagegen war etwas anderes, das konnte ich ausprobieren, und diese Vorstellung gefiel mir. Was musste geschehen, damit so etwas gelang? Ich musste den Schriftsteller spielen und das Phantasma leben, einer zu sein. Was nicht schwerfiel, denn schließlich schrieb ich ja ununterbrochen.

KS: Und woher sollte die Bohème kommen?

HJO: Bohème hieß damals für mich: Man lebt in einer inspirierenden Geselligkeit mit Menschen der verschiedensten Künste zusammen. Die treffen sich laufend, in Cafés und in Salons, dort unterhalten sie sich, trinken reichlich Alkohol, rauchen, hören Musik und führen ein entspanntes Leben. Ende der sechziger Jahre war Mainz dafür ein gutes Pflaster. Es gab die Altstadt hinter dem Dom, den Rhein, den Rheingau, unzählige Weinlokale und sehr viel neue und gute Musik. Und es gab die Menschen, die mitmachten. Der journalistische Trupp der Schülerzeitung, aber auch – und jetzt kommt etwas Entscheidendes, Neues ins Spiel – einige Mitschüler*innen*. Die Freunde tauchten also häufig in Begleitung von Freundinnen auf oder auch umgekehrt: Die Freundinnen suchten sich Freunde aus, mit denen sie unterwegs sein wollten. Die Bohème war sesshaft, aber nebenbei auch viel unterwegs. Auf Motorrädern, mit dem Zug, egal wie. Auf der anderen Rheinseite lag Wiesbaden, das galt auch als stark bohèmetauglich. Dort verlief man sich in den Klubs oder ging in die Bars teurer Hotels und hörte den Barpianisten zu, die nächtelang Jazz spielten.

KS: Mal ganz direkt gefragt: Du hattest dann auch eine Freundin?

HJO: Mal ganz direkt geantwortet: Ja. Ich hatte plötzlich auch eine Freundin. Ich war siebzehn Jahre alt, als wir uns kennenlernten, und meine Freundin war nicht älter als fünfzehn. Sie war allerdings recht groß und wirkte viel älter. Ich dachte, sie sei mindestens achtzehn, war sie aber nicht, das Missverständnis klärte sich erst später auf. Wir gingen beide auf das Rabanus-Maurus-Gymnasium, da lernten wir uns kennen, genauer gesagt während einer Probenklausur des Schulorchesters im Rheingau. Meine Freundin spielte Querflöte, und ich war der Klaviersolist während der Proben eines Klavierkonzerts von Johann Sebastian Bach. Es war eine sehr seltsame Begegnung, unglaublich eigentlich, von heute aus betrachtet. Ein kurzer Moment hat mein ganzes Leben verändert. Mein Lieber..., wir haben uns vorgenommen, nicht anekdotisch zu werden, sondern den Linien unserer Schreibforschung zu folgen. Ich muss an dieser Stelle eine kurze Ausnahme machen und anekdotisch erzählen.

KS: Ich bitte darum...

HJO: Also. Am letzten Tag unserer Probenklausur verließen wir am frühen Abend die Jugendherberge auf einer Höhe über dem Rhein. Es regnete stark, und das ganze Orchester sollte von einem Bus abgeholt und nach unten, ins Tal, zum Bahnhof, gebracht werden. Ich stand einen Moment allein herum und hatte keine Lust, in den Bus zu steigen. Warum nicht zu Fuß gehen? War doch viel schöner. Zum Glück hatte ich einen kleinen Schirm dabei. Ich spannte ihn auf und wollte mich auf den Weg machen. Da stand die Flötistin plötzlich neben mir und fragte, ob sie mich begleiten dürfe, sie habe keinen Schirm. Und dann gingen wir unter dem Dach meines kleinen Schirms zusammen ins Tal. Wir hatten zuvor nie ein Wort miteinander gewechselt, jetzt aber sprachen wir den ganzen

Weg miteinander. Sie erzählte von ihrem Vater, der von Beruf Physiker war, aber anscheinend alle paar Abende auf einem Flügel zu seinem Vergnügen Chopin spielte. Und sie erzählte von ihren sieben Geschwistern. Ich habe vor allem zugehört, ich war völlig berauscht. Wie lebt man mit sieben Geschwistern? Was war das für ein Flügel? Und warum ausgerechnet Chopin? Und so weiter. Ich bin während dieses Gangs abgetaucht, als bewegte ich mich in der Welt dieser Begleiterin. Als könnte ich diese Welt plötzlich verstehen und zumindest teilweise daran teilnehmen. So etwas hatte ich noch nie erlebt. Das Seltsame war, dass ich das Gefühl hatte, zur Familie zu gehören. Kein Witz, ganz im Ernst. Ich dachte wirklich, ich gehöre zu dieser Familie. Vielleicht war es eine heftige Sehnsucht, die Sehnsucht nach vielen Geschwistern und der Welt einer Großfamilie. Vielleicht war es aber auch einfach nur Liebe. Schlagartig, wie ein Blitz. Als wir im Tal ankamen, überlegte ich mir insgeheim, wann ich die Flötistin heiraten sollte. Sehr bald? Nach meiner Pianistenausbildung? Dass ich sie heiraten würde, stand für mich fest. Gesprochen habe ich davon natürlich noch nicht, aber ich habe es so empfunden. Es war wie das Durchbrechen einer Schallmauer. Bisher hatte ich immer im eigenen, familiären Raum gelebt, sehr eng mit den Eltern. Jetzt gab es ein zweites Leben, das mit einem geliebten anderen Menschen verbunden war. Das ist eine starke Geschichte, findest Du auch?

KS: Ehrlich gesagt, bin ich sprachlos. Denn ich weiß ja, dass diese Heirat dann wirklich stattgefunden hat und Ihr noch heute zusammenlebt. Der Spaziergang im Rheingau fand vor, lass mich kurz nachrechnen – ja, er fand vor über fünfzig Jahren statt.

HJO: Und er hat mein Schreiben und Leben, um rasch wieder auf unser Thema der Schreibforschungen zurückzukommen, radikal verändert. Das ist aber eine Geschichte, und das sind Zusammenhänge, die sich danach erst langsam entwickelten und auf die ich später zurückkommen möchte. Wir befinden uns vorerst noch immer in Mainz, in den späten Oberschuljahren, das Abitur steht an.

Die Mainzer Schreibkonstellationen

KS: Genau. Dann lass uns diese Mainzer Schreibkonstellationen kurz resümieren, damit wir nach Rom aufbrechen können. In Mainz hast Du erstmals Textlektorate an Texten erlebt, die Dein Lehrer und Lektor für literarische Texte hielt. Daneben hast Du weiter an Deinen familiären, privaten Texten geschrieben, an Chronik, Tagebuch und an kurzen Erzählungen aus dem familiären Umfeld. Drittens hast Du in Anlehnung an den jungen Hemingway und seine Paris-Erzählungen ein Schriftstellerleben geführt, in Bohème-Manier, mit vielen Freunden. Viertens hat sich Dir neben dem familiären Raum der Kindheit eine zweite, familiäre Sphäre eröffnet, die einer Großfamilie und damit die Deiner späteren Frau. Du hast also in gleich mehreren Geschichten gelebt, könnte man sagen, ein reales Autorendasein gab es aber noch nicht. Du sahst Dich nicht als Autor, sondern in erster Linie als einen jungen Pianisten, der eine Ausbildung zum Konzertpianisten in Rom anstrebte. So würde ich das mal skizzieren.

HJO: Ja, das stellt die verschiedenen Lebenslinien deutlich zusammen und nebeneinander.

KS: Eine Frage geht mir dazu aber durch den Kopf, ganz kurz noch: Während der sechziger Jahre sind im familiären Raum, wie wir das immer nennen, mindestens drei Reiseerzählungen entstanden, die wir erst vor kurzem bei Luchterhand ins Programm genommen und nacheinander gedruckt und veröffentlicht haben. Ich spreche von der *Moselreise,* der *Berlin-reise* und der *Mittelmeerreise.* Alle drei halte ich für literarische Texte, für was denn sonst? Warum hast Du sie nicht selbst dafür gehalten?

HJO: Weil sie in der Familie nie als literarische Texte verstanden wurden. Sondern als kindliche oder jugendliche Reisetexte, die ich für die Eltern geschrieben hatte. Und genau so werden sie im Feuilleton übrigens noch immer behandelt. Kein Mensch kommt auf den Gedanken, sie als Literatur zu verstehen, dabei sind sie das ganz unbedingt. Sie sind sogar in meinem jetzigen Verständnis hochgradig literarisch. Unverwechselbar. Mit einer eigenen Erzählweise, einem charakteristischen Stil und ganz nebenbei auch stark humoristisch. Dieser jugendliche Humor ist weder albern noch künstlich, sondern wirkt sehr echt und skurril.

KS: Im Grunde warst Du damals also doch ein Autor, ohne es zu wissen und ohne als solcher erkannt zu werden. Die Anlagen waren jedenfalls da, und sie artikulierten sich im familiären Raum, mit vertrauten Personen, Szenen und Tonlagen. Daneben gab es die Schreibwerkstatt, das Üben, und es gab die Schriftstellerfantasien, freischwebend, würde ich mal sagen. Ich vermute, dass diese Linien noch nicht zusammengefunden hatten. Schließlich gab es eine dominantere Perspektive, die des Klavierspielens, und die führte Ende der sechziger Jahre nach Rom. Brechen wir jetzt dorthin auf?

HJO: In dem Zusammenhang muss ich noch ein letztes, anekdotisches Detail loswerden. Ich habe von der Mainzer Flötistin erzählt und davon, dass sich unsere erste Begegnung fortsetzte. Wir haben uns alle paar Tage getroffen und viel Zeit miteinander verbracht. Wo sollten wir uns aber treffen und sehen? Etwa bei mir zu Hause? Nein, das war unmöglich. Etwa bei ihr? Auch unmöglich. Wir hielten unsere Verbindung geheim und fantasierten herum. Und dann bekam ich von Seiten der Flötistin zu hören: Wie wäre es, wenn wir zusammen nach Rom führen? Du fährst nicht allein, nein, ich komme mit! Und so haben wir es dann auch gemacht. Wir sind nach Rom aufgebrochen, und ich habe dort das Terrain der Zukunft sondiert: Wo könnte ich während der bevorstehenden pianistischen Ausbildung wohnen? Welche bürokratischen Bewerbungsverfahren waren zu absolvieren? Wie komme ich in Rom an das Geld, das ich für den Unterhalt brauche? Und so weiter. Ende der sechziger Jahre sind wir zusammen nach Rom aufgebrochen und haben das große Projekt ins Laufen gebracht. Wir blieben zwei Wochen, einige Zeit später bin ich dann allein hingefahren und habe mich in die römischen Klavierwelten gestürzt.

Als junger Pianist in Rom

KS: Moment. Über diese Zeit hast Du eine sehr schöne Erzählung geschrieben, die viel Atmosphärisches enthält: *Römischer Hunger*, in *Die weißen Inseln der Zeit* ist sie erschienen. Das pianistische Üben und Spielen kann ich mir anhand dieser Erzählung gut vorstellen. Wie ging es in Rom aber mit dem Schreiben weiter? Was genau hast Du dort geschrieben – und was geschah mit dem bohèmehaften Schriftstellerleben?

HJO: In Rom wohnte ich zunächst behelfsweise in einem kleinen Zimmer der Heilsarmee. Bett, Tisch, Stuhl, Schrank, alles sehr preiswert, einfach und nackt. Von dort zog ich um, in die Pension einer älteren Südtirolerin, mit der ich mich dann recht gut verstand.

KS: In Deinem Roman *Schwerenöter* wird im Rom-Kapitel davon erzählt, stimmt's?

HJO: Ja, was da erzählt wird, trifft die realen Lebensumstände ziemlich genau. In der Pension gab es wieder ein sehr kleines Zimmer: Bett, Tisch, Stuhl, Schrank, aber es ging hinaus zum Innenhof. Via Bergamo 46, ein großes römisches Mietshaus, mit vielen Parteien, die sich im Innenhof trafen und unterhielten und an deren vitalem Leben ich teilnahm. Tag für Tag schrieb ich weiter an meiner Chronik und führte ausführlich Tagebuch, das blieb natürlich. Das bohèmehafte Schriftstellerleben gab es aber nicht mehr so, wie es das in Mainz noch gegeben hatte. Das lag vor allem an den italienischen Freunden, die ich allmählich kennenlernte. Die meisten studierten auch am Conservatorio und dachten an nichts anderes als an ihr Studium und die Musik. Davon wurde laufend gesprochen. Man ging in viele Klassikkonzerte, sprach über andere Pianisten, sondierte mögliche eigene Auftritte und lieferte sich heftige Debatten. In einem so vehementen Wettbewerb mit anderen Pianisten hatte ich mich noch nie befunden, ich kannte das bis dahin nicht. Das Geld für den Unterhalt verdiente ich als Organist der deutschsprachigen katholischen Gemeinde von Santa Maria dell'Anima. Da spielte ich im Frühgottesdienst und bei anderen Gelegenheiten die Orgel. Dieses stille, ruhige Orgelspiel unter nur wenigen Gläubigen empfand ich oft wie eine Erlösung. Einfach nur spielen, singen, konkurrenzfrei, ohne Kritik zu erleben.

KS: Schade eigentlich, dass es die Bohème nicht mehr gab ...

HJO: Na ja, ich habe eben ein solistisches Bohèmeleben geführt. Habe mich an den Tiber gesetzt, Wein getrunken, eine *Antico toscano* geraucht und Musik gehört. Habe Kirchen und Museen und die Ateliers junger Künstler besucht, habe mich durchaus in den verschiedensten jungen Szenen herumgetrieben, meist aber allein.

KS: Künstler*innen* und Pianist*innen* bewegten sich nicht in diesen Kreisen?

HJO: Pianistinnen gab es am Conservatorio damals nur sehr wenige. Und es war wieder leicht schizophren: Ich lebte ein strenges Bohèmeleben, fast wie ein Mönch. Das Pensionszimmer war meine Zelle, ich ging in den Frühgottesdienst, und ich erlebte die Rituale einer extrem und massiv katholischen Stadt. Das alles war aber sehr interessant, ich beobachtete es und schrieb darüber in Chronik und Tagebuch, als widerständigen Geist empfand ich mich nicht. Ich war nicht Martin Luther in Rom, ganz und gar nicht, ich lebte ein mediterranes Mönchsleben mit vielen Freuden und reichlich Weihrauch.

KS: Jetzt muss ich fragen: Die Flötistin, von der wir gesprochen haben – nahm sie nicht daran teil?

HJO: Nur sehr begrenzt, wenn sie mich für ein paar Tage besuchte. Sie ging ja in Mainz noch weiter aufs Gymnasium. Wir schrieben uns aber Briefe, fast täglich, ich habe damals überhaupt sehr viele Briefe geschrieben, auch an die Eltern übrigens. Telefonieren war sehr teuer und auch umständlich, ich musste, um nach Deutschland zu telefonieren, in Filialen der Hauptpost gehen.

KS: Wenn ich gegenüber dem Klavierspiel wieder das Schreiben ins Spiel bringe, halte ich fest: Es expandierte. Viel Chronik, viel Tagebuch, sehr viele Briefe – das alles würdest Du aber noch immer nicht »Literatur« nennen, oder?

Mit Goethe in Rom

HJO: Damals hielt ich es gewiss nicht dafür, heute bin ich mir aber nicht mehr so sicher. Man könnte all diese Texte heute veröffentlichen, und man würde, vermute ich, staunen, als wie »literarisch« sie sich erweisen. Jetzt kommt übrigens auch

Goethe ins Spiel, Goethe, der Romreisende. Ich las damals alles, was er in Rom geschrieben hat, und da konnte ich die parallelen Trennlinien deutlich erkennen. Es gab das Tagebuch, es gab die Briefe nach Hause, und es gab »Literatur« – die Dramen, an denen er schrieb und vor allem die *Römischen Elegien*, die ich ganz wunderbar fand. Das war nun wirklich »Literatur« – und davon war ich nicht nur meilenweit entfernt, nein, das war eine Verarbeitung von Rom-Erlebnissen, wie ich sie niemals versucht hätte. Meine bescheidene »Verarbeitung« blieb in dem, was ich weiter den familiären Textraum nennen würde. Er war jetzt erweitert durch die Briefe an die Mainzer Freundin, aber auch diese Briefe hielt ich natürlich nicht für »Literatur«.

KS: Aber heute würdest Du sie dafür halten?

HJO: Ja, vielleicht. Aber ich habe nicht vor, sie zu veröffentlichen, da kannst Du beruhigt sein.

KS: Sehr schade. Lass uns irgendwann noch einmal darüber reden. Ich finde es sehr interessant, dass Du jetzt wie aus heiterem Himmel über Goethe sprichst, über Goethe als Romreisenden. Warum betonst Du das so?

HJO: Ach, wenn man von Goethe spricht, gehen viele sofort in die Knie. Dann meinen sie Goethe, den Dichter vom Olymp. So habe ich ihn in Rom ja überhaupt nicht wahrgenommen, sondern eher wie einen älteren Freund, der vor ähnlichen Herausforderungen stand wie ich selbst. Wie lebt man in einer so fremden Stadt? Wen trifft und sieht man? Und, ja, ich sagte es schon: Wie schreibt man in Rom? Goethe war für mich damals die zentrale Orientierung, nicht als trockenes, akademisches Bildungserlebnis, sondern sehr konkret. Ich war, könnte man sagen, mit ihm unterwegs, ich lebte mit ihm, ich hatte viele seiner Texte dabei, wenn ich am Tiber rauchte und trank, ich wusste sogar, welche Musik er in Rom gehört hatte. Und, ja, mein Gott, mir fallen jetzt manche Verse der *Römischen Elegien* ein: *O, wie fühl' ich in Rom mich so froh!...* – das war es eben auch. Trotz allem, was ich damals in Rom an Problemen erlebte, war ich sehr glücklich. Die Lebensfreude dort war ganz unvergleichlich, jeden Morgen war das zu spüren, schon beim ersten Sonnenschein, der durch die Lamellen der dunkelgrünen Fensterläden fiel.

KS: Du hast über Goethes Leben dann viel später einen großen Roman geschrieben: *Faustinas Küsse.* Nur, um das deutlich zu trennen: An so einen Roman hast Du Anfang der siebziger Jahre, als junger Pianist, noch nicht gedacht?

HJO: Aber nein, keinen Moment! Ich habe damals aber viel über Goethe in Rom notiert, das war schon eine Menge. Später entpuppten sich diese Notizen als Vorstudien für den Roman, so war das, fast dreißig Jahre später konnte ich sie für die Arbeit an *Faustinas Küsse* verwenden. Erst 1998 ist dieser Roman erschienen.

KS: Ich kenne aber Hinweise von Dir, dass Du damals in Rom auch an einem Roman gearbeitet hast. Das hatte also nichts mit Goethe zu tun?

HJO: Nein, und es war alles andere als ein ernstgemeinter Roman, den ich eventuell veröffentlicht hätte. »Roman« habe ich damals eine längere Erzählung genannt, die wahrhaftig während dieses ersten römischen Aufenthaltes entstanden ist. Ich skizziere kurz, was ich damit meinte und um was es in diesem »Roman« ging. Die Schulzeit lag hinter mir, und ich hatte vor, darüber zu schreiben. Was hatte ich in den Mainzer Jahren erlebt? Wie schaute ich auf die Schule zurück? Das alles wollte ich für mich selbst durchdenken, ich wollte mir dieses zurückliegende Leben erzählen. So gesehen, war es ein Text für den

»familiären Raum«, nicht für die Eltern, sondern nur für mich. Es war *meine* Erzählung. Dafür hatte ich gute Beispiele oder auch Vorbilder. Der eine Vorbildtext war von James Joyce: *Das Bildnis des Künstlers als junger Mann* – und der andere war von Hemingway: *Fiesta*. Ich erzählte von meinem Mainzer Leben rückblickend als junger Mann, der Klavier gespielt, viel gelesen und ein Bohème-Leben geführt hatte. Joyce und vor allem Hemingway hatten auch einmal ein solches Leben geführt und darüber geschrieben. Die Anlehnung war aber nicht zu erkennen, ich erzählte einfach detailliert und mit einem leicht skurrilen Humor von Mainz und allem, was für mich eben dazugehörte.

KS: Also auch von der Mainzer Flötistin?

HJO: Nein, von der eben nicht. In meinem Mainz-Roman, wie ich ihn jetzt mal nenne, gab es einen sehr munteren, vor allem von Musik inspirierten Freundeskreis mit vielen kuriosen Figuren. Die führten ein Hemingwaysches *Fiesta*-Leben. Darunter waren auch Frauen, die Flötistin kam aber nicht vor. Das Thema Liebe blieb ausgespart, darüber konnte und wollte ich damals nicht schreiben, das war noch zu frisch, ich schrieb stattdessen viele Briefe, in denen es zumindest andeutungsweise vorkam.

KS: Du hast Dir in diesem Mainz-Roman Dein eigenes Leben rückblickend erzählt, sagst Du jetzt. Hast Du ihn eigentlich fertiggestellt?

HJO: Ja, ich habe jeden Tag ein kleines Stück an ihm geschrieben. Etwas Chronik, etwas Tagebuch, viele Briefe, etwas »Roman« – so verlief das Schreiben in Rom. Nicht viel, aber täglich, so dass ich durch das Schreiben im römischen Leben verankert war.

KS: Dann vermute ich, dass dieser Mainz-Roman sich heute im Archiv befindet.

HJO: Richtig, da befindet er sich. Ein handgeschriebenes Manuskript, niemals abgetippt.

KS: Und ich vermute weiter, dass man es, heutige Maßstäbe angelegt, als »Literatur« betrachten könnte. So wie Deine zuvor entstandenen und inzwischen veröffentlichten Reisebücher. Genau so. Was, zu Ende gedacht, heißen würde: Man könnte auch diesen Jugendroman veröffentlichen. Dem stünde im Grunde nichts im Wege.

HJO: Wenn man es von heute aus betrachtet, war es vielleicht wirklich »Literatur«. Ich vermute es auch, aber ich habe das Manuskript nie mehr gelesen. Das müsste ich überprüfen.

Der Anfang von einem Ende

KS: Das werden wir zusammen tun. Kehren wir jetzt aber nach Rom in die späten sechziger und frühen siebziger Jahre zurück. Du hast von der römischen Lebensfreude gesprochen, und alles, was Du von Rom erzählst, hört sich so an, als seist Du dort sehr glücklich gewesen. Irgendwann gab es aber doch die ersten trüben Momente. Es traten plötzlich Schmerzen auf, und zwar sehr starke. Wollen wir jetzt auch darüber sprechen?

HJO: Das muss wohl sein, ja. Aber machen wir es kurz. Ich spreche nicht gerne darüber. Es gab schon nach einigen Wochen sehr starke Schmerzen im rechten Arm. Heute weiß ich, dass sie durch eine komplette Umstellung auf eine andere Technik des Klavierspielens entstanden. Ich probierte damals vielerlei aus, und ich machte es nicht vorsichtig genug. Hinzu kam, dass ich das Üben auf die Dauer wohl zu exzessiv betrieb. Meist ab dem frühen Mittag, den Nachmittag lang und oft auch noch nachts. Es war zu viel, und es war zu verbissen, so sehe ich das jetzt. Ich musste einen Arzt hinzuziehen, dann den nächsten, dann den dritten, dann eine Ärztin, ich machte die Runde von

Praxis zu Praxis, immer in der Hoffnung, die Sehnenscheiden-entzündungen ließen sich irgendwie beheben oder gar kurieren. Dem war aber nicht so. Es wurde schlimmer und schlimmer. Halten Sie Ruhe, bekam ich zu hören, legen Sie den Arm still. Und so weiter. Wie sollte ich denn Ruhe bewahren? Ich wollte Klavierspielen und kein beschauliches Rentnerleben führen. Schließlich musste ich das Studium unterbrechen, ich fuhr nach Deutschland und ließ mich dort auch untersuchen. Pausieren Sie sofort mit dem Klavierspiel, bekam ich zu hören. Das war der Anfang vom Ende. Ich bin noch einmal nach Rom zurück, aber die Schmerzen begannen nach kurzer Erholung wieder von neuem. Da wusste ich schließlich, dass aus mir kein guter Pianist werden würde. Kein anspruchsvoller, keiner der groß konzertierte und auf Konzertreisen ging. Dieses Lebensprojekt war gescheitert. Und zwar endgültig und gründlich. Es war vorbei.

KS: Man könnte sagen: Bevor es in die heiße Phase eintrat, war es bereits vorbei. Du hast Dich viele Jahre lang daraufhin orientiert, die Früchte des Übens und Lernens aber nicht mehr geerntet. Andererseits: Du warst noch jung, kaum zwanzig, es war noch keineswegs zu spät für andere Wege.

HJO: So habe ich es damals aber gewiss nicht gesehen. Ich war am Ende, nicht nur physisch, sondern auch psychisch. Von der römischen Lebensfreude war nicht mehr viel übrig. Ich hatte starke Depressionen, ich wollte mich aus allem heraushalten und komplett zurückziehen. So war das.

Erneuter Anfang nach einem Ende

KS: Zurückziehen wohin und worauf?

HJO: Wenn ich das bloß gewusst hätte! Mein Gott, ich wusste es wirklich nicht, nichts wusste ich. Wahrscheinlich hätte ich einen Psychotherapeuten gebraucht, aber das kam niemals in Frage. Ich hatte keine Beziehung zu Methoden der Psychotherapie, ich erwartete nicht, dass sie mir hätten helfen können. Ich empfand sie vielmehr als sehr fremd, wie von einem anderen Stern und für andere Belange und Menschen, und ich dachte insgeheim, ich müsse es schaffen, mir selbst zu helfen. Selbsthilfe aus eigenem Antrieb und aus eigenen Stücken – sagt man so?

KS: Ist das Schreiben seit der Kindheit aber nicht die ganze Zeit eine Art von Selbsthilfe gewesen? Und zwar eine sehr verlässliche, weiterführende? War es das nicht? »Schreiben im familiären Raum« – das ist die Formel, die Du noch immer dafür benutzt. Und »im familiären Raum« könnte bedeuten: Dein Schreiben war ein Selbstgespräch. Seit Du Schreiben, Lesen und Sprechen gelernt hast, hast Du Dich ununterbrochen mit Dir selbst unterhalten. Unter Ausschluss der Öffentlichkeit. Deshalb hast Du es auch nicht als »literarisch« verstanden und erst recht nicht so bezeichnet. Was hältst Du von dieser Theorie?

HJO: Viel. Wir entdecken das alles aber erst jetzt so genau, im Verlauf unseres Gesprächs. Damals, Anfang der siebziger Jahre, konnte ich das nicht so klar erkennen und sehen. Vielleicht betreiben wir ja gerade so etwas wie Graphoanalyse. Keine Psycho-, aber eine Graphoanalyse. Was hat das Schreiben in den verschiedenen Lebensaltern für mich bedeutet. Wie hat es meinen psychischen Haushalt formiert und gestaltet? Das geht weit über mein Leben hinaus, es sagt viel über das Schreiben schlechthin.

KS: Ja, wir sind auf einem guten Weg. Lass uns weiter analysieren, was mit dem Schreiben geschah. Was geschah nach der endgültigen Rückkehr aus Rom?

HJO: Die endgültige Rückkehr verzögerte sich, ich machte in Rom noch kleinere Anläufe zurück zum Klavierspielen. Klappt es nicht doch? Was könnte ich spielen? Wieviel üben? Wieder endgültig in Deutschland zurück, lebte ich dann zunächst vor allem im Westerwald, im elterlichen Haus. Mainz mit seinen Freundeskreisen war vorerst passé, da wollte und konnte ich mich noch nicht zeigen. Ich war so deprimiert, dass ich an keine konkreten Projekte mehr dachte. Was tun? Es fühlte sich an wie eine große Auszeit. Sehr passiv, ohne viele Ideen.

KS: Waren Deine Eltern nicht stark beunruhigt?

HJO: Doch, natürlich, sogar sehr, vor allem meine Mutter. Sie waren aber wegen meines depressiven Zustands beunruhigt und nicht, weil sie die typischen Elterngedanken hatten: Was soll aus dem Jungen nun werden? So haben sie nie geredet. Sie haben sich Sorgen gemacht, weil es mir nicht gut ging, alles Weitere wurde nicht besprochen, auch später nicht. Ich denke, sie haben mir sehr vertraut. Ja, sie hatten wohl ein tiefes Vertrauen, dass es mit mir gut weitergehen würde. Irgendwie schon. Konkret wurde niemand.

KS: Zum Schreiben. Du hast weiter geschrieben, vermute ich. »Im familiären Raum«, wie Du es nennst. Du hast aber nicht daran gedacht, nach dem Scheitern der Pianistenkarriere mit dem Schreiben ernst zu machen und an einen möglichen Verlag zu denken?

HJO: Nein, überhaupt nicht. Ich habe weiter geschrieben, in den Formaten von früher. Chronikalisch, Tagebuch, Briefe, kleine Erzählungen, »nur für mich«. Und ich habe viel gelesen. Mehr als jemals zuvor. Nicht gezielt, sondern den bekannten spontanen Impulsen folgend. Französische Literatur, die ich doch so sehr liebte. Auch die französischen Philosophen dieser Jahre, Michel Foucault, Gilles Deleuze und vor allem Roland Barthes.

Das war mein Lehrer in Sachen Lesen und Denken. Ich habe alles gelesen, was ich von ihm bekommen konnte.

KS: Und Dein Lektor, der ehemalige Deutschlehrer? Zu dem hattest Du keinen Kontakt mehr?

HJO: Vorerst nicht, der Kontakt war durch den Rom-Aufenthalt nur noch sehr sporadisch. Es gab Briefe, aber in großen Abständen. Texte habe ich ihm keine geschickt, ich habe von Rom erzählt und berichtet. Er hielt übrigens nie viel von dem Plan, als Pianist aufzutreten und Karriere zu machen. Das erschien ihm zu weit und überspannt gedacht. Manchmal formulierte er seine Vorbehalte sehr skeptisch: Machen Sie sich nichts vor, Sie werden als Schulmusiker enden. Das hat er mir einmal geschrieben.

KS: Das wäre aber nichts für Dich gewesen, habe ich recht? Schulmusik zu studieren war nach Rom kein Ausweg, oder?

HJO: Auf keinen Fall. Das Studieren erschien mir generell nicht verlockend. Das hatte mit der Institution »Universität« zu tun. Ich stellte sie mir als eine erweiterte Schule vor, mit dem entsprechenden nervtötenden, phlegmatischen Unterricht. Ich wollte keine Schule mehr besuchen, mit »Schule« hatte ich, bis auf die Ausnahme meines Lektors und Deutschlehrers, keine guten Erfahrungen gemacht. Studieren kam erst einmal nicht in Frage, ich dachte nicht einmal daran.

KS: Du hast weiter viel geschrieben und gelesen, aber es ergaben sich keine richtigen Perspektiven. Zu Hause bei den Eltern konntest Du auf die Dauer aber auch nicht bleiben, das stelle ich mir nicht leicht vor.

HJO: Der erste vorsichtige Absprung führte nach Bonn. Das ist von meinem westerwäldischen Elternhaus nicht einmal eine Stunde entfernt. Man fährt an den Rhein, hüpft auf einer Fähre rüber und ist da. Bonn also, nicht Köln. Bonn kannte ich noch nicht gut, Köln dagegen bis in die letzte Ritze. Ich wollte nicht nach Köln zurück und im Kindheitskessel schmoren. Ich hatte Angst, dort noch depressiver zu werden, als ich es sowieso schon war.

KS: Und in Bonn?

HJO: Ich habe mir eine einfache Beschäftigung gesucht, um etwas Geld zu verdienen. In Bonn habe ich als Kellner gearbeitet und mir ein kleines Zimmer genommen. In einem Ausflugs- und Gartenlokal mit Blick auf den Rhein. Das war anspruchslos, und ich musste mich weder profilieren noch lange nachdenken. Die Gäste wollten vor allem in Ruhe etwas Wein trinken, und ich erinnere mich gut an die ersten Momente des Kellnerdaseins. Ich stand draußen in der Sonne, schaute auf die Tische und dachte: Du musst nur noch schaffen, den Leuten hier die Gläser und Teller anständig hinzustellen. Wenn Du freundlich bist und ihnen den Wein ordentlich hinstellst, ist alles in Ordnung. Du musst keinen dreifachen Salto schlagen, Du musst nichts mehr leisten.

Die große Entlastung

KS: Entlastung also.

HJO: Ja, das war sehr entlastend, entlastend von den Ansprüchen der letzten Jahre. Ich dachte ganz ernsthaft: Du gehst an die Tische, servierst, bist freundlich und höflich, und die Leute bestellen zum Wein noch ein Schinkenbrot, mit saurer Gurke, einer kleinen Tomate und einem Salatblatt. Das ist in Ordnung. Von väterlicher Seite her kam ich ja aus einem Gastwirtshaushalt. Meine väterlichen Großeltern waren Gastwirte gewesen. Daran habe ich innerlich und äußerlich angeknüpft. Es gibt dieses schöne Gedicht von Robert Gernhardt – *Deutung eines allegorischen Gemäldes,* mit den beiden Schlusszeilen: *Der fünfte bringt stumm Wein herein;/das wird der Weinreinbringer sein.*

Das sagt ganz exakt, was mir vorschwebte. Nur ins Stummsein wollte ich nicht mehr zurückfallen, das auf keinen Fall. Im Gegenteil, nach einer Weile ergaben sich auch in Bonn Freundschaften. Es kamen viele jüngere Leute runter an den Rhein, Studentinnen, Studenten, aus allen nur möglichen Kreisen und Fakultäten. Mit denen habe ich mich gerne unterhalten. Wenn es ruhiger war, setzte ich mich an einen Tisch und sprach mit ihnen. Das war das Schönste am Kellnerberuf. Im Grunde war es die Rückkehr zum früheren Bohème-Leben, eine Rückkehr auf Umwegen, aber doch in etwa. Die Depressionen ließen nach, ich fasste zumindest ein wenig Fuß. Und ich hatte das seltsame Gefühl einer Heimkehr. Ja, wirklich, ich war heimgekehrt, und es war keine Schande mehr, heimgekehrt zu sein.

KS: Das Bonner Kellnerdasein knüpfte als Heimkehr an Früheres an: an die Mainzer Bohèmezeiten, an das Leben der väterlichen Großeltern. Ich nehme an, Du hast auch weiter alles aufgeschrieben: die Gespräche mit den Gästen, alles.

HJO: Ja, wirklich alles. Im Kopf lebte ich sogar schon ein wenig in den Hörsälen oder zumindest erhielt ich eine Ahnung davon, was gerade gelesen, besprochen und gehört wurde. Ich meine die neue Musik, keine Klassik. In Klassikkonzerte ging ich noch nicht, das war tabu. Aber es passierte etwas anderes, Seltsames. In dem Ausflugslokal, in dem ich kellnerte, stand ein altes Klavier. Ich hatte natürlich sofort ein Auge darauf geworfen und es genauer angeschaut. Ein paar Akkorde hatte ich im Stehen angeschlagen, immer mal wieder, ein paar Melodien spielte ich dann auch spätabends oder nachts im Sitzen, wenn die meisten Gäste verschwunden waren. Ich spielte so dahin, für mich, nichts Großes, sondern ganz schlichte Kompositionen, die ich beherrschte.

KS: Zum Beispiel?

HJO: Zum Beispiel, und ich habe die Stücke noch genau im Ohr: *Fantasien* und *Suiten* für Klavier von Henry Purcell.

KS: Oha. Wie kamst Du denn darauf?

HJO: Ich hatte diese schlichten Stücke in Rom oft gespielt. Für mich, zum Aufwärmen, bevor ich die großen Brocken spielte. Klavierkonzerte von Brahms, Etüden von Chopin. Vorher habe ich kleine, kurze Stücke gespielt, Purcell, Scarlatti, Bach, die spielte ich nachts auch in Bonn.

KS: Wirklich nur für Dich? Du hattest nachts doch sicher auch Zuhörer.

HJO: Ja, das stimmt. Mit der Zeit sogar immer mehr. Es wurde fast zu einem Ritus, dass ich nachts noch etwas spielte. Nicht lange, eine halbe Stunde vielleicht. Als spielte ich für mich, ich saß in den warmen Sommernächten allein drinnen im Gasthof. Das Klavierspiel war aber noch draußen zu hören, leicht gedämpft, durch die geöffneten Fenster. Meine Herren, das habe ich sehr geliebt: Wenn dieses leise Klavierspiel draußen an den Tischen zu hören war, wenn dazu Wein getrunken und gesprochen wurde. Keine Konzertatmosphäre also, keine Überanstrengung, sondern entspanntes, ruhiges Spielen. Eine Freundin sagte damals zu mir: »Du spielst, als wärst Du weggetreten ...« Das hat mir gefallen. Ich spielte, als sei ich »weggetreten«. Konnte man es schöner und genauer bezeichnen?

KS: Waren Stücke von Purcell oder Bach aber Stücke, die Deinen Zuhörern gefielen? Hätten sie nicht lieber etwas anderes gehört? Neue Musik? Du weißt, was ich meine.

HJO: Nein, eigentlich nicht. Diese kleinen Stücke waren eine Art Nachtmusik, nichts Aufregendes, sondern etwas, bei dem man zur Ruhe kam. Sie verabschiedeten die Gäste. Die hatten tagsüber ununterbrochen neue Musik gehört. Spätnachts konnte ich ihnen Purcell und Bach zumuten, sie wollten nie etwas anderes hören. Ich spielte mein kleines Programm, ein ganz eigenes Nachtrepertoire, wenn man so will, und ich ergänzte die Alte Musik durch kurze Improvisationen. So hatte ich es in Rom auch oft gemacht. Klassik, ergänzt durch Improvisationen, wie in den Kinderzeiten.

KS: Hättest Du damit nicht auch auftreten können? Ich meine: richtig, in einem Klub oder sonstwo? Mit Deinem eigenen Programm. Das wäre doch eine Chance gewesen, zu anderen Konzertformaten zu finden.

HJO: Zunächst habe ich daran nicht gedacht, auch später erstmal nicht. Ich wollte das nicht. Es sollte nicht wieder zum Üben zurückführen. Ich wollte entspannt und entlastet bleiben. Das Spielen im Gartenlokal war genau richtig: Es gab Zuhörer, aber sie sahen mich nicht. Ich war »weggetreten«, entrückt, ein Weinreinbringer, der spätnachts Hintergrundmusik machte. Und ich fühlte mich dabei gut. Ich vermisste die großen Säle und erst recht die Orchester nicht. »Es ist alles in Ordnung« – das habe ich fast jeden Tag still und heimlich zu mir gesagt und gedacht.

KS: Und aufgeschrieben hast Du es wahrscheinlich auch: »Bonn, am Rhein. Schinkenbrote mit Tomate und Salatblatt. Rheingauer Weißwein. Es ist alles in Ordnung.«

HJO: Perfekt. Nur dass der Weißwein meist nicht aus dem Rheingau, sondern vom Mittelrhein kam. Von den Inseln im Mittelrhein, genauer gesagt. Dann war alles besonders in Ordnung.

In einer Großfamilie

KS: Wir sprechen gar nicht mehr von der Mainzer Flötistin. Wie geht es ihr?

HJO: Sie geht noch aufs Mainzer Gymnasium, wir telefonieren viel, schreiben uns weiter Briefe und sehen uns häufig, an den

Wochenenden. Jetzt kommt aber noch etwas anderes ins Spiel: nämlich der Flügel, der sich im Haus ihrer Eltern befand und von ihrem Vater abends gespielt wurde! Du erinnerst Dich: Er spielte nicht Henry Purcell, wohl aber Chopin. Ich habe die Mainzer Flötistin nach Überwindung einiger Scheu in ihrem Elternhaus besucht und viele ihrer Geschwister kennengelernt. Die meisten waren älter und studierten oder hatten längst studiert. Sie war das siebente Kind. In ihrem Elternhaus haben alle Anwesenden häufig zusammen an einem großen Familientisch zu Abend gegessen, drinnen, aber auch draußen, im Garten. Ich habe den Flügel aufmerksam beäugt, es war ein *Bechstein*. Wenn draußen, im Garten, gegessen wurde, habe ich dann drinnen Klavier gespielt. Keine Prankenstücke, nichts Virtuoses.

KS: Aber auch nicht Henry Purcell, oder?

HJO: Nein, weder Purcell noch Chopin. Ich habe Bach gespielt, Stücke aus dem *Wohltemperierten Klavier.* Und Robert Schumann, sehr viel Schumann. Die *Kinderszenen,* die *Papillons…*

KS: Du wurdest sofort akzeptiert? Du warst aber doch ein Neuling in der Familie. Wie war das, plötzlich während der Mahlzeiten unter sehr vielen Menschen zu sitzen und das Dasein einer Großfamilie zu erleben?

HJO: Es hat niemand lange über mich gesprochen oder sich besonders gewundert. Ich war relativ rasch integriert. Als Freund einer Tochter, der Freund des siebenten Kindes. Außerdem war es ein offenes Haus, da gingen viele Gäste und Freunde ein und aus. Auch solche der anderen Kinder. Auf eine Person mehr oder weniger kam es da nicht an. Sie wurde nicht groß beachtet, nicht als Person, wohl aber als Klavierspieler. Das gefiel allen, wirklich allen, vor allem aber dem Vater meiner späteren Frau.

KS: Und Du selbst? Dir fiel es auch leicht, Dich zugehörig zu fühlen?

HJO: Erstaunlicherweise ja. Es war die zweite große Entlastung. Ich musste erneut nichts leisten und auch keine Rolle spielen. Niemand kannte mich genauer oder wusste von meinem Vorleben, es hieß, ich sei dabei zu studieren, Musikwissenschaft, Musik, was sonst?

KS: Und Du hast die Familie Deiner späteren Frau in diesem Glauben gelassen?

HJO: Ich habe diesen Vermutungen nicht widersprochen, sagen wir es mal so. Über Rom wurde nicht viel geredet, auch über meine Bonner Kellnertätigkeit nicht. Ich galt als ein junger, vielseitig interessierter Mann, der zu dem siebenten Kind der Familie gehörte. So einfach war die Zuordnung. Mehr war nicht von Interesse. Die Eltern meiner Frau habe ich übrigens gleich sehr geschätzt: Ihre Mutter war eine großartige, liberale und sehr literaturbegeisterte Frau, und ihr Vater war ein anerkannter Physiker, der im Mainzer Max Planck-Institut über Isotopen forschte.

KS: Isotopen?! Ich nehme an, das hat Dich brennend interessiert?

HJO: Guter Witz! Nein, das nicht, aber es wurde auch nicht viel darüber gesprochen, eigentlich nie. Er sprach von etwas anderem, interessierte sich sehr für das Leben der Schumanns, für Chopin, auch für Bach. Die Familie meiner Frau stammte aus Leipzig, ihre Eltern hatten dort lange gelebt, und es gab einen Großvater, der Gedichte geschrieben hatte. Wilhelm Klemm hieß er, und viele seiner Gedichte waren früher in der expressionistischen Anthologie *Menschheitsdämmerung* erschienen.

Wilhelm Klemm und die DVB

KS: Ich wittere Material für unsere Schreibforschungen! In der Familie Deiner späteren Frau gab es also einen veritablen Literaten!

HJO: Ja und nein. Wilhelm Klemm hatte mehrere Gedichtbände veröffentlicht, das stimmt. Gedichte, keine Prosa, ausschließlich Gedichte. Bis in die zwanziger Jahre hatte er veröffentlicht, dann Jahrzehnte nicht mehr. Von Beruf war er eigentlich Arzt, diesen Beruf übte er aber nicht aus. Er heiratete vielmehr die Tochter eines bekannten Verlegers. Der hieß Alfred Kröner, ihm gehörte der Alfred Kröner-Verlag. Und genau den hat Wilhelm Klemm dann nach seiner Heirat mit Erna Kröner geleitet, lange Zeit, bis ihn die Nationalsozialisten aus der Reichsschrifttumskammer ausschlossen. Ihm gehörte auch die aus den Zeiten Georg Christoph Lichtenbergs stammende und in diesen alten Zeiten in Göttingen ansässige *Dieterich'sche Verlagsbuchhandlung.* Für die hatte er sich eine neue, eigene Reihe ausgedacht: *Sammlung Dieterich.* Sie wurde eine bibliophile Liebhaberreihe mit vielen Klassikerausgaben der Weltliteratur. Das war Wilhelm Klemms Konzept: Weltliteratur, in guten Übersetzungen, von der Antike bis zur Gegenwart, in schön gestalteten Büchern!

KS: Dann warst Du, um am Ball des Schreibens zu bleiben, in einen Verlegerhaushalt geraten! Einfach so. Ohne Dein Zutun. Lebte Wilhelm Klemm noch, als Du Dich im Haus Deiner späteren Frau in Mainz bewegtest?

HJO: Leider nein, er war kurz vor meinem Erscheinen in diesem Haus in Wiesbaden gestorben.

KS: Hat die plötzliche Nähe eines bedeutenden Verlages Dein Schreiben in irgendeiner Form herausgefordert oder aktiviert? Hast Du nicht in einer stillen Stunde einmal gedacht: Hier in

Mainz und Wiesbaden gibt es einen guten, anerkannten Verlag. Wie wäre es, in diesem Verlag zu veröffentlichen?

HJO: Es tut mir leid, aber ich muss Dich enttäuschen. Ich habe keine Sekunde daran gedacht. Schon allein deshalb nicht, weil die *Dieterich'sche Verlagsbuchhandlung* zumindest partiell den Druck von neuen Büchern zunächst eingestellt hatte. Andererseits: Hätte sie noch im alten Rahmen existiert, wäre ich auch nicht auf diesen Gedanken gekommen. Ich schrieb weiter vor mich hin, »im familiären Raum«, aber es gab immerhin eine Erweiterung dieses Schreibens, und diese Erweiterung war interessant.

KS: Gedichte hast Du aber keine geschrieben, das stimmt doch, oder?

Der Filmkritiker

HJO: Ich habe nie Gedichte geschrieben. Die Erweiterung des Schreibens knüpfte an ein Schreiben an, das ich in der Schulzeit entdeckt hatte. Ich meine das journalistische Schreiben. Du erinnerst Dich – ich hatte damals Artikel für die Schülerzeitung geschrieben, über Musik, Bücher, Alltagsthemen. Jetzt kam ein neues Genre hinzu: das Schreiben über Filme. Und auch das geschah ganz zufällig und keineswegs geplant. Nach der Rückkehr aus Rom hatte ich sehr zurückgezogen gelebt. Ich hatte nicht den richtigen Schwung und die Lust, mich herumzutreiben und vieles anzuschauen. Ich wollte weder etwas sehen noch gesehen werden, beides nicht. Ich ging aber häufig ins Kino. Alle paar Tage. Ich wurde ein richtiger Kinogänger, weil dieses Sitzen im Dunkeln genau das Richtige für mich war. Sehen, schauen, ohne gesehen zu werden.

KS: Und über die Eindrücke dieses Kinogängers hast Du geschrieben?

HJO: Ja, ich habe über die Schauspielerinnen und Schauspieler geschrieben, über die Handlung und die Drehbücher, über bestimmte Details, die mir auffielen, sogar über die Kameraführung. Das machte mir großen Spaß, zumal es damals viel neue Literatur über das Filme Schauen gab. Das meiste kam übrigens aus Frankreich, ich nenne jetzt mal nur die *Cahiers du cinéma*.

KS: Diese Texte über neue Filme hast Du veröffentlicht?

HJO: Zunächst nicht, ich schrieb auch sie »nur für mich«. Aber es erging dann eine Aufforderung, sie zu veröffentlichen. Ich mache es kurz. Die frühen siebziger Jahre waren eine sehr spannende Zeit des Neuen Deutschen Films. Ich sah die frühen Filme von Wim Wenders, Volker Schlöndorff, Alexander Kluge und auch die von Rainer Werner Fassbinder. Fassbinders Filme erhielten damals Gegenwind, viele Kritiker empörten sich richtiggehend darüber. Einen dieser saftigen Verrisse habe ich gelesen, er erschien in der *Mainzer Allgemeinen Zeitung*, der leitende Feuilletonredakteur hatte ihn geschrieben. Als ich den Verriss las, ging mir der Hut hoch. Ich habe ihm einen Leserbrief geschickt und versucht zu zeigen, dass und warum er Fassbinders Filme nicht verstand. Es war ein sehr emotionaler Brief, ich habe Dampf abgelassen.

KS: Und dieser Leserbrief wurde gedruckt?

HJO: Nein, wurde er nicht. Es geschah etwas anderes: Der leitende Feuilletonredakteur lud mich zu einem Gespräch in die Redaktion. Ich sollte genauer sagen, was mich empörte. Ich bin also erschienen und habe, glaube ich, etwa eine Stunde über Fassbinders Filme gesprochen. Was man daran Neues entdecken könnte. Warum sie falsch verstanden werden. Ich geriet in einen richtigen Furor …

KS: Und der zuständige Redakteur hat das hingenommen?

HJO: Ja, er hat gelassen zugehört. Und als ich fertig war, sagte er: Wissen Sie was? Sie verstehen viel vom Film, ohne Frage. Wie wäre es, Sie würden für uns darüber schreiben? Filmkritiken, am besten wöchentlich, damit unsere Leser Sie kennenlernen.

KS: Er machte Dir dieses Angebot?

HJO: Aus heiterem Himmel. Ich war völlig verblüfft, das hatte ich nicht erwartet.

KS: Aber Du hast gesagt: In Ordnung, ich schreibe ab morgen für Sie?

HJO: Ich habe gesagt: In Ordnung, ich mache das. In ein paar Wochen fange ich an, unter einer Bedingung: Ich schreibe nur über Filme, die ich selbst aussuche. Ich muss das Gefühl haben, ein Film könnte mich interessieren. Sonst kann ich nicht über ihn schreiben.

KS: Ein Film musste Dir das Angebot machen, Feuer zu fangen.

HJO: Genau das. Sonst hätte sich nichts getan, kein Wort, keine Besprechung.

KS: Und mit einem Mal warst Du Filmkritiker.

HJO: Ja, und das hatte Folgen. Ich bin wieder viel in Mainz gewesen. Meine Eltern waren schon auf dem Absprung in den Westerwald. In Mainz bin ich jede Woche ins Kino gegangen und habe über neue Filme geschrieben. Ich habe das Zeitungsleben kennengelernt, die Redakteure, das journalistische Arbeiten. Man hat auch mich kennengelernt, und es war nicht zu verbergen, dass ich nicht nur etwas vom Film, sondern auch etwas von Musik verstand. Von klassischer Musik, um das gleich einzuschränken. Also wurde ich nicht nur Filmkritiker, sondern auch Musikkritiker, und da ich auch ein intensiver Leser war, schrieb ich auch über neue Bücher. Ich schrieb und veröffentlichte also plötzlich viel.

KS: Allerdings, das ist anhand Deiner Bibliografie gut zu erkennen. Filme, Konzerte, Bücher, Interviews – ab jetzt dringt das Schreiben auch nach außen, und man kann es als rasant bezeichnen. Das Schreiben »im familiären Raum« blieb aber weiter bestehen?

HJO: Natürlich. Das blieb die private Seite des Schreibens. Chronik, Tagebuch, Briefe, eine eigene, verborgen gehaltene Werkstatt.

KS: Der nächste Schritt wäre gewesen, sich zu überlegen, ob der Journalismus eine berufliche Option hätte werden können. Statt ein Pianist zu werden, wärst Du ein Journalist geworden. Du hättest Dein Schreiben verwenden und einsetzen und Deinen Lebensunterhalt damit bestreiten können.

HJO: Bis zur letzten Konsequenz hatte ich das aber nicht vor. Ich war nur froh, etwas Geld verdienen zu können, nicht viel, nur soviel, wie ich für Miete und Unterhalt brauchte. Ich wollte meine Eltern nicht finanziell belasten. Und ich wollte etwas tun, das mir großen Spaß machte. Schreiben, ununterbrochen schreiben.

KS: Deine Bonner Nachtmusik hast Du auch in Mainz fortgesetzt?

HJO: In kleinerem Rahmen. In Mainz habe ich wieder Kontakt zu meinen früheren Freunden aufgenommen. Die meisten studierten jetzt. Wenn es sich zufällig ergab, habe ich in bestimmten Weinlokalen am Rhein spätnachts Klavier gespielt. Für die letzten Gäste. Abschiedssongs. Kein Purcell mehr, dann und wann Bach, aber auch Songs von Cat Stevens, Klavierversionen, frei improvisiert.

KS: Das Repertoire erweiterte sich also. Hast Du auch Jazz gespielt?

HJO: Du legst den Finger in eine Wunde. Nein, habe ich nicht. Leider nicht. Dabei wäre es doch eine große Möglichkeit gewesen, zum Klavierspiel zurückzufinden. Indem ich Jazz gespielt und mir ein eigenes Repertoire erarbeitet hätte. Ein Programm, zunächst »nur für mich«, dann getestet, vor möglichen Zuhörern, dann öffentlich gemacht und aufgeführt. Das wäre ein Weg gewesen. Ich hätte radikal werden müssen und sagen: Ich spiele jetzt meine eigenen Stücke, Improvisationen, ein Keith Jarrett-Projekt, sage ich mal. Das wäre es gewesen, hätte aber den resoluten Sprung von der Klassik zum Jazz notwendig gemacht, wie das bei vielen Jazz-Pianisten der Fall war. Sie hatten eine Klassik-Ausbildung und sind dann zum Jazz übergegangen. Der Weg wäre verlockend gewesen, war es aber nicht, weil ich die Traditionen des Jazz durch mein ausschließliches Üben klassischer Musik nicht intensiv genug mitbekommen hatte. Ich besaß nicht das richtige Empfinden dafür und hatte im freien Spiel und Improvisieren keine wirkliche Erfahrung. Ich versuchte es zumindest, aber ich konnte mich selbst nicht überzeugen. Ich fand mein Improvisieren dilettantisch und betrieb es weiter »nur für mich«. Damit aufzutreten kam nicht in Frage.

KS: Seit dem vierten Lebensjahr hattest Du in einer ganz anderen musikalischen Welt gelebt.

HJO: Eben. Und die Trennlinien zwischen Klassik und Jazz waren in diesen Jahren noch streng. Als junger Pianist wurde man angehalten, immer nur Klassik zu spielen und keine Seitensprünge wohin auch immer zu riskieren. Das ist zum Glück längst anders. Ich bewundere zum Beispiel sehr den Jazz-Pianisten Sebastian Sternal, der mit seinen eigenen Programmen auf Tourneen geht. Diese Sachen finde ich großartig, leider bin ich einen solchen Weg nicht gegangen. Vielleicht war ich dafür auch nicht geeignet oder zu spät dran. Ich habe es damals jedenfalls ausgeschlossen, das klappte nicht.

KS: Wir halten fest: Anfang der siebziger Jahre dringt Dein Schreiben zum ersten Mal nach außen, Du veröffentlichst viele journalistische Texte in einer Tageszeitung. Kamst Du mit dem rasanten Rhythmus, alle paar Tage etwas für die Zeitung zu schreiben, zurecht?

HJO: Erstaunlich gut, ja. Nun war ich wahrhaftig kein Anfänger mehr, ich hatte vom achten Lebensjahr an kontinuierlich geschrieben, und ich hatte im Verlauf dieses Schreibens viele Genres ausprobiert, auch die journalistischen. Die Kollegen in der Redaktion wussten davon aber nichts, und sie waren verblüfft. Der junge Schnösel kam nachmittags aus einem Kino, in dem er sich einen neuen Film angeschaut hatte. Er nahm in einem Redaktionsraum unter den Kollegen Platz und erhielt eine Schreibmaschine zugewiesen. Drei, vier erfahrene Journalisten saßen dann in einem einzigen Raum vor ihren Schreibmaschinen und fingen fast gleichzeitig an, eine Filmkritik über einen gerade gesehenen Film zu schreiben. Es war ungefähr 15 oder 16 Uhr an einem Donnerstag. Spätestens um 17 oder 18 Uhr musste die Kritik vorliegen. Und was machte der junge Schnösel? Er tippte wie besessen, ohne Unterbrechung, wie ein Rasender. In einer halben Stunde war er mit der Kritik fertig. Er grüßte, wünschte allen einen schönen Abend und verließ die Redaktion. Wie machte er das bloß? Nicht zu fassen. Ich will sagen, ich wurde den Kollegen unheimlich. Sie staunten nicht nur, sondern hielten mich für durchgedreht. Nahm ich etwa Drogen? Wieso tippte ich so schnell? Was war mit diesem jungen Kerl los?

KS: Die Fragen hätte ich auch gestellt, aber ganz offen. Hat Dich niemand gefragt?

HJO: Ich erinnere mich jedenfalls nicht daran. Ich war, zugegeben, auch nicht sehr gesprächig. Unterhaltungen über das Schreiben ging ich aus dem Weg.

KS: Du kamst also mit diesem Veröffentlichungsrhythmus nicht nur zurecht, sondern hast Dir sogar einen Spaß daraus gemacht, das Tempo zu beschleunigen. Das machte Dir nichts aus, im Gegenteil.

HJO: Im Gegenteil, genau. Durch den Kontakt mit den Redaktionen der Mainzer Zeitung erhielt ich nun laufend neue Schreibaufgaben: Kritiken, kurze Essays, Feuilletonistisches. Ich nahm diese Herausforderungen gerne an. Das Schreiben öffnete sich jetzt auch hin zur Welt, wurde zur Kenntnis genommen, war Teil des öffentlichen Diskurses. Mehr davon, dachte ich, mehr, noch mehr! Ich hatte eine Art Nachholbedürfnis: Geschrieben hatte ich immer schon, aber veröffentlicht noch nicht, wenn man von den wenigen kindlichen Erzählungen und den Artikeln in einer Schülerzeitung absieht. Zu dieser neuen Form des Schreibens habe ich übrigens noch eine Vermutung, aber sie ist vielleicht etwas gewagt…

KS: Bitte sehr, lass hören…

HJO: Also gut. Ich habe mehrere Jahre für die *Mainzer Allgemeine Zeitung* geschrieben, danach für viele andere Zeitungen: die *Frankfurter Allgemeine,* die *Neue Zürcher,* die *ZEIT,* den *SPIEGEL,* die *Stuttgarter Zeitung,* die *Welt,* den *Kölner Stadt-Anzeiger.* Am liebsten war es mir, wenn ich für diese Zeitungen regelmäßig schreiben konnte, also zum Beispiel wöchentlich, in Form einer eigenen Kolumne. Sie erschien mir dann wie eine fortlaufende Erzählung. Das war viel mehr als nur dann und wann eine Kritik oder einen Artikel zu schreiben. Es war literarischer und kam meiner Idee vom Feuilleton näher. Kritiken und Artikel dann und wann hielt ich für Formen einer Dienstleistung. Es waren meist Empfehlungen für Filme oder Bücher oder Schallplatten. Die regelmäßig erscheinende Rubrik oder Kolumne war dagegen im besten Fall die Erzählung einer unverwechselbaren, charakteristischen Stimme. Genau das machte ihre Literarizität aus. So dass ich behaupten würde: In meiner jugendlichen Sehnsucht nach einer eigenen Rubrik oder Kolumne verbarg sich die Sehnsucht nach einer langen Erzählung oder vielleicht sogar schon die nach einem Roman. Was hältst Du davon?

KS: Ich finde das sehr überzeugend und erstaunlich. Ja, da könnte was dran sein. Jedenfalls ist interessant, dass es Dich zu all diesen Zeitungen geradezu hinzog. Da scheint ja ein Sog bestanden zu haben. Nicht, um sich hervorzutun oder eine bestimmte Rolle zu spielen, sondern vom Schreibimpuls her. Dein Schreiben suchte eine regelmäßige Anbindung, ein Organ, Dich verdeckt literarisch zu äußern. Wenn man die lange Liste Deiner Texte für Zeitungen anschaut, liest man also einen Roman in kurzen Kapiteln.

HJO: Ja, man liest zum Beispiel den Roman meiner Lektüren. Und damit auch den meiner ästhetischen Vorlieben generell. Für die *Literarische Welt* habe ich später in Form einer eigenen Kolumne jede Woche über vier neue, thematisch miteinander verbundene Taschenbücher geschrieben. Das war meine *Taschenbuch-Kolumne.* Sie ist sieben Jahre lang erschienen. Ist das nicht Wahnsinn? Jede Woche über vier neue Titel! Wie macht er das, bekam ich wieder zu hören. Das kann er nicht alles selbst geschrieben haben, das ist unmöglich... und so weiter, das Übliche.

KS: Jetzt gerade schreibst Du Kolumnen für den *Kölner Stadt-Anzeiger.* Und daneben führst Du seit Ende 2016 einen Autorenblog (www.ortheil-blog.de) mit fast täglichen Einträgen. Inzwischen sind es weit über tausend. Wie machst Du das? Das kann er nicht alles selber schreiben, raune ich mal... Aber im Ernst: Der Blog wäre so etwas wie die Kolumne hoch zehn, oder? Eine Kolumne für jeden Tag. Und die Leser machen das mit und verlangen danach!

HJO: Das kann man sogar genau verfolgen. An die hunderttausend Leserinnen und Leser verfolgen diesen Blog. Hierzulande, aber auch in Japan, auf den Philippinen, in den USA, Gott weiß wo.

KS: Moment, jetzt überschlagen wir uns! Wir sind bereits in der Gegenwart Deines Schreibens angekommen, da kann einem ja geradezu schwindlig werden. Lieber wieder zurück, in die siebziger Jahre. Du hast das journalistische Schreiben für eine Tageszeitung entdeckt und schreibst Kritiken, Artikel, Feuilletons. Für »Literatur« hältst Du das alles aber noch immer nicht?

HJO: Nein, im strengen Sinn war das für mich noch nicht »Literatur«. In Buchform hätte ich meine Kritiken zum Beispiel nicht veröffentlicht. Sie waren aber eine Vorform des Literarischen, das auf jeden Fall.

KS: Bringen wir Deine Mainzer Freunde und die Bohème wieder ins Spiel. In diesen Kreisen warst Du jetzt ein viel beachteter junger Journalist, so stelle ich mir das vor. Man hat mit Dir über Deine Artikel gesprochen, Deine Meinung zu Themen der Kultur war plötzlich gefragt. Liege ich da richtig?

HJO: Nicht ganz. Meine Artikel wurden beachtet, das schon. Aber ich sprach nicht gerne darüber. Das mochte ich überhaupt nicht, dieses Für und Wider, das ganze Herumnörgeln, das sich damit verband. Es machte mich lustlos, und ich reagierte gereizt.

KS: Du konntest keine Kritik ertragen?

HJO: Kritik schon …, aber Halt, nein, im Grunde hast Du wahrscheinlich recht. Ich konnte eine bestimmte Form von Kritik nicht gut ertragen. Kritik war unangenehm, wenn sie die

Freude am Schreiben, die ich jedes Mal doch stark empfunden hatte, auslöschte. Sie wischte das weg und machte das Geschriebene zu einer Meinungsäußerung unter vielen anderen Meinungsäußerungen. Sie relativierte den Schwung und den enthusiastischen Impuls des Schreibens. Ich beharre ja immer hoffnungslos auf meinem Enthusiasmus, so naiv der anderen auch erscheinen mag. Das stört mich nicht. Ohne einen starken Enthusiasmus geht gar nichts, das hat etwas Rauschhaftes, und ich werde gehörlos, wenn mir dann jemand sagt: Herr Ortheil, im zweiten Absatz Ihres Artikels über Hebbels *Maria Magdalena* sprechen Sie die Geschlechterfrage an, wie stehen Sie generell dazu? Puuh, das hört sich an wie die *Kulturzeit* in *3sat*!

KS: Dann sollten wir, wenn wir bald über Deine Bücher sprechen, auch lieber nicht über die Kritiken zu diesen Büchern sprechen, oder?

HJO: In diesem Gespräch über mein Schreiben bitte nicht. Sonst schon. Ich würde Kritiken durchaus gerne mal analysieren und untersuchen, was solchen Kritiken zugrunde liegt und was sich hinter ihnen verbirgt.

KS: Verbirgt sich etwas?

HJO: Aber holla! Ganze Ladungen von indirektem psychischen Probieren und Kosten! Und das ist doch sehr interessant.

KS: Nochmal zurück zur Mainzer Bohème. Deine Freunde haben Deine Artikel gelesen und wohl auch darüber geredet. Du nicht. Hast Du nicht einfach von Dir aus mal über Literatur oder Musik oder andere Themen gesprochen? Also frei, improvisiert, aus spontanen Launen heraus, wie Du es manchmal nennst?

HJO: Doch, das habe ich, da triffst Du etwas. Ich habe viel über meine Lektüren gesprochen, also etwa über Roland Barthes,

Gilles Deleuze, Theodor W. Adorno – und vor allem über Walter Benjamin. Barthes und Benjamin standen an erster Stelle, beide habe ich beinahe grenzenlos bewundert. Mit »grenzenlos« meine ich kritiklos, um an das anzuschließen, was wir gerade skizziert haben.

KS: Über Roland Barthes hast Du später viel geschrieben. Zunächst Besprechungen seiner Bücher, dann ausführliche Nachworte *in* diesen Büchern, deren Übersetzungen übrigens zum Teil in der wieder ins Leben gerufenen *Dieterich'schen Verlagsbuchhandlung* erschienen. Wie es dazu kam, möchte ich später wissen. Über Roland Barthes' *Pariser Abende* hast Du sogar ein ganzes Buch geschrieben, Du bist ihm durch das nächtliche Paris gefolgt. Soviel zu Barthes. Über Walter Benjamin habe ich erst wenig von Dir gelesen. Warum Benjamin?

HJO: Walter Benjamins Texte erschienen mir geheimnisvoll. Er hatte viele feuilletonistische Texte geschrieben, die mir vorkamen, als wären sie nicht für den Tag geschrieben. Sie hatten einen Ton und einen Charakter, die darüber hinauswiesen. Und das empfand ich vielleicht als »literarisch« und als »Literatur«. Selbst seine Literaturkritiken erschienen mir so, nicht als Kritiken für das Tagesgespräch, sondern als Verhandlungen über ein Buch vor dem Rat der geheimen Geister.

KS: Wie bitte?!

HJO: Ich kann es nicht treffender sagen. Seine Texte erschienen mir so, als verabschiedete er sich von der Aktualität, versammelte eine Runde von Eingeweihten um sich herum und unterhielte sich mit ihnen über den Rang einer Sache oder eines Buches vor dem Tribunal seines Ewigkeitswerts. Ich merke, das ist noch sehr wacklig, was ich da sage, ich werde darüber schreiben müssen. Walter Benjamin war eine Instanz, so kürze ich das jetzt mal ab, seine Feuilletons hatten einen unvergleichlichen Zauber und wirkten auf mich völlig unverbraucht. Worüber auch immer er schrieb – über Kinderbücher, Spielsachen, Städte oder Erziehung –, das war eine »Literatur«, die das Feuilleton adelte.

KS: Und darüber hast Du mit Deinen Bohème-Freunden gesprochen?

HJO: Mit bestimmten, dann und wann, aber nicht von morgens bis abends. Unter meinen Freunden gab es schließlich auch welche, die längst Philosophie oder Germanistik studierten. Die schrieben über Benjamin Seminararbeiten und kannten sich gut aus.

KS: Darauf wollte ich hinaus. Auf das Studieren nämlich. Du hast gesagt, Du wolltest nicht studieren, kamst aber jetzt mit der Universität und dem dort angesiedelten Denken immer mehr in Berührung. Und ich weiß, dass Du an der Mainzer Universität promoviert hast. Das war wohl 1976, da warst Du gerade mal fünfundzwanzig Jahre alt.

HJO: Als ich promoviert habe, war ich erst vierundzwanzig. Ich sage das, weil ich etwas stolz darauf war, in so jungem Alter promoviert zu haben. Das war keineswegs normal.

KS: Mit vierundzwanzig bereits, sorry! Jetzt bist Du mir schuldig zu erzählen, wie es dazu kam. Nichts deutet momentan darauf hin. Du arbeitest als Journalist für die Mainzer Zeitung, streust in Bohème-Kreisen gewisse Botschaften, studierst aber konsequent nicht, weil Du die Institution Universität für eine erweiterte Schule hältst. Es muss also etwas Sonderbares passiert sein! Ein Zauberer oder Walter Benjamin persönlich ist Dir erschienen und hat Dich aufgefordert, endlich doch zu studieren. Walter Benjamin jedenfalls *hat* studiert und promoviert, das steht einigermaßen fest.

Ein junger Professor

HJO: Ein Zauberer war es nicht, und Walter Benjamin höchstens als eine ferne, geheimnisvolle, zum Studium ermunternde Erscheinung! Aber es gab wirklich eine Person, die dafür gesorgt hat, dass ich studierte. Das war Bruno Hillebrand. Er war damals als junger Professor an die Mainzer Universität berufen worden. Ein Literaturwissenschaftler aus München, der über Benn promoviert und sich über Raumkonstellationen im Roman habilitiert hatte. Seine Berufung interessierte die Redaktion der Mainzer Zeitung, und zwar vor allem deshalb, weil Bruno Hillebrand auch Lyrikbände veröffentlicht hatte. Ein junger Professor, der Gedichte schrieb? Interessant! Was hatte der vor, was war von dem zu erwarten? Ich erhielt also den Auftrag, mit ihm ein Interview zu führen, und so zog ich mit einem *Uher*-Tonbandgerät in das Institut für Deutsche Sprache und Literatur und führte mein erstes Gespräch mit Bruno Hillebrand.

KS: Und worüber habt Ihr gesprochen?

HJO: Über seine Lieblingsthemen, über Friedrich Nietzsche, die damalige deutschsprachige Gegenwartslyrik und über den Roman, den Roman als Gattung, als ästhetisches Problem, als Fragestellung, wie man mit dieser Gattung noch umgehen könnte. Wir haben drei Stunden gesprochen, ohne Unterbrechung. Am Ende fragte er mich, in welchem Semester ich sei und bei wem ich bisher studiert habe. Ich musste zugeben, dass ich noch nicht studierte, sondern ein freies Leben führte. Er nahm an, ich wolle Journalist werden. Ich sagte ihm, dass ich das nicht vorhätte. Was denn dann? Was hatte ich vor? Ich antwortete, dass ich mir nach einigen persönlichen Rückschlägen eine Auszeit genommen habe. Ich sei dabei, mich neu zu orientieren.

KS: Und dafür hatte er Verständnis?

HJO: Er hörte sich das an, ging aber nicht lange darauf ein. Stattdessen machte er lauter konkrete Vorschläge: Ich solle mich als Student einschreiben und bei ihm studieren. Er lade mich gleich in sein Oberseminar ein. Da gehe es genau um jene ästhetischen Fragen und Probleme, über die wir gerade gesprochen hätten. Ich sei glänzend informiert, es werde mir leichtfallen, an diesem Seminar teilzunehmen. Im Grunde sei es ein Doktorandenseminar, das solle mich aber nicht beeindrucken. Über das Promovieren könne ich ja immer noch nachdenken.

KS: Ein wunderbares Angebot war das!

Beginn des Studiums – der Walter-Benjamin-Weg

HJO: Und ob! Ich bat mir einen Tag Bedenkzeit aus und zog mit meinem schweren Tonbandkasten wieder davon. Ich sollte also studieren – und zwar sofort! Ich informierte mich über mögliche Fächer und entschied mich für eine waghalsige Kombination: Philosophie an erster Stelle, Germanistik an zweiter, Musikwissenschaft an dritter, Vergleichende Literaturwissenschaft an vierter, Kunstwissenschaft an fünfter Stelle.

KS: Zwei Fragen dazu: Warum so viele Fächer? Und warum Philosophie an erster Stelle?

HJO: Ich war unsicher, welche Fächer wirklich für mich geeignet waren. Ich wollte erst die Professoren und Dozenten genauer kennenlernen und dann einige Fächer aufgeben. Philosophie stand aber an erster Stelle fest, das hatte zum einen mit Walter Benjamin zu tun, zum anderen damit, dass die Philosophie in Mainz sich auf die Schriften Immanuel Kants spezialisiert hatte. Am Mainzer philosophischen Institut erschienen die *Kant-Studien*, und die meisten Vorlesungen und Seminare drehten sich um Kant, die Vor- und die Nachkantianer, Kant, Kant und nochmal Kant. Das fand ich nicht die schlechteste Orientierung, und Walter Benjamin wäre damit sehr einverstanden gewesen.

KS: Benjamin verstand sich als Literaturwissenschaftler, aber auch als Philosoph und Literat, vielleicht sogar mehr als Philosoph und Literat denn als Literaturwissenschaftler, willst Du darauf hinaus?

HJO: Genau. Ich wollte Literaturwissenschaft studieren, aber nicht die damals gängige, klassische, tradierte, sondern Literaturwissenschaft mit dezidiert philosophischen Fragestellungen. Das erschien mir als der Walter-Benjamin-Weg, ohne dass ich genau gewusst hätte, wie ich solche Fragestellungen bereits hätte formulieren sollen. Das machte mir aber keine Sorgen. Ich betrachtete das Studium als ein großes Experiment: Mal sehen, wohin es mich führt! Wenn es nicht passt, höre ich sofort damit auf. Es *muss* nicht sein, aber es ist ein möglicher Weg, so in etwa.

KS: Jetzt warst Du Seminarmitglied eines anspruchsvollen Oberseminars und musstest wohl oder übel auch wissenschaftliche Texte verfassen. Fiel Dir das leicht?

HJO: Nein, das konnte und wollte ich ja auch nicht. Der Walter-Benjamin-Weg sah solche Texte nicht vor. Wohl aber essayistische, literarische, die waren möglich. Ich versuchte es damit und wartete ab, was geschah. Dass Bruno Hillebrand sie akzeptieren würde, ahnte ich, dass aber andere Professoren sie zum Beispiel als Seminararbeiten anerkennen würden, das bezweifelte ich stark.

KS: Und? Wie waren deren Reaktionen?

HJO: Es gab schroffe Ablehnungen: Was Sie da als Seminararbeit vorlegen, ist kein wissenschaftlicher Text! Sie können nicht mal anständig zitieren! Bibliografische Angaben scheinen Ihnen auch fremd zu sein! Haben Sie überhaupt unsere Einführungsseminare besucht? Nein, dann holen Sie das schleunigst nach! Es gab aber auch einen Professor, der mich verblüffte. Das war Friedrich-Wilhelm Wentzlaff-Eggebert. Er war einer der ältesten in der Professorenrunde, und er war ein Literaturwissenschaftler, der jene klassische, tradierte Literaturwissenschaft betrieb, der ich aus dem Weg gehen wollte. Damals hielt er zum Beispiel eine Vorlesung über »Schillers Weg zu Goethe«, um anzudeuten, was ich meine. Ich besuchte eines seiner Seminare und schrieb eine Seminararbeit über den Chandos-Brief Hugo von Hofmannsthals. Ich gab die Arbeit auch ab und dachte: Junge, zieh den Kopf ein, wenn Dich Professor Wentzlaff-Eggebert zum Nachgespräch bestellt. Da wirst Du ein paar Salven abbekommen. Was soll ich sagen? Er lud mich zum Gespräch und gab mir meine Arbeit zurück. Und dann sagte er etwas Furchteinflößendes...

KS: Nämlich?!

HJO: Sinngemäß sagte er, dass es sich um eine großartige Arbeit handle, die ihn sehr beeindruckt habe. Und dann sagte er – und jetzt wörtlich, denn ich habe diesen Satz nie mehr vergessen: »Sie sind noch jung, aber ich weiß bereits jetzt, dass aus Ihnen einmal ein Stern am deutschen Germanistenhimmel werden wird! Machen Sie genau so weiter!«

KS: Donnerwetter! Da traf Dich der Schlag, oder?

HJO: Ja, ich war sprachlos. Das große Lob hatte allerdings eine Kehrseite: Ein Stern am deutschen Germanistenhimmel wollte ich auf keinen Fall werden. Dazu fühlte ich mich nicht geeignet. Walter Benjamin war auch kein Stern am deutschen Germanistenhimmel geworden, denn er war dazu ebenfalls nicht geeignet. Er wurde ein ganz anderer Stern an einem ganz anderen Himmel, das wusste ich immerhin. Aber ich ahnte nicht, wie es mit mir weitergehen sollte. Wer oder was war ich denn? Ein philosophierender Student, ein Feuilletonist, ein angehender Literat, ein Literaturwissenschaftler in spe? Ich geriet innerlich sehr durcheinander.

KS: Dein Schreiben hatte sich stark erweitert, ließ aber noch keine eindeutige Richtung erkennen. Könnte man so sagen?

HJO: Ja, das Schreiben, zumindest das öffentlich vorgetragene und erscheinende, war zwar breit angelegt, aber nicht richtungsweisend. Vergessen wir aber nicht, dass im Hintergrund mein privates Schreiben weiterkochte: chronikalisch, in Tagebuchform und in Form vieler Briefe, die ich übrigens auch den Eltern schrieb und in den Westerwald schickte. Dieser Hintergrund war meine eigentliche »literarische Werkstatt«, ohne dass ich sie je so bezeichnet oder betrachtet hätte.

KS: Bruno Hillebrands Oberseminare hast Du aber weiter besucht?

HJO: Ja, da gab es keine Probleme, nicht die geringsten. Daneben habe ich fleißig Seminare der anderen Wissenschaften belegt. Kunstgeschichte und Musikwissenschaft habe ich aufgegeben, Philosophie dagegen war sehr in Ordnung, diese Seminare haben mir gefallen, weil es Lektüreseminare waren. Immanuel Kant, *Kritik der Urteilskraft*…

KS: Das kenne ich: zwölf Seiten in einem ganzen Semester…

HJO: Genau. Es war anstrengend und etwas zäh, aber es war genau. Ich habe fleißig Kant gelesen.

KS: Du sagst schon zum zweiten Mal, dass Du fleißig gewesen seist. Bisher kam dieses Wort nicht vor.

HJO: Tja, ich wurde in der Tat seltsam fleißig, und ich will kurz erklären, was ich damit meine und warum ich so fleißig wurde. Ich hatte in Bruno Hillebrand nicht nur einen inspirierenden

Professor und Förderer, sondern bald auch einen guten Freund erhalten. Wir verstanden uns auf eine ideale Weise, was die Themen der Arbeit, aber auch was die privaten Belange betraf. Er redete mich immer mit meinem Nachnamen, nie mit dem Vornamen an. Den Nachnamen fand er stark: *Ortheil*, den Vornamen dagegen zu rheinisch-katholisch. Er selbst kam übrigens aus Düren und kannte das rheinisch-katholische Milieu so wie ich seit der Kindheit. Als er nach Mainz berufen wurde, war er gerade mal fünfunddreißig. Er startete in Forschung und Lehre und setzte sich Ziele: Ortheil, ich weiß eigentlich noch nicht genug. Um in Mainz gut zu lehren, muss ich viel mehr wissen. Deshalb werde ich ab jetzt die Neuere Deutsche Literaturgeschichte durchforsten, und zwar auf der Spur des Romans! Genau damit fing er an und hielt Seminare und Vorlesungen über *Den Roman*. Aus diesen Lehrveranstaltungen ging dann seine mehrbändige *Theorie des Romans* hervor. Das war sein erstes großes Lehr- und Forschungsprojekt.

KS: An dem Du teilgenommen hast, oder?

HJO: Ja, aber auf eine wiederum unerwartete Weise. Hillebrand überraschte mich mit einem neuen Vorschlag: Ortheil, hier in Mainz wartet eine Gruppe von amerikanischen Studenten auf Dich. Sie kommen vom Middlebury-College in Vermont. Wir sollen ein eigenes Tutorium für sie initiieren, Du könntest sie unterrichten. Dann machst Du ganz nebenbei auch einen Spaziergang durch die Literaturgeschichte, auf den Spuren des Romans. Einverstanden?

KS: Da wirst Du nicht abgelehnt haben ...

HJO: Nein, habe ich nicht. Erst allmählich begriff ich jedoch, dass Hillebrand damit aber noch mehr vorhatte: Er wollte mich als Lehrenden an die Universität binden, ich sollte irgendwann einmal Professor werden, so wie er es gerade geworden war.

Deshalb kam nach der Aufforderung, seine Oberseminare zu besuchen, jetzt das zweite Angebot: ein breit informierter Lehrender zu werden.

KS: Und damit doch ein typischer Literaturwissenschaftler, der Du eigentlich nicht werden wolltest.

HJO: Nicht ganz. Ein typischer Literaturwissenschaftler wollte ich nicht werden, das stimmt, ich hatte vielmehr den Walter-Benjamin-Weg reichlich diffus im Auge. Es war aber auch nicht nötig, ein solcher Literaturwissenschaftler zu werden, Bruno Hillebrand ließ mir alle Freiheiten, essayistisch zu schreiben und vor allem zu lehren.

KS: Wie geht denn sowas, essayistische Lehre?

HJO: Indem man die literaturwissenschaftliche Begrifflichkeit tradierter Prägung weitgehend ignoriert und ausklammert. Und indem man frei und anschaulich darüber spricht, was der Roman für ein ästhetisches Projekt ist. Ein Projekt des Lebens, wenn man so will. Die Darstellung und Umkreisung von Lebensprozessen. Und dann fragt man: Wie macht das zum Beispiel Thomas Mann? Wie geht er vor? Wie und wo hat er an den *Buddenbrooks* geschrieben? Was war zuerst da, eine Figur, eine Szene, ein Dialog? Und so weiter. Wenn ich so fragte, fühlten die Middlebury-Studenten sich in Werkstätten der Romanarbeit versetzt. Darüber haben wir dann gesprochen, und zwar nicht nur in Seminarräumen, sondern auch in den Mainzer Weinlokalen.

KS: Ah, das Bohème-Leben erhielt eine amerikanische Note.

HJO: So ist es. Die abendlichen Treffen in der Mainzer Altstadt wurden legendär. Mit den amerikanischen Studenten und Freunden, aber auch mit denen aus Mainz. Das waren wunderbare Runden, mit viel Musik übrigens.

KS: Die Du aber nicht beigesteuert hast, oder etwa doch?

HJO: Nein, die musikalischen Inspirationen verliefen genau umgekehrt. Wir erfuhren viel von den amerikanischen Studenten, in jeder Hinsicht. Neue Musik, Literatur, Kunst, Andy
Warhol zum Beispiel war eine große Nummer. In solchen
abendlichen und nächtlichen Runden war ich nicht der deutsche Lehrer und Literaturwissenschaftler, sondern ein gleich-
altriger Freund, der sich umhörte und gute Ideen hatte. Und
diese Ideen steckten an, sogar was meine Vorliebe für französische Theorien betraf. In kleineren Zirkeln sprachen wir also
auch über Barthes, Deleuze, Foucault, eine Teilnehmerin dieser Runden war übrigens unter anderem auch Avital Ronell,
die später eine bekannte Derrida-Schülerin und in den USA
Professorin wurde. Forschung und Lehre verliefen also eng zusammen und bezogen sich vor allem auf Gegenwart, das Neue,
Aktuelle, Inspirierende. Das hatte nichts Tradiertes, das war
ästhetisches Spekulieren und Denken »am Puls der Zeit«.

KS: Wodurch auch die Gegenwartsliteratur näherrückte. War das
so? Jetzt zeichnet sich der Sprung zu Deinem eigenen Romanschreiben doch ab, stimmt das? Du bist auf dem Sprung, 1979
erscheint Dein erster Roman, *Fermer.*

HJO: Von heute aus betrachtet, erscheint das sehr konsequent
und naheliegend, ja. Aber nacheinander. Noch studiere ich,
lese viel, unterrichte amerikanische Studenten, gehe mehrmals
in der Woche ins Kino, schreibe Artikel und erhalte, übrigens
wieder durch Bruno Hillebrand, direkten Kontakt mit Schriftstellern. Hillebrand war nämlich Mitglied der *Mainzer Akademie der Wissenschaften und Literatur* geworden. Und er
konnte die Literatenklasse in der Akademie dafür gewinnen,
am Deutschen Institut der Universität eine Poetik-Dozentur
einzurichten. Semester für Semester kamen jetzt Schriftstellerinnen und Schriftsteller nach Mainz, hielten Seminare und

unterhielten sich mit den Studenten über das Schreiben. Ich habe diese Poetik-Veranstaltungen mitbetreut und freundete mich mit vielen Autoren an. Zum Beispiel mit Alfred Kolleritsch aus Graz, mit dem mich dann später eine Freundschaft verband.

KS: Graz war damals die geheime Hauptstadt der österreichischen Gegenwartsliteratur. Hast Du Alfred Kolleritsch dort besucht?

HJO: In Begleitung eines Seminars. Wir fuhren von Mainz im Autokonvoi nach Graz und unterhielten uns dort mit den Grazer Autoren. Mit Alfred Kolleritsch, Wolfi Bauer und dem von mir hochgeschätzten Klaus Hoffer.

KS: Und der Grazer Geist Peter Handkes schwebte im Hintergrund?

HJO: Handke schwebt leider nicht, ich lernte ihn auch erst viel später kennen. Darüber möchte ich aber nicht sprechen.

KS: Das ist alles ganz erstaunlich. In der Tat hatte das wenig von tradierter Literaturwissenschaft, es hört sich eher so an, als wärst Du mit Deinen Studierenden in einen Bohème-Rausch geraten. Keinen konventionellen, eher einen mit ästhetischen Vorgaben und Zielen. Und, jetzt nochmal gefragt: Das Romanschreiben rückte näher, Du hattest bereits in vielen Werkstätten Platz genommen, in älteren, aber auch in solchen der Gegenwartsliteratur…

HJO: Ja, es stimmt schon. Was ich damals erlebte, war das *Fermer*-Leben, das Leben also, über das ich, stark verändert, verschlüsselt und gebrochen, dann in meinem ersten Roman erzählt habe.

Eine Dissertation

KS: Vorher musste aber noch eine Kleinigkeit erledigt werden: die Dissertation. Du musst sie ja geradezu im Flug geschrieben haben.

HJO: Es waren neunhundert Seiten, geschrieben in kaum anderthalb Jahren. Ein Rausch, wie Du vermutest. Ich setzte eine Weile mit den Filmkritiken aus und mietete ein Zimmer in einem Haus, das in einem Mainzer Waldgelände lag, weit draußen. Eine Dissertation zu schreiben – ich stellte mir vor, dass dafür ein halbes Eremitendasein notwendig wäre. Und so wurde es dann auch. Dass ich über *Den Roman* schreiben würde, zeichnete sich bald ab. Es gab für die Ausrichtung auch ein großes Vorbild: *Die Theorie des Romans* von Georg Lukács. Diese Schrift war keine tradierte Literaturwissenschaft, sondern der Versuch, die Gattung Roman philosophisch, genauer gesagt: geschichtsphilosophisch, zu begreifen. Seit wann gab es warum bedeutende Romane? Was war, als die ersten Romane entstanden, mit den Menschen passiert? Warum erzählten sie sich das Leben plötzlich nicht mehr in der Form großer Epen oder Abenteuergeschichten, sondern in der des Romans? Was ist also ein Roman? Diese Fragen hatten Lukács zu seiner Schrift veranlasst, und diese Fragen griff ich nun auf und bezog sie auf die Neuere Deutsche Literatur. Mit der zunächst einmal überraschenden ersten Erkenntnis, dass der Roman in der deutschen Literatur zur Zeit der Französischen Revolution, also etwa zwischen 1789 und 1806, seine erste Hochzeit erlebt hatte. Wieso waren gerade damals so viele bedeutende Romane entstanden? Goethes *Wilhelm Meister,* Hölderlins *Hyperion,* Romane von Friedrich Schlegel, Novalis, Ludwig Tieck und nicht zuletzt die von Jean Paul wie etwa der *Hesperus.* Stand die plötzliche Blüte des deutschen Romans in einem verborgenen Zusammenhang mit der Französischen Revolution? War der deutsche Roman dieser Zeit etwa eine geschichtsphilosophische Antwort darauf? Und welche Probleme des Erzählens ergaben sich daraus? Solche Fragen trieben mich um. Ich glaubte, auf einem guten Walter-Benjamin-Weg zu sein, die Philosophie übernahm die führende Rolle in meiner Dissertation, und den literaturwissenschaftlichen Apparat ließ ich ganz weg.

KS: Und was bedeutete das?

HJO: Keine Fußnoten, bis auf wenige, nicht zu vermeidende Ausnahmen. Keine tradierten literaturwissenschaftlichen Begriffe. Kein methodisches Brimborium. Sondern gleich zur Sache. Die philosophische Fragestellung, das Problem des Romanschreibens zur Goethezeit. Und dann, los! Der erste Satz der Dissertation lautete: *Eine geschichtsphilosophische Theorie des Romans hat die Aufgabe, in den verschiedensten Auslegungen der Gattung deren Einheit als Problem zu erkennen...* Das saß in meinen Augen, das hörte sich an wie in Stein gemeißelt, ich hielt es für den philosophischen Weg in die Literatur.

KS: Wie wurde dieser Weg von den Gutachtern behandelt?

HJO: Bruno Hillebrand schrieb ein langes Gutachten und benotete ihn mit summa cum laude. Dem Zweitgutachter ließ er mitteilen: Wenn Sie nicht auch ein summa cum laude geben, erschieße ich Sie. Aber im Ernst: Die Arbeit machte richtiggehend Furore und wurde in der Fakultät herumgereicht. Ihr Ruf reichte bis zum Präsidium. Ich erhielt sogar den Preis der Universität für die beste geisteswissenschaftliche Dissertation.

KS: Professor Wentzlaff-Eggebert hatte also in einem gewissen Sinn doch recht behalten. Du wurdest ein Stern...

HJO: Neinnein, kein Stern am deutschen Germanistenhimmel, sondern einfach nur ein ferner Fixstern. Ungewisser Provenienz, in einem noch nicht ausgeleuchteten Planetensystem. Zu literaturwissenschaftlichen Tagungen bin ich nie gefahren, obwohl ich damals viele Einladungen erhielt. Ich promovierte 1976 und dachte im Stillen: Das wars dann, genug Philosophie, genug Literaturgeschichte! Jetzt bitte was anderes, bitte mehr Literatur!

KS: Also Rückzug in die literarische Werkstatt, meinst Du das?

HJO: Moment. Es kam etwas anders. Das Promotionsfest wurde im Mainzer Garten der Eltern meiner späteren Frau gefeiert. Bruno Hillebrand hielt eine kurze Rede. Er gratulierte mir und bot mir im letzten Satz dieser Rede eine Stelle als Wissenschaftlicher Mitarbeiter an.

KS: Du solltest sein Assistent werden?

HJO: Ja, sollte ich. Ich promovierte im Juli 1976, im darauf folgenden Wintersemester war ich sein Assistent und hielt meine ersten Proseminare. Ich war aber kein typischer Assistent, das nicht. Ich hatte weiter alle Freiheiten, ging in Hillebrands Seminare und Vorlesungen, unterstützte ihn und war auch weiter viel mit ihm unterwegs. In Mainz und in Wiesbaden, vor allem aber im Rheingau, wo er damals in einem sehr schönen, großzügigen Haus zunächst auf dem Johannisberg und dann am Rheinufer wohnte. Da fanden meist auch seine Oberseminare statt und Gespräche in kleinen Runden. Am Rheinufer sprachen wir während eines längeren Spaziergangs auch zum ersten Mal über literarische Projekte. Das kam ganz plötzlich, ich war nicht darauf vorbereitet. Bruno Hillebrand erzählte wie nebenbei davon, dass er vorhabe, einen Roman zu schreiben. Er wollte sich nicht mehr nur im Theoretischen bewegen, sondern auch in der Romanpraxis. Im Grunde wollte er in Erfahrung bringen, wie das war: einen Roman zu schreiben. Er wollte es an sich selbst untersuchen. Das hatte er vor. Und er sagte mir auf den Kopf zu, dass er vermute, ich arbeite auch an einem Roman.

KS: Da lag er nicht daneben, würde ich sagen.

Der erste Roman »Fermer«

HJO: Sehr aus der Ferne und unbewusst arbeitete ich vielleicht daran, ja, so könnte man sagen. Ich hatte aber noch keine einzige Zeile geschrieben. Das nicht. Hillebrand glaubte jedoch, ich käme wenige Wochen später mit den ersten Kapiteln meines Romans in seinem Rheingauer Haus vorbei.

KS: Um was zu tun?

HJO: Um daraus vorzulesen. Und das nur zwei Personen: seiner Frau und ihm selbst!

KS: Hat er einen Tag genannt und festgelegt, hat er gesagt: Ortheil, wie wäre es am kommenden Samstagabend?

HJO: So in etwa. Er peilte wirklich einen bestimmten Abend an und sprach darüber mit mir. Ich geriet in eine Notlage, ich wusste nicht, was ich tun sollte. Im letzten Moment hatte ich die Idee eines Aufschubs und sagte zu ihm: In Ordnung, ich lese mein erstes Romankapitel, zuerst bist aber Du dran! Erst Du, ein paar Wochen später dann ich! Eine halbe Stunde, nicht mehr. Den Romananfang, eine kurze Probe, einverstanden? Bruno Hillebrand war einverstanden, und so trafen wir uns zu dritt in seinem Rheingauer Haus, tranken Wein, hörten Musik und zogen uns spätnachts zu einer Lesung zurück. Er las den Anfang des Romans, an dem er arbeitete. 1979 erschien er übrigens bei S. Fischer mit dem Titel *Versiegelte Gärten*.

KS: 1979 erschien aber auch Dein erster Roman, und wo? Bei S. Fischer!

HJO: Noch ist es nicht soweit. Die Aufforderung, an einem Roman zu arbeiten, hatte mich überrascht, das sagte ich schon.

Ich dachte aber: Warum nicht? Es ist ein Experiment, mit dem Studium vergleichbar. Das Experiment Studium hast Du mit einer Dissertation abgeschlossen, den Roman brauchst Du nicht abzuschließen, das musst Du nicht im Kopf haben. Die Arbeit an einem ersten Kapitel sollte nicht in einen Romanzwang ausarten ... – so habe ich mit mir verhandelt.

KS: Irgendwann musstest Du aber loslegen. Loslegen womit?

HJO: Mit einem Rückgriff auf die Texte, die ich bisher nur für mich geschrieben hatte. Chronik, Tagebuch, Briefe. Da schaute ich nach und fragte mich: Gibt es in diesen privaten Texten literarische Stellen? Vielleicht sogar Figuren oder kleine Handlungssegmente? Damit könntest Du anfangen.

KS: Das ist interessant! Jetzt betrachtest Du also die privaten Texte von früher auf ihre Literaturtauglichkeit hin. Das ist neu und ein wichtiger Schritt.

HJO: Na ja, ich suchte vorerst höchstens nach einer begehbaren Spur, hielt aber keineswegs alles, was ich bisher nur für mich geschrieben hatte, für Literatur. Die begehbare Spur fand ich schließlich im Blick auf eine einzige Szene: Ich hatte im Tagebuch über einen Spaziergang am Mainzer Rheinufer geschrieben. Ich war allein vom linksrheinischen Ufer hinüber auf das rechtsrheinische gegangen, und zwar über die Theodor-Heuss-Brücke. Und am rechtsrheinischen war ich weiter entlanggelaufen, die nahe Petersaue vor Augen. Diese kleine Szene gefiel mir, sie rief etwas in mir ab: den Impuls eines Aufbruchs, das Losziehen. Nun brauchte ich nur noch den Namen einer Hauptfigur, die genau das erlebte. Der Name war mir während meiner Lektüren in einer Erzählung von Ludwig Tieck begegnet: *Fermer.* Ich fand ihn sehr passend, weil er weder ein Vor- noch ein Nachname war und auf das französische Verb *fermer* anspielte. Ich sprach ihn aber deutsch aus,

Fermer war ein junger Mann, ein paar Jahre jünger als ich, ein verschlossener Geselle, der loszog und hier und da Freundschaften einging.

KS: Freundschaften. Da kam Dein Bohème-Leben mit hinein.

HJO: Sehr versteckt, ja. Ich sah also eine junge Hauptfigur, einen Aufbruch und weitere Figuren, mit denen er sich während seiner Tour anfreunden könnte. Das war die Ausgangsidee. Mehr wusste ich nicht, an mehr war vorerst auch nicht gedacht.

KS: War denn an eine Veröffentlichung gedacht?

HJO: Nein, in keinem Moment. Es war ein Versuch, ins Blaue hinein.

KS: Dann kommen wir zu dem schon angesetzten Abend der ersten Lesung in Bruno Hillebrands Rheingauer Domizil. Wie verlief diese Lesung?

HJO: Mmm. Ich las das erste Kapitel, wie versprochen. Ich las es in ziemlicher Aufregung. Nicht nervös, das nicht, auch nicht unruhig, sondern innerlich mitgenommen. Es war kein beliebiger Text wie andere, die ich vorlesen konnte. Ich empfand ihn vielmehr als sehr privat, als offenbare ich etwas, es fiel mir nicht leicht, ihn vorzulesen.

KS: Aber Du hattest eine Zuhörerin und einen Zuhörer, die Dir wohlgesonnen waren. Harte Kritik war nicht zu erwarten.

HJO: Die Zuhörerin und der Zuhörer reagierten aber durchaus unterschiedlich. Die Zuhörerin, also Bruno Hillebrands Frau, war erstaunlich ergriffen, das spürte ich schon während der Lesung. Und Bruno Hillebrand ging etwas auf Abstand. Er hatte alles andere als diesen Text erwartet. Er erschien ihm »spätromantisch«, und er bemerkte an mir wohl eine Seite, die er bisher noch nicht bemerkt hatte. Diesen Romananfang hatte anscheinend nicht der philosophierende Essayist auf dem Walter-Benjamin-Weg geschrieben, sondern ein ganz anderer Autor. Ein versponnener, hochemotionaler Träumer. Durfte man so noch erzählen? Vom Rhein, dem Gang über eine Brücke, einer Insel im Strom, dem Losziehen? Wie das?

KS: Hat Hillebrand solche Fragen gestellt?

HJO: Das hat er. Sehr vorsichtig, aber eben doch. Der Roman war in seinen Augen eine hochmoderne Gattung, die mit mindestens drei Brechungen pro Kapitel arbeiten sollte. Mein erstes Kapitel sah das nicht vor, ich erzählte scheinbar ungebrochen, vom Aufbruch eines jungen Menschen in die Freiheit. Im Hintergrund war schwach zu erkennen, dass er desertiert war. Desertiert wovon? Vom Militär? Dann wurde er wohl auch verfolgt. Vielleicht von Feldjägern, die damals junge Deserteure verfolgten. Die Feldjäger kamen aber zunächst nicht vor. Und irgendeine Beklemmung schien die junge Hauptfigur auch nicht zu spüren, von Angst ganz zu schweigen. Sehr seltsam. War es also wirklich eine Desertion?

KS: Das war es in der Tat. Nur anders als gedacht. Du hast das Thema später in einem Essay behandelt, der in der *FAZ* am Tag des Erscheinens Deines Romans im Frühjahr 1979 erschien: *Deserteure in bleierner Zeit* – so war der Titel.

HJO: Ja, auf das »Desertieren« komme ich gleich. Zunächst noch zu Hillebrands Einwand gegen mein Erzählen. Er urteilte in dieser Hinsicht als frisch informierter Romantheoretiker und dachte: Wir sind in den siebziger Jahren des zwanzigsten Jahrhunderts. Es gibt poetologische Verständigungen darüber, was ein Roman ist und wie er angelegt sein sollte. Die kehrt Ortheil mal eben beiseite und erzählt, als hätte er nie davon gehört. Das war richtig und falsch zugleich. Natürlich hatte auch ich die neueren Romantheorien gelesen wie etwa Reinhard Baumgarts *Aussichten des Romans*, es waren in meinen Augen aber Überlegungen einer älteren und nicht die meiner Generation.

Bruno Hillebrand war zwar ein relativ junger Professor, aber eben doch sechzehn Jahre älter als ich. Er dachte in einem anderen Koordinatensystem. Und es kam noch etwas hinzu. Ich hatte neue Filme gesehen, die auf mich einen starken Eindruck gemacht hatten. Filme von Wim Wenders vor allem: *Falsche Bewegung* (1975) und *Im Laufe der Zeit* (1976). So etwas kannte Bruno Hillebrand nicht. Als ich die erste *Fermer*-Szene schrieb, knüpfte ich innerlich unter anderem an diese Filme von Wenders an. Da gab es auch den Aufbruch, das Losziehen, die Reise durch Deutschland, teilweise direkt am Rhein entlang. Etwas von dieser Landschaftsseligkeit steckte auch in mir, vielleicht sogar noch um einen Deut ungefilterter als in Wim Wenders' Filmen, in denen das immer auch etwas leicht Verkniffenes, Uneingestandenes hatte. Ich hatte also nicht das Gefühl, an meiner Zeit vorbei zu schreiben oder hoffnungslos überholt zu sein. Im Gegenteil! Ich dachte, ich schreibe so, wie ich schreiben muss, die hochmodernen Romantheorien sind überholt, mein Romananfang aber nicht.

KS: Die Rezeption des Buches durch die Literaturkritik hat Dir in dieser Hinsicht recht gegeben, oder?

HJO: Erstaunlicherweise. Der Roman wurde sehr heftig besprochen, durch Christian Schultz-Gerstein im *SPIEGEL,* darauf antwortete Fritz J. Raddatz in der *ZEIT* und schließlich schrieb Ulrich Greiner eine Rezension in der *FAZ*, die bis heute eine der schönsten, literarischsten Rezensionen ist, die ich zu meinen Büchern gelesen habe. Im Grunde ging es immer darum: Darf der junge Autor so erzählen, wie er erzählt? Ist er ein überholter Romantiker oder vielleicht sogar einer, der das Zeitempfinden der jungen Generation genau trifft? Das aber konnte man am Verkauf der Bücher und an den Reaktionen der jungen Leser erkennen. Es wurde eine Art Kultbuch, und ich erhielt viele Leserbriefe, die davon erzählten, wie genau der Roman die Empfindungen der Jüngeren fixiert hatte.

KS: Noch ist der Roman aber nicht geschrieben. Wir haben vorerst nur ein Anfangskapitel und einige vage Ideen. Du musst also weitergeschrieben haben.

HJO: Ja, ich habe die Mainzer Eremitenhöhle am Waldrand aufgegeben und bin nach Wiesbaden gezogen, auf die Rheinseite gegenüber. Und zwar mitten ins Zentrum, mit Erkerblick aufs Rotlichtviertel, in eine kleine Wohnung. Du musst unter Leute, dachte ich mir, Dein Roman braucht diese Gegenwelt. Und dann habe ich mich wieder in meine früheren Texte, die Texte nur für mich, vertieft. Konnte ich bestimmte Szenen beleben? Ließ sich aus der Idee des Losziehens etwas Weiterführendes gestalten? In der Endfassung hat *Fermer* sechs Großkapitel, jedes mit einer Überschrift. Zu jedem dieser Kapitel gehört ein bestimmter Kreis von Figuren und ein bestimmter geographischer Hintergrund. Die Verknüpfung ergab sich aus der Idee des Losziehens und der Reise, zunächst ging es darum, welche Regionen Deutschlands in Frage kamen. Solche, in denen ich mich während der letzten Jahre aufgehalten und Texte »nur für mich« geschrieben hatte, ausschließlich solche. Spätestens jetzt muss ich wieder auf die Mainzer Flötistin zurückkommen.

KS: Ist sie die Ideengeberin für eine der Frauenfiguren?

HJO: Nein, das nicht. Ich wollte über sie nicht schreiben und auf keinen Fall über unsere Verbindung. Das blieb verschlossen im Archiv der Texte und ist übrigens bis heute auch dort geblieben. Die Mainzer Flötistin hatte inzwischen längst Abitur gemacht und zu studieren begonnen. Sie studierte aber nicht in Mainz, wo ich damals lehrte, sondern suchte sich eine andere Universität: Göttingen! Das hatte mit der Ausrichtung ihrer

Studieninteressen zu tun. In Göttingen gab es neben der Literaturwissenschaft ein philosophisches Seminar, das vor allem auf die Analytische Philosophie, die Philosophie Gottlob Freges und die von Michael Dummett, ausgerichtet war. Das aktuelle Buch dazu war von dem Philosophen Ernst Tugendhat: *Vorlesungen zur Einführung in die sprachanalytische Philosophie.* Meine spätere Frau hielt dieses Buch für epochal und suchte Dozenten, die daran anknüpften. Solche Dozenten gab es vor allem in Göttingen. Was dazu führte, dass sie dort wohnte und ich sie alle paar Wochen besuchte. Ich fuhr also häufig von Mainz aus nordwärts und manchmal zusammen mit meiner späteren Frau noch weiter hinauf, nach Hamburg, bis an die Küste, ja bis Schleswig-Holstein, an die Grenze zu Dänemark. Seebüll war unser Ziel, wir haben es mit Fahrrädern anvisiert und dort den Garten Emil Noldes bewundert. Aus diesen Reisen und den Notizen, die ich während ihres Verlaufs gemacht hatte, ergaben sich die sechs Großkapitel. *Fermer* beginnt in Mainz, mit dem Überqueren der Brücke. Die Reise geht weiter in den Rheingau, führt dann in den Westerwald, setzt sich nach Göttingen fort und endet schließlich in Hamburg und Seebüll. All das kann der Leser zwar erahnen, aber er bekommt es nicht klipp und klar gesagt. Die Namen der Städte und Regionen kommen nicht vor, ich wollte das nicht realistisch fixieren, es sollte verborgen bleiben. Sich verbergen, untertauchen, desertieren – das war ja das tiefenpsychologische Vorhaben. Du musst Dir nur die Autorenfotos aus dieser Zeit ansehen, sehr kurios! Einen Fotografen ließ ich nicht an mich heran, solche Fotos durften nur nahe Freunde machen. Auf denen war ich kaum zu erkennen und schielte aus einem Haarvorhang hervor, der das Gesicht fast verdeckte.

KS: Na sowas. Hast Du eine Erklärung dafür?

HJO: Ich habe eine Vermutung. Den Roman zu schreiben – das bedeutete letztlich: mein Archiv zumindest für diesen Zweck zu öffnen. Es bedeutete aber auch: bisher geheim gehaltene Empfindungen und Gedanken nach außen zu kehren. Mein persönlicher Reflex darauf war starke Scheu. Ich hatte seit der Kindheit mit dieser Scheu gelebt, »nur für mich«. Mit dem eigenen Schreiben war ich immer mehr abgetaucht, in meine eigenen Welten, in denen ich meine Selbstgespräche führte. Solange sie geheim blieben, war alles in Ordnung. Jetzt, 1979, als sie fragmentarisch nach außen traten, wollte ich am liebsten verschwinden. Ich besaß für dieses Innenleben keine äußere Figur und empfand das wie eine Spaltung oder wie erzwungene Schizophrenie. Das setzt sich übrigens fort, wir sollten später noch einmal darüber sprechen, vor allem, wenn es um den Roman *Schwerenöter* (1987) geht.

KS: Im Grunde verstandest Du Dich, als Du *Fermer* schriebst, noch nicht als literarischer Autor und noch nicht als Romancier, so sehe ich das.

HJO: Das sehe ich auch so. Viele der früheren, privaten Texte hatte ich entweder nur für mich oder höchstens für wenige Eingeweihte geschrieben, an erster Stelle für meine Eltern. Auch *Fermer* war anfänglich so ein Geschenk, für Bruno Hillebrand und seine Frau. Eine Autorenidentität zeichnete sich dahinter nicht ab. Ich sah mich als Feuilletonist und als ein junger Hochschullehrer, der mit seinen Studenten über Werkstätten des Schreibens sprach.

KS: Erstaunlich finde ich, dass Deine Familiengeschichte und die traumatischen Erfahrungen, die sich damit verbinden, in *Fermer* nirgends vorkommen. Die Eltern werden zwar im dritten Großkapitel besucht, sie spielen aber keine bedeutende Rolle. Als Leser hat man den Eindruck, diese Eltern leben ihr eigenes Leben, sie suchen keinen engen Kontakt mehr, und auch Fermer sucht diesen engen Kontakt nicht. Es handelt sich um einen Besuch, um nicht mehr.

HJO: Ja, und genau so sollte es auch erscheinen. Ich konnte über die traumatischen Erfahrungen, die Du in Erinnerung rufst, nicht schreiben. Und ich hätte es erst recht nicht veröffentlichen können. Ich sagte ja bereits, es waren Ereignisse, die *in* der Familie bleiben sollten. Meine Eltern sprachen mit mir nicht darüber, und ich machte keine Anstrengungen, mit ihnen lange darüber zu sprechen. Das wurde erst, als ich *Hecke* (1983) schrieb, zu einem Problem, ohne dass dieses Problem gelöst worden wäre.

KS: Du hast den Roman *Fermer* geschrieben, das Manuskript liegt aber noch keinem Verlag vor. Wie kam es dazu?

HJO: Die Vermittlung des Manuskripts ging von Bruno Hillebrand und, wie ich vermute, auch stark von seiner Frau aus. Hillebrand war mit Monika Schoeller, der Verlegerin des S. Fischer-Verlags, gut befreundet. Dort waren auch seine ersten Lyrikbände erschienen und dort sollte sein eigener Roman erscheinen. Bei S. Fischer hatte der Lektor Thomas Beckermann gerade mit einer eigenen Reihe, der *Collection S. Fischer,* begonnen. In dieser Reihe erschienen vor allem Debüttexte junger Autorinnen und Autoren. Mein Manuskript wurde also an Beckermann weitergeleitet, der es las und sich fragte: Darf man so noch erzählen? Was erlaubt sich dieser junge Autor? Er war sich über die Einordnung des Manuskripts also keineswegs sicher und dachte darüber nach, andere Leser hinzuzuziehen. Er wollte es testen lassen, bevor er einer Veröffentlichung zugestimmt hätte.

KS: Er zeigte es im Verlag auch anderen Lektoren, meinst Du das?

HJO: Nein, das Ganze verlief erheblich dramatischer und ambitiöser. In der österreichischen Stadt Klagenfurt hatte man 1977 mit einem literarischen Wettbewerb, dem Ingeborg Bachmann-Wettbewerb, begonnen. Eine Jury von bekannten Literaturkritikern sprach öffentlich über einen Text, aus dem eine Autorin oder ein Autor eine halbe Stunde lang vorlas. Thomas Beckermann meldete den jungen Autor Ortheil in Klagenfurt an, und er erhielt Rückendeckung durch den Lektor Hansjörg Graf, der sich ebenfalls für Ortheil einsetzte. Das war keineswegs normal, denn es gab den Autor Ortheil eigentlich gar nicht. Ich hatte viele Feuilletons und Artikel veröffentlicht, noch nie aber irgendeinen literarischen Text. Ich war also in den Kreisen der Literaturkritik vollkommen unbekannt. Nichtmal öffentlich gelesen hatte ich irgendwo. Als Autor war ich inexistent, und gerade das empfand ich als beruhigend.

KS: Wieso denn das?

HJO: Als ich 1978 zu hören bekam, dass ich in Klagenfurt lesen sollte, schlotterten mir die Knie. Und sie schlotterten noch mehr, als ich erfuhr, wer alles über meinen Text richten sollte: Marcel Reich-Ranicki als Sprecher der Jury, die Schriftstellerinnen Hilde Spiel und Gertrud Fussenegger, die Schriftsteller Peter Härtling und Adolf Muschg und und und. Das kann nicht gutgehen, dachte ich, die skalpieren Dich als hochromantisch und gefährlich. Sollen sie nur. Keiner von ihnen kennt mich oder weiß etwas von mir. Ich lese eine halbe Stunde, dann skalpieren sie, und danach verschwinde ich wieder. Ich desertiere in die Anonymität. Aus, vorbei, das Experiment wäre gescheitert.

KS: Dann wäre das Manuskript aber nicht gedruckt worden, und Thomas Beckermann hätte es beiseite gelegt.

HJO: Das hätte mich nicht weiter empört. Ich hätte es hingenommen, als ein »Zeichen von oben«, um es pathetisch zu sagen.

KS: Du hättest dann vielleicht nie einen Roman veröffentlicht... – das muss ich mir erstmal vorstellen.

HJO: Das tue ich selbst jetzt lieber mal nicht. Ich hatte meine erste öffentliche Lesung, und die Knie haben mir weiß Gott geschlottert. Da ich keine Erfahrung mit dem Vorlesen hatte, begann ich rasend schnell. Es war, glaube ich, gar nicht zu verstehen. Ein Mitglied der Jury stoppte mich, langsamer, viel langsamer, junger Freund! Und bitte deutlicher! Ich versuchte es. Hinterher war die Jury gespalten: hohes Lob, aber auch scharfe Kritik. Zum Glück gefiel der Text Marcel Reich-Ranicki ganz besonders. Er wollte mir einen Preis zusprechen, setzte sich aber nicht durch. Das verärgerte ihn so, dass er wenig später mitbestimmend dafür sorgte, dass ich einen anderen Literaturpreis erhielt: den *Aspekte-Preis* des *ZDF*, der damals (1979) übrigens zum ersten Mal verliehen wurde.

KS: Spätestens da war das Experiment aber doch nicht gescheitert, sondern vollauf geglückt, oder?

HJO: Bereits wenige Minuten nach der Klagenfurter Lesung kam Thomas Beckermann auf mich zu und sagte: Wann können wir das Manuskript veröffentlichen? Am besten möglichst bald! Im kommenden Frühjahr, was meinen Sie?

KS: Und Du dachtest noch immer: Moment, ich bin doch eigentlich noch gar kein Autor?

HJO: Wenn zu einem Autorenbewusstsein gehört, immer auch an das nächste Buch zu denken und damit eine Art Werkvorstellung zu verbinden, dann war ich in der Tat noch kein Autor. Nach *Fermer* dachte ich nicht an einen zweiten Roman, überhaupt nicht.

KS: Woran denn?

Die Wilhelm Klemm-Monografie und ihre Folgen

HJO: An ein Manuskript und einen Text, den ich wieder für bestimmte Leser schreiben und ihnen dann schenken wollte. Die Idee des »Geschenkbuchs« war mir nicht auszutreiben, sie war noch immer lebendig. Jetzt, 1979, dachte ich an die Großfamilie Klemm, die mich in den letzten Jahren aufgenommen hatte. Mit der Zeit war ich ein halbes Familienmitglied geworden, ich habe das bereits angedeutet. Und ich habe auch bereits den expressionistischen Lyriker Wilhelm Klemm erwähnt, den Großvater meiner späteren Frau. Im Mainzer Haus der Familie befand sich ein Teil des literarischen Nachlasses, mit dem habe ich mich intensiver beschäftigt. Es gab nämlich noch keine monografische Darstellung zu Leben und Werk Wilhelm Klemms, die war ein Desiderat. Dabei ging es nicht nur um literarhistorisch interessante Zusammenhänge. Wilhelm Klemm war während des Ersten Weltkriegs, den er als Arzt miterlebt hatte, ein guter Freund Franz Pfemferts gewesen. In dessen literarischer Zeitschrift *Die Aktion* hatte er die ersten Antikriegsgedichte überhaupt veröffentlicht und dabei die Brücke nach Frankreich geschlagen. Der Nachlass Wilhelm Klemms führte in die Leipziger Literatenkreise, bis hin zu Klemms Frau, Erna Kröner-Klemm. Das heißt: Er führte mit seinen vielen Dokumenten auch zurück ins private Leben der Großfamilie, in der ich mich damals bewegte. Das Schreiben einer Wilhelm Klemm-Monografie war also zugleich auch das Schreiben eines wichtigen Teils der Familiengeschichte. Ich habe an diesem Manuskript gearbeitet und vor allem die biografischen Hintergründe von Klemms Antikriegslyrik erforscht, seine Kriegstagebücher gelesen und Ausschnitte daraus vorgestellt. So entstand ein monografischer Essay, mit dem ich mich als halbes Familienmitglied ausweisen und bedanken konnte. Das Manuskript ist 1979 konsequenterweise im Alfred Kröner-Verlag, Stuttgart, erschienen, der damals von Onkeln meiner späteren Frau geleitet wurde und noch immer im Familienbesitz war.

KS: Wilhelm Klemm hatte eine Zeitlang den Kröner-Verlag geleitet und die *Sammlung Dieterich* gegründet, erinnere ich das richtig?

HJO: Ja, genau. Den Kröner-Verlag führten einer seiner Söhne und dessen Vetter nach dem Krieg in Stuttgart weiter. Die Rechte der *Dieterich'schen Verlagsbuchhandlung* gehörten nach Wilhelm Klemms Tod im Jahr 1968 jedoch den Eltern meiner Frau. Und das war entscheidend. Ich muss jetzt zumindest kurz davon sprechen, dass die Mutter meiner Frau in ihrer Jugend im Buchhandel und in Verlagen gearbeitet hatte. Sie war eine literarisch hochinfizierte Frau, eine begeisterte Leserin und Freundin vieler Verleger und Autoren. Anfang der achtziger Jahre sprach sie immer häufiger von ihrem Lebenstraum, in eigener Regie einen Verlag zu führen und die *Dieterich'sche Verlagsbuchhandlung* zu neuem Leben zu erwecken. Damals waren die meisten ihrer früher einmal acht Kinder aus dem Haus, sie glaubte also, nun auch genügend Zeit zu haben, sich dieser Aufgabe widmen zu können.

KS: Hat sie mit Dir davon gesprochen?

HJO: Mit mir, ja, mit mir sogar vor allem. Ich hatte eine Dissertation, einen Roman und eine Wilhelm Klemm-Monografie geschrieben. Ich unterrichtete an der Mainzer Universität, spielte passabel auf dem hauseigenen *Bechstein*-Flügel, schrieb Artikel und Essays – ich war also kein passiver Gesprächspartner, sondern einer, der gute Ideen im Kopf hatte. Und nicht nur ein paar wenige, sondern sogar ein erstes Verlagsprogramm. Die großen Linien waren durch Wilhelm Klemms *Sammlung*

Dieterich vorgegeben: Weltliteratur in guten Übersetzungen und in schöner Gestaltung! Ich brachte meine Vorlieben und Spleens mit ein. So liebte ich besonders die altjapanische Literatur der Wanderpoeten und Haiku-Dichter wie etwa Matsuo Bashō, und ich liebte Traktate der Weltliteratur, die sich um Ideen der literarischen Lebenskunst drehten – wie etwa Robert Burtons *Anatomy of melancholy,* und ich liebte, aufgrund meiner früheren jugendlich-katholischen Ausrichtung, Theologen des Mittelalters, die über Gottes Sein oder Nicht-Sein nachgedacht hatten. Ich gebe zu, das war eine bunte Mischung, aber ich war von all diesen Titeln und Themen nicht nur überzeugt, sondern auch ein wenig besessen. Ich lebte mit ihnen …

KS: Du fingst Feuer, wenn Du diese Texte gelesen hast …, sage ich mal ergänzend …

HJO: Danke, ja, unbedingt, ich fing wirklich Feuer und dachte, das sollte man übersetzen, gut kommentieren, schön gestalten und drucken.

KS: Hattest Du auch Erfahrungen mit der Gestaltung von Büchern und ihrer Herstellung?

HJO: Nein, leider überhaupt keine. Hier kam nun Hannelore Klemm, die Mutter meiner Frau, ins Spiel. Sie studierte mein Verlagsprogramm und fand es ebenfalls prickelnd: Warum nicht altjapanische Literatur? Warum keine mittelalterlichen Traktate? Ja, warum nicht?! Mit der Gestaltung von Büchern kannte sie sich aus, und ihr Mann, Alfred Klemm, hatte ebenfalls seine Freude daran, sich um diese Themen zu kümmern. Nun fehlten zum Verlagsglück nur noch Autoren und Übersetzer. Die suchte und fand Hannelore Klemm auf ihre ganz eigene, unnachahmliche Weise. Sie telefonierte nämlich gerne und viel, sie erkundigte sich, sondierte, sprach mit vielen Personen des literarischen Betriebs und hatte damit Erfolg. Das lag vor allem daran, dass sie die Kunst des Telefonierens beherrschte, ich will damit sagen, dass sie mit zunächst wildfremden Menschen so telefonieren konnte, dass diese Menschen sich nicht nur angesprochen, sondern sogar hier und da privat und im Innersten getroffen fühlten. Hannelore Klemm war eine einfühlsame, charmante, aber auch geradlinige, resolute Telefoniererin, ihr war es zu verdanken, dass die *Dieterich'sche Verlagsbuchhandlung* mit einem Mal einige hervorragende Autoren und Übersetzer in ihren Reihen hatte. Werner von Koppenfels übersetzte Robert Burtons *Anatomy of melancholy*, der Mainzer Philosoph und Theologe Kurt Flasch schrieb und übersetzte die lateinischen Texte mittelalterlicher Theologen oder Traktate von Augustinus, und der Japanologe Geza S. Dombrady wiederum übersetzte japanische Wander- und Haikupoeten und kommentierte sie. Es war fantastisch!

KS: Warst Du an der Herstellung der Kontakte zu diesen Autoren und Übersetzern ebenfalls beteiligt?

HJO: Nicht direkt, höchstens indirekt. Ich habe nie telefoniert und mich auch nicht mit den neu hinzugewonnenen Autoren und Übersetzern getroffen. Ich blieb im Hintergrund, machte weiter Themen- und Programmvorschläge und war mit der Entwicklung der *Dieterich'schen Verlagsbuchhandlung* mehr als zufrieden. Jede Woche gab es im Mainzer Wohnhaus der Familie Klemm, das zum Verlagshaus mutierte, einen Jour fixe. Da saßen Hannelore Klemm, der erste Lektor Horst Falker und ich in kleiner Runde zusammen. Dort wurden die Weichen gestellt, daran war ich beteiligt, und das reichte mir auch. Ich war ein miserabler Telefonierer, und ich verstand nichts von Buchgestaltung. Das alles war Aufgabe von Hannelore und Alfred Klemm, dem Verlegerehepaar, das übrigens recht stolz auf seine neue Rolle war.

KS: Kurze Nachfrage: Über welchen Zeitraum sprechen wir jetzt?

HJO: 1979 erschien meine Wilhelm Klemm-Monografie, 1981 gab ich eine Auswahl von Klemms Gedichten im Carl Hanser-Verlag heraus, und 1985 startete die *Dieterich'sche Verlagsbuchhandlung* mit ihrem ersten Band, einer Anthologie *Deutscher Gedichte*, die Wilhelm Klemm noch zusammengestellt und zu der ich das Nachwort geschrieben hatte.

KS: Meine Herren, da musste sich die Familie Klemm aber reich beschenkt fühlen, oder etwa nicht?

HJO: Ja, ich glaube, das war auch so. Ziehen wir diese Linien noch kurz aus. Die Mainzer Flötistin, Imma Klemm, beendete ihr Studium an der Universität Göttingen und wechselte Anfang der achtziger Jahre zunächst als Lektorin, später als Geschäftsführerin in den Alfred Kröner-Verlag in Stuttgart. Nach diesem Wechsel haben wir geheiratet und sind zusammen nach Stuttgart gezogen. Mitte der achtziger Jahre nahm die *Dieterich'sche Verlagsbuchhandlung* in Mainz Fahrt auf, und es erschienen in jedem Frühjahr und Herbst neue Bücher. Nach dem Tod meiner Schwiegereltern übernahm meine Frau die Leitung, nachdem sie ihre Tätigkeiten im Alfred Kröner-Verlag nach einem Vierteljahrhundert beendet hatte, sie leitet die *Dieterich'sche Verlagsbuchhandlung* übrigens noch heute. So weit. Ich kann mir ein kleines anekdotisches Detail aber nicht verkneifen ...

KS: Leg los ...

HJO: Ich erwähnte bereits kurz das starke philosophische Interesse meiner Frau und ihre diesbezüglichen Göttinger Studien. Sie promovierte dann auch mit einer sprachanalytischen Arbeit, die übrigens von dem Philosophen Ernst Tugendhat mitbetreut wurde. Der Clou dieser Dissertation ist der Titel. Er lautet: *Fiktionale Rede als Problem der sprachanalytischen Philosophie* ...

KS: Nein …, im Ernst? Hast Du Dir das ausgedacht?

HJO: Ich nicht, *sie* hat sich das ausgedacht … – es waren Jahre intensiven philosophischen Nachdenkens, ich habe die Szenen in Göttingen noch genau vor Augen, wie sie immer schmaler und blasser wurde und sich mit schwarzen, kleinen Zigarren bei Laune hielt.

KS: Deine Frau dachte also über Probleme der fiktionalen Rede in sprachanalytischer Hinsicht nach, und für Dich gab es die Probleme in ganz anderer Form. Du hattest Deinen ersten Roman veröffentlicht, der S. Fischer-Verlag wird in Gestalt des damaligen Lektors Thomas Beckermann angeklopft und gefragt haben: Herr Ortheil, wann können wir Ihren zweiten Roman ankündigen? Nennen Sie uns zumindest ein ungefähres Datum, wir wollen Sie à jour halten. War es so?

HJO: Du triffst es fast genau, das wurde ich wirklich von Thomas Beckermann damals gefragt.

KS: Und warum nur fast?

Ein Buch über Mozarts Briefe

HJO: Zunächst spielte der Zufall eine Rolle. Thomas Beckermann hatte verbreitet, dass ich eine pianistische Ausbildung besaß und mich in der klassischen Musik auskannte. Im Sommer 1981 wurde in Frankfurt die Alte Oper wiedereröffnet. Das war verbunden mit mehreren festlichen Veranstaltungen. Die Organisatoren hatten bei *S. Fischer* angefragt, ob nicht ein jüngerer Autor etwas beitragen könnte, eine Rede, einen Essay. Beckermann sprach mich daraufhin an, und ich antwortete, dass ich nicht gerne etwas Erklärendes oder Interpretierendes über klassische Musik sagen würde. Lieber würde ich über Texte sprechen, die in irgendeiner eher indirekten Verbindung zur Musik standen. Und worüber? Ich dachte an Mozarts Briefe und zwar vor allem an die vielen, die er während der Reisen mit seinem Vater geschrieben hatte.

KS: Wenn Du das so betonst, ahne ich den Zusammenhang mit den Reisebüchern, die Du als Kind geschrieben hattest. Oder ist das sehr abwegig?

HJO: Überhaupt nicht, genau dieser Zusammenhang spielte im Hintergrund eine wichtige Rolle. Mozarts Vater entwarf für seinen Sohn eine Karriere als Musiker und Komponist und begleitete ihn auf Reisen, bis er selbstständig wurde und sich nach Wien absetzte. Meine Fragen waren: Wie lernte der Sohn, sich auf diesen Reisen mit dem Vater zu behaupten? Welchen Einfluss hatte das Vater-Sohn-Leben auf die Kompositionen, die dabei entstanden? Wie gelang es Mozart, sich von seinem Vater zu trennen, und wie lebte er nach der Trennung? Das waren Fragen, die ich mir in meinem eigenen Leben in ähnlicher Form auch gestellt hatte.

KS: Über diesen autobiografischen Hintergrund hast Du aber nicht gesprochen?

HJO: Natürlich nicht. Aber ich hatte ihn im Kopf. Denn es gab durchaus vergleichbare Probleme. Ich hatte viele Jahre in einer besonders engen Verbindung mit meinem Vater gelebt, er hatte mir das lebensprägende Schreiben und Lesen beigebracht. Doch er hatte das nicht getan, damit ich mit diesen Fähigkeiten so etwas wie Karriere machen sollte. Das nicht. Aber: Die Briefe Mozarts waren Teile einer familiären Konstellation. Seine Mutter war während der Reisen oft zu Hause geblieben. Vater und Sohn schrieben ihr Briefe, und so entstanden sehr merkwürdige Anspielungen und geheime Botschaften. Viele von ihnen glaubte ich entschlüsseln zu können, ich geriet immer tiefer hinein in diese großen Briefwechsel.

KS: So dass Du viel mehr geschrieben hast als nur eine Rede oder einen kurzen Essay.

HJO: Ja, es entstand ein ganzes Buch: *Mozart – im Innern seiner Sprachen*. 1982 ist es in der *Collection S. Fischer* erschienen und wurde bis heute viel gelesen, sehr viel sogar.

KS: Der Anspruch von Mozarts Vater an den Sohn war gigantisch, während Dein Vater sich einer Entwicklung zum Wunderkind widersetzte.

HJO: Mein Vater wollte mir helfen, nur das.

KS: Ins Leben hineinhelfen.

HJO: Zu leben, ja.

KS: So wie Fermer auch damit beschäftigt ist, ins Leben hineinzufinden.

HJO: Ja.

KS: Dann lass mich noch einmal kurz resümieren, bevor wir zu Deinem zweiten Roman kommen. Es geht mir weiter um das Thema Autorenschaft. Du hast eine philosophische Dissertation, eine Monografie über Wilhelm Klemm und den Roman *Fermer* geschrieben und Du arbeitest an einem umfangreichen Mozart-Essay, der als Buch in der Reihe *Collection S. Fischer* erscheinen wird – wie hast Du Dich als Autor gesehen? Mehr als Essayist, mehr als Journalist, durchaus auch als Romancier? Du bist jetzt Anfang dreißig.

Anfang dreißig

HJO: Nun gut, diese Fragen können wir ja mit Fragen nach meinem beruflichen Werdegang oder Lebensweg verbinden. Mein Vertrag als wissenschaftlicher Mitarbeiter dauerte sechs Jahre, das war die übliche Zeit. Er hatte 1976 begonnen, und ich hatte die von Dir genannten Bücher und daneben viele Artikel und Essays geschrieben. Eine im strengen Sinn wissenschaftliche

Arbeit hatte ich jedoch nicht geschrieben, und das hatte ich auch nicht vorgehabt.

KS: Du hattest Dich darauf eingestellt, die Universität zu verlassen.

HJO: Ja. Ich wollte nicht habilitieren. Weiter lehren wollte ich auch nicht. Ich kam mit den Studenten sehr gut zurecht, aber ich hatte andere Ideen und Konzepte für eine Lehre im Kopf, die sich stärker auf das Schreiben und nicht auf die Auslegung von alten Texten konzentriert hätte.

KS: Die Mainzer Universität war nicht länger der Ort für Dich, an dem Du arbeiten wolltest, Du warst am vorläufigen Ende Deines akademischen Weges angekommen – was aber nun?

HJO: Das war 1982. Zu der Zeit gab es ein Angebot der *Mainzer Allgemeinen Zeitung*. Herr Ortheil, hieß es, wir können die Stelle eines Redakteurs im Feuilleton neu besetzen, wäre das etwas für Sie?

KS: Deine Antwort auf diese Frage war?

HJO: Ein klares nein danke.

KS: Weil?

HJO: Weil ich keine Tagesberichterstattung im Feuilleton machen wollte – bei der *Mainzer Allgemeinen* nicht und auch bei keiner anderen Zeitung.

KS: Was ist an Tagesberichterstattung auszusetzen?

HJO: Dass ich jeden Tag in die Redaktion hätte gehen und an vielen Konferenzen hätte teilnehmen müssen. Morgens ins Büro, abends ins Konzert, am nächsten Tag vielleicht ins Theater oder Kino – nein, das wollte ich nicht.

KS: Wieder die Frage: warum nicht?

HJO: Bis zu diesem Zeitpunkt hatte ich mir immer aussuchen können, worüber ich schreiben wollte. Über Themen und Dinge, die mich etwas angingen, schlicht gesagt. Ich konnte nicht über x-Beliebiges schreiben, es ging einfach nicht. Das hätte ich aber als Feuilletonredakteur tun müssen, man hätte es von mir erwartet.

KS: Die Festanstellung in einer Zeitung kam also nicht infrage.

HJO: Na ja, hätte man mir angeboten, das Feuilleton der *ZEIT* zu leiten, hätte ich das gemacht. Ich hätte mir meine Themen aussuchen und viele Ideen einbringen können, ich hätte gute Autorinnen und Autoren an meiner Seite gehabt. Fabelhaft! Aber natürlich nur ein sehr vager Traum oder nicht einmal das...

KS: Dann bin ich gespannt, wofür Du Dich entschieden hast.

Der Roman »Hecke«

HJO: Zunächst wieder einmal für ein Geschenk. Meine Mutter wurde 1983 siebzig Jahre alt, und sie war herzkrank. Ich wollte ihr eine Erzählung schenken, die ihr Leben umkreiste oder zumindest berührte. Wie ich das genau hätte anlegen können, wusste ich nicht, die Familiengeschichten waren ja noch immer nur undeutlich zu übersehen. Ich kannte einige Details, nicht mehr, ich hatte keinen Überblick, nicht den geringsten. Mich selbst berührte, seit ich davon wusste, der Tod meines zweiten Bruders auf dem Hofgut Hecke im April 1945 in besonderer Weise. Ich fühlte und fühle mich bis heute mit diesem Bruder, Karl-Josef hat er geheißen, verbunden – wenn ich das einmal so hinstellen darf, mehr möchte ich dazu nicht sagen. Ich habe begonnen, darüber mehr in Erfahrung zu bringen, konnte meine Mutter aber nicht detailliert fragen. Ich hatte die Idee einer Erzählung, mehr nicht, und ich habe diese Erzählung geschrieben und meinem Lektor Thomas Beckermann vorgelegt: *Hecke. Eine Erzählung.*

KS: Und wie reagierte er?

HJO: Er war sehr beeindruckt, und er fragte mich, ob ich noch einmal nach Klagenfurt gehen würde, um diese Erzählung dort vorzustellen?

KS: Wie bitte, ein zweites Mal?

HJO: Ja, ein zweites Mal. Diesmal war Beckermann nicht mehr unsicher, wie die Erzählung einzuordnen sei. Er war von ihr restlos überzeugt. Er dachte aber schon weiter und sprach davon, dass es sich um einen großen Stoff handle, den man ausbauen könne. Die Erzählung war in seinen Augen die Kernzelle eines Romans. Das sollte mir in Klagenfurt anhand der Kritikerstimmen deutlich gemacht werden. So vermute ich heute, ganz genau weiß ich nicht, was Beckermann im Hinterkopf dachte und vorhatte.

KS: Du selbst dachtest das damals, 1982, aber noch nicht, oder?

HJO: Ich ahnte, dass die Erzählung die Anlage zu einem Roman hatte, aber ich wusste nicht, wie aus ihr ein Roman hätte werden können.

KS: Und wie war die Resonanz auf Deine Lesung dieses Mal?

HJO: Es wiederholte sich in etwa, was ich 1978 bereits erlebt hatte. Die Jury war gespalten, leider gab es kaum noch Autoren, sondern fast ausschließlich Literaturkritiker. Reich-Ranicki war wieder der Leiter, es fiel auf, dass er zu meiner Erzählung schwieg. Was selten oder nie vorkam. Er hörte sie sich an und schwieg wahrhaftig. Und es gab andere Juroren, die ebenfalls schwiegen. Ich hatte den Eindruck, dass die Erzählung zu diesem Schweigen beigetragen hatte. Ich hatte vom Tod meines Bruders erzählt, ohne das real zu benennen. Stattdessen hatte ich eine Frau im Nazideutschland porträtiert, die sich gegen die Nazis gewehrt und am Kriegsende ihren Sohn verloren hatte. Die genauen Bezüge zur eigenen Familiengeschichte hatte ich verdunkelt, anders davon zu erzählen, war mir damals nicht möglich.

KS: Der Text erhielt aber doch einen Preis!

HJO: Ja, und zwar einen, den es eigentlich gar nicht hätte geben dürfen. Das war der Preis der Lektoren. Das Schweigen der Jury auf meinen Text hatte viele von ihnen empört, sie setzten sich zusammen und riefen einen Zusatzpreis aus. Den bekam ich dann verliehen.

KS: Jetzt wiederholte sich, nehme ich an, was sich bereits bei Deinem ersten Roman abgespielt hatte. Nach diesem Auftritt in Klagenfurt musstest Du an *Hecke* weiterschreiben.

HJO: Du hast recht, im Anschluss an die Preisverleihung sagte Thomas Beckermann: Dann machen wir jetzt rasch einen Vertrag. *Hecke* ist doch keine Erzählung, es ist ein Roman.

KS: Auf der Basis der 15 Seiten.

HJO: Auf dieser Textbasis.

KS: Hast Du Dich nicht gewehrt und darauf bestanden, es sei eine Erzählung und kein Roman?

HJO: Anfänglich schon, aber ich war ja selbst nicht ganz davon überzeugt, sondern witterte durchaus den Roman.

KS: Und wie ist es Dir gelungen, ihn dann auch zu schreiben?

HJO: Zunächst gar nicht. Das war 1982, und ich lief allein durch die Stuttgarter Wälder, sehr konfus. Plötzlich war aber der Anfang des Romans da, einige Sätze, ein Impuls. Gefunden hatte ich ihn, weil ich nicht mehr nur die Geschichte meiner Mutter im Blick hatte, sondern auch meine eigene, die ihres Sohnes also, der seinen Bruder verloren hatte. Fang mit Deinem eigenen Erleben dieser Geschichte an, dachte ich. Die dazu gehörende Szene hatte ich nur zu deutlich vor Augen. Wie oft war ich in den Westerwald gefahren und hatte meine Eltern dort besucht! Manchmal hatte ich das Haus »gehütet«, wie man so sagt, und zwar dann, wenn sie einmal für ein paar Tage verreist waren. Das Betreten des verwaisten Elternhauses, das war eine Urszene, die ich oft in meinen »privaten« Texten beschrieben hatte. Mit der Erzählung dieser Urszene begann ich die Arbeit an dem späteren Roman *Hecke.*

KS: Ich habe das Buch dabei, lass uns nach dem Anfang schauen: *Gestern Abend habe ich meine Mutter zur Bahn gebracht. Nun bin ich allein.*

HJO: Es ist März und an den Abenden hält sich die Wärme auf der kleinen Anhöhe, auf der das Haus mitten im Wald steht. Da sah ich das westerwäldische Haus von mir, von dem wir schon gesprochen haben.

KS: Dieser Anfang hat einen ganz eigenen Rhythmus, gab dieser Rhythmus auch den Ton vor, wie Du den Roman weiter erzählen wolltest?

HJO: Dieser Rhythmus war wichtig, erst später habe ich bemerkt, dass er dem Anfang eines Buches ähnelte, das ich auf Französisch gelesen hatte: *Aujourd'hui, maman est morte. Ou peut-être hier, je ne sais pas.* Das ist der Beginn von Albert Camus' *Der Fremde.*

KS: Du hattest damit einen Anfang, aber noch keinen Roman. Was ist weiter passiert? *Hecke* hat über dreihundert Seiten!

HJO: Ich machte ernst mit dem Vorhaben und begann, im Dorf zu recherchieren. Ich sprach mit vielen Leuten, die meine Mutter gut kannten, ich sammelte Material, der Stoff wuchs und wuchs. Die Hintergründe unserer Familiengeschichte klärten sich dabei aber nicht. Ich erzählte vielmehr von einem größeren Thema: wie ein westerwäldisches Dorf, das ich Knippen nannte, die nationalsozialistische Diktatur erlebte. Wie die Menschen darauf reagierten. Welche Gruppierungen und Meinungen sich herausbildeten. Eine Figur stand dabei im Mittelpunkt: die Mutter des Ich-Erzählers. Sie war in *Hecke* aber eine literarische Figur, die mit meiner eigenen Mutter zwar einiges gemein hatte, sich aber in vielem auch stark von ihr unterschied. Ich schrieb die Geschichte einer Frau und Mutter während des Dritten Reiches, die Geschichte meiner eigenen Mutter schrieb ich nicht. Ich hätte sie auch gar nicht schreiben können, denn ich kannte sie nicht gut genug, im Grunde kannte ich sie gar nicht.

KS: Fiel es Dir nicht schwer, von Vorfällen im Dritten Reich zu erzählen? Du hattest sie schließlich nicht erlebt.

HJO: Ich erlebte sie aber in gewisser Weise eben doch, indem mir viele Bewohner des Dorfes davon erzählten. Und ich erlebte sie, weil ich mit diesen Erzählungen durch meine Mutter verbunden war. Ich hatte daher nie das Gefühl, einen historischen Roman zu schreiben, nein, im Gegenteil, ich hatte vielmehr einen Weg gefunden, in nicht erlebte Zeiten tief einzutauchen, emotional und gedanklich.

KS: Aus der Erzählung wurde so ein Roman mit vielen Figuren?

HJO: Ich hatte viele Berichte von Zeitgenossen gehört, und ich hatte Texte aus der Zeit des Dritten Reiches gelesen, darunter viele Zeitungsberichte, ja, ich war sogar in Archive gefahren, um tagelang solche Meldungen zu lesen und ganz in diese Zeit abzudriften. So wuchs der Stoff, und mit ihm entstanden in der Tat viele Figuren, die ich dem historischen Material abgewann. Das heißt: Ich modellierte Figuren mit für die Zeit charakteristischen Verhaltensweisen. Den katholischen Widerständler, den überzeugten Nazi, der wichtige Ämter übernahm und viele Bewohner schikanierte, den Bauernsohn, der studieren wollte und die Parteislogans der Nazis aufsog, grübelnd, was an ihnen dran wäre.

KS: Meinst Du mit diesem Bauernsohn den Vater des Ich-Erzählers?

HJO: Ja, Mutter und Vater des Ich-Erzählers waren in bestimmten

Details als meine Eltern identifizierbar, in den meisten Details aber eben auch nicht. Die vielen Briefe der Vaterfigur in *Hecke* hat mein realer Vater nie geschrieben, und die Kommentare der Parteislogans hätte er nie so formuliert. Über Politik konnte man mit meinem Vater keine drei Minuten reden, das interessierte ihn einfach nicht. Auch die Briefe und sonstigen Texte der Mutterfigur sind keineswegs Texte meiner Mutter, sondern die einer Romanfigur, die eben nicht meine Mutter, sondern die Mutter des Ich-Erzählers ist.

KS: Bei der Lektüre kann man aber tatsächlich auf die Idee kommen, das habe sich wie geschildert abgespielt. Wie haben das die Leserinnen und Leser im Ort gesehen? Und wie haben es Deine Eltern oder die Verwandten gesehen?

HJO: Im Roman heißt der Ort Knippen, nicht Wissen. Der Ich-Erzähler ist ein junger Architekt, der das Haus seiner Eltern in deren Abwesenheit hütet. Und es gibt viele Figuren mit Namen, die keinen realen Namen entsprechen, und es gibt Ereignisse, die so nie stattgefunden haben, sondern fiktiv sind. All diese Signale hatten aber kaum eine Wirkung. Fast alle Leserinnen und Leser haben *Hecke* so gelesen, als handelte es sich um eine Dokumentation. Das Buch wurde im Ort sogar Schullektüre, und die Schülerinnen und Schüler wurden angehalten, das als gut dokumentierte Zeitgeschichte zu verstehen. Mein Vater war sehr konsterniert, als er darauf angesprochen wurde und las, welche Briefe er geschrieben und welche politischen Überzeugungen er vertreten haben sollte. Das bin ich doch gar nicht... – sagte er oft.

KS: Und Deine Mutter?

HJO: Sie wurde natürlich auch laufend darauf angesprochen, und sie bekam oft die Anteilnahme der Menschen am Schicksal der Mutter-Figur im Roman zu spüren. Zu mir sagte sie, dass diese

Anteilnahme sehr wohltuend sei, aber es sei eben nicht ihre Geschichte. Beide Eltern sagten zu mir: Wir haben es mit Interesse gelesen, das ist ein guter Roman, aber es ist nicht unsere Geschichte, das nicht. Diese Bemerkungen haben mich damals sehr gereizt. Denn es lief ja darauf hinaus, dass sie sich wieder zurückzogen, in jene nie angesprochenen und verschwiegenen Welten, die für mich nicht zugänglich waren.

KS: So gesehen, war *Hecke* also kein Durchbruch?

HJO: Nicht im Geringsten. Andererseits aber schon. Der Roman besteht zum größten Teil aus der Geschichte eines Dorfes, das von den Nazis überrollt wird und dessen Bewohner gezwungen werden, Haltungen einzunehmen. Das ist die Dorfgeschichte. Er läuft am Ende aber auch auf die alte Kernzelle der Erzählung zu: den Tod meines Bruders im April 1945 auf dem Hofgut »Hecke« bei Wissen an der Sieg. Die im Roman als Recherche des Erzählers ausgewiesene alte Kernzelle ist keine Fiktion, nein, es hatte sich vielmehr alles genau so abgespielt. Diese Geschichte hatte ich also zum ersten Mal genau aufgeschrieben, das war für mich selbst von starker Bedeutung. Der Tod meines Bruders war in meinem Empfinden danach kein Phantasma mehr, und ich hatte davon endlich nicht mehr nur vage gehört, nein, dieser Tod war mit dem Aufschreiben dieser Geschichte für mich real geworden. Mein Bruder hatte einige Jahre wirklich gelebt, auf dem Hofgut »Hecke« war er gestorben. Er war mein Vorläufer gewesen, und eben dadurch stellte sich jetzt eine enge Verbindung zu ihm her. Eine sehr enge sogar, obwohl er gestorben war. Viel später erhielt ich als Mainzer Stadtschreiber die Möglichkeit, einen Film für das *ZDF* zu drehen. Es wurde ein Film über *Hecke*. Ich fuhr mit dem Filmteam auf das frühere Hofgut, und wir ließen die Menschen dort vom Tod meines Bruders erzählen. Diese Menschen waren dabei gewesen, sie erzählten es auf erschütternde Weise, manche brachten kaum ein paar Worte heraus, obwohl die Ereignisse Geschichte waren.

KS: Und dieser Film ist im *ZDF* auch gelaufen?

HJO: Ja, 2001. *Schrecken der Heimat – Westerwald...*, es war ein Film von dreißig Minuten, ich hatte das Drehbuch geschrieben und sogar Regie geführt.

KS: Welche Reaktionen auf *Hecke* gab es denn außerhalb des Westerwaldes, dort also, wo niemand Deine Eltern und Dich kannte?

HJO: Hecke wurde als Roman verstanden, niemand kam auf die Idee, dass ich vom Tod meines eigenen Bruders erzählt hatte. *Eine* Reaktion habe ich übrigens bis heute nicht nur im Kopf, sondern sogar noch im Ohr. Ich hörte damals, 1983, zufällig eine Literatursendung in *SWR 2*. Da sprach ein sehr besonderer Rezensent über meinen Roman. Er sagte, er habe die Zeit des Dritten Reiches selbst erlebt. In *Hecke* habe er von ihr zum ersten Mal so gelesen, wie er sie erlebt habe. Dieser Rezensent war der Schriftsteller Günter Steffens, dessen Roman *Die Annäherung an das Glück* (1976) ich kurz zuvor gelesen hatte. Als ich seine Rezension hörte, erschien sie mir als eine starke Bestätigung dafür, dass mein Vorhaben gelungen war. Der Roman machte auf unvoreingenommene Leserinnen und Leser den Eindruck, der Autor sei den Zeiten des Dritten Reiches zumindest sehr nahe gekommen. Ich hatte also anscheinend keinen typischen historischen Roman geschrieben, in dem von etwas ganz und gar Vergangenem erzählt worden wäre, nein, ich hatte es wohl geschafft, mich dieser Zeit wirklich zu nähern.

Der Hochschulassistent

KS: 1983 erschien *Hecke*. Du lehrtest damals noch immer, wie ich weiß, an der Mainzer Universität. Die sechs Jahre als wissenschaftlicher Mitarbeiter waren jedoch längst abgelaufen, was war passiert?

HJO: Bruno Hillebrand hatte eine Idee. Es gab einen neuen Typus von Stelle, die des Hochschul-Assistenten. Der sollte sich nach abgeschlossener Promotion habilitieren. Die Promotion hatte ich bereits hinter mir, ich war also ein geeigneter Kandidat. Das bedeutete nochmal sechs Jahre Arbeit an der Universität.

KS: Aber wolltest Du das?

HJO: Eigentlich nein. Mit dieser Hochschul-Assistenz war jedoch eine Freistellung verbunden. Ich musste keine Einführungsseminare mehr anbieten, sondern konnte experimenteller lehren. Hillebrand nannte das »poetische Seminare«, und er meinte damit, dass es Seminare sein sollten, die sich vor allem auf die Gegenwartsliteratur bezogen und das Schreiben in den Vordergrund rückten. Als Hochschul-Assistent musste ich dem Lehrstuhl Hillebrand auch nicht zuarbeiten, ich war frei und konnte darangehen, einen neuen Typus von Seminaren zu entwickeln: den von Seminaren, in denen auch geschrieben wurde.

KS: Das war Mitte der achtziger Jahre aber etwas absolut Neues an einem Germanistischen Seminar.

HJO: Es war noch viel mehr, denn es entsprach genau dem, wie ich mir die universitäre Lehre erträumt hatte. Ich konnte mir das Lesen ohne Schreiben ja gar nicht vorstellen, ich hatte immer schon geschrieben, wenn ich etwas gelesen hatte: auf das Gelesene reagiert, in Form einer Notiz, einer längeren Sequenz, einem eigenen Text, in irgendeiner Form jedenfalls. Am germanistischen Seminar schrieben die Studierenden bis dahin höchstens Seminararbeiten, so, wie anderswo auch. Neben dem Germanistischen Seminar gab es in Mainz aber auch die Publizistik. Da wurden journalistische Texte geschrieben, und es wurde sogar an Drehbüchern gearbeitet. Mainz ist eine bedeutende Medienstadt, viele Studierende hospitierten beim *ZDF,* bei *3sat,* beim *SWR* und machten in diesen Sendern Karriere. Daher entstand Mitte der achtziger Jahre die Idee, das publizistische Schreiben mit dem Schreiben von literarischen Texten im Germanistischen Seminar zu verbinden. Dieses innovative Projekt hätte von den Publizisten wie den Literaturwissenschaftlern unterstützt, aufgebaut und organisiert werden müssen. Ich fand diese Aussichten geradezu phänomenal. Deshalb habe ich 1982 zugesagt, die Stelle eines Hochschul-Assistenten zu übernehmen. Sechs Jahre Arbeit an einem neuen Programm des universitären Literaturunterrichts – das war die Großperspektive!

KS: Aber es gab doch eine weitere: Man erwartete, dass Du Dich habilitierst! Mit einer großen Studie, oder? Hattest Du das nicht auch im Auge?

HJO: Die Perspektive, den Unterricht um das Schreiben zu erweitern, war für mich zentral. Ich wollte kein Professor werden. Ich wäre sechs Jahre Hochschulassistent gewesen, hätte das neue Lehrprogramm aufgebaut, meinen Walter-Benjamin-Weg fortgesetzt und dann als Dozent gelehrt. Ohne Habilitation! Als Privatdozent! Das hatte ich 1982/1983 im Auge.

KS: Und wie ging es mit dem Programm des universitären Schreibens weiter?

HJO: Ich arbeitete daran und studierte zunächst einmal die damals bereits existierenden Modelle des »Kreativen Schreibens«. Die waren vor allem aus der Schreibdidaktik entstanden und für den Schulunterricht in Volksschulen und Gymnasien gedacht. Ich überlegte, ob man sie fruchtbar machen könnte, und stieß zunächst mal auf Modelle zum, wie es hieß, »produktiven Umgang« mit bereits bestehenden Texten. Das lief darauf hinaus, vorliegende literarische Texte durch Eingriffe zu verändern und umzuschreiben. Ich hielt das für einen möglichen, ersten Schritt. Er ähnelte in vielem der Art und Weise, wie ich selbst in meiner privaten Werkstatt mit literarischen Texten umgegangen war. Die vorliegenden Texte galten dann nicht mehr als sakrosankt oder verschlossen, sondern als prinzipiell offen und veränderbar.

KS: Kamst Du auch ins Gespräch mit den Studenten, die Publizistik studierten?

Suchbewegungen

HJO: Ja, mit vielen. Damals lernte ich zum Beispiel Volker Panzer kennen, der später im *ZDF* lange Jahre das *nachtstudio* moderierte. Wir wurden Freunde.

KS: Und der Walter-Benjamin-Weg? Den hast Du aufgegeben?

HJO: Nein, im Gegenteil, ich setzte ihn wie angedacht fort. 1985 erschien wieder in der *Collection S. Fischer* ein Band mit fünf umfangreichen Essays. Über das Schreiben, das Lesen, das Unterrichten, also Essays mit sehr grundsätzlichen Themen. *Köder, Beute und Schatten. Suchbewegungen* – das war der Titel.

KS: Suchbewegungen also. Ist damit nicht auch indirekt angedeutet, wie es um Dein Schreiben damals stand? Ich behaupte, es gab noch immer kein fest fixiertes Autorenbewusstsein, sondern mehrere offene Optionen: Die journalistische und damit: weiter Artikel zu schreiben, die essayistische: über literarische Großthemen nachzudenken, die literarische: den nächsten Roman zu schreiben, die universitäre: ein Lehrprogramm des Kreativen Schreibens zu entwickeln. Mitte der achtziger Jahre scheinst Du all diese Optionen fast gleichzeitig im Blick gehabt zu haben.

Ein Buch über Jean Paul

HJO: Ja, so war das. Für eine davon hatte ich mich noch nicht entschieden. Aber ich empfand das nicht als bedrückend oder gar beängstigend. Die Hochschulassistenz machte Freude, ich war damit zufrieden. 1985 erschien in der Reihe der *Rowohlt-Monographien* dann auch mein Buch über Jean Paul. Das ist jener Schriftsteller, der mich das ganze Leben mit seinen Schriften begleitet hat.

KS: Jean Paul war und ist der große Abseitige, der sich am Rand der Literatur aufhielt – mochtest Du das an ihm?

HJO: Ja, das mochte ich sehr. Er hatte seinen eigenen Weg abseits von den sonstigen literarischen Strömungen gefunden. Und: Jean Paul kam vom Land, er hatte in Leipzig studiert und erste Schreibversuche gemacht. Und er hatte lange Jahre bis zum ersten Roman gebraucht. Seit der frühen Jugend hatte er unablässig notiert und ein geradezu enzyklopädisches Verfahren der Textaneignung entwickelt. Diese elementare Freude am Schreiben und an der Schrift – das war für mich Jean Paul. Ich fuhr an die Orte, in denen er gelebt hatte, und ich besuchte die Jean Paul-Experten im Marbacher Literaturarchiv und ließ mir die Karteikarten und Notizzettel zeigen, von denen Jean Paul tausende und abertausende beschrieben hatte. Diese Art des »Schreibens für sich«, die kannte ich sehr genau, ich brauche die Parallelen nicht auszuziehen. Ich war ein glühender Jean Paul-Verehrer, und meine Monografie ignorierte das übliche biografische Berichten. Das Buch beginnt vielmehr als Montgolfiere-Flug mit Jean Paul, es war also ein literarischer Text und kein Sachbuch im normalen Sinn.

KS: Was sagte Bruno Hillebrand denn zu alldem? War die Habilitation kein Thema mehr?

HJO: Er nahm all diese Bücher zur Kenntnis, brachte aber auch die große Studie, also die Habilitation, dann und wann fragend ins Gespräch ein. Im Institut ging es nämlich mit dem Projekt, das Schreiben im Lehrprogramm zu verankern, nicht richtig voran. Die dort lehrenden Literaturwissenschaftler konnten sich das nicht gut vorstellen und blieben sehr auf Distanz. Wenn über meine Zukunft gesprochen wurde, hieß es: Der Ortheil soll habilitieren, danach kann man über eine mögliche Professur am Institut nachdenken. Alles andere ist schön und gut, letztlich aber Tagträumerei.

KS: Dann plante man Deine Zukunft anders, als Du es Dir vorgestellt hattest. Du wolltest nicht Professor werden.

HJO: Jedenfalls nicht ein Professor, wie er am Institut vorgesehen war. Ein typischer Literaturwissenschaftler mit Vorlesungen, Seminaren und Prüfungen, der die gesamte Neuere Deutsche Literaturgeschichte lehrte, am besten vom Barock bis zur Gegenwart. Genau das wollte ich nicht werden, nein, ich war dafür nicht geeignet.

KS: Zeichneten sich da nicht erhebliche Spannungen ab? Zwischen Dir und den Kollegen? Und vielleicht auch zwischen Dir und Bruno Hillebrand?

HJO: Vorerst noch nicht, vielleicht gab es sie schon, und ich wollte sie nicht an mich heranlassen. Vielleicht war ich auch reichlich blauäugig, das ist durchaus möglich. Später bekam ich jedenfalls solche Kommentare zu hören.

KS: Kommen wir zu Deinem damaligen Lektor, zu Thomas Beckermann, zurück. 1983 hast Du den Roman *Hecke* veröffentlicht. Ich vermute, er fragte ab und zu nach, ob Du an einen neuen Roman denken würdest.

»Schwerenöter«, ein großer Roman

HJO: Ja, das tat er regelmäßig. Ich dachte auch wirklich an einen neuen Roman. Zum ersten Mal verband sich damit nicht die Idee des »Geschenkbuchs«, wie wir das bisher genannt haben. Der neue Roman sollte die Biografien zweier Brüder erzählen, von den Nachkriegsjahren bis etwa 1983, dem Einzug der Grünen in den Bundestag. Also die westdeutsche Nachkriegsgeschichte, bezogen auf ein Brüderpaar, das sie kontrovers erlebte. Einer der beiden Brüder sollte der Ich-Erzähler sein, der andere kam nicht direkt zu Wort, sondern erschien wie eine Projektion, fast wie ein Phantasma. Die Brüder sind Zwillinge und kommen in Köln zur Welt, danach durchlaufen sie auf ziemlich abenteuerlichen und kuriosen Wegen die Jahrzehnte bis 1983. Es war also auch die Geschichte einer bestimmten Generation, derer, die sich weitab von der etablierten Politik zu den damals verschiedenen Lagern der noch jungen Grünen hinbewegten.

KS: Eine Art Psychogeschichte, weniger eine der realen, politischen Strömungen.

HJO: Ja, Psychogeschichte, das trifft es, und sogar mehr als Du denkst, vermute ich. Der psychische Hintergrund dieses Romans blieb vollkommen verborgen, niemand konnte das erkennen, nicht einmal die nächsten Freunde. Ich muss jetzt auf *Hecke* zurückkommen und darauf, dass ich gesagt habe: *Hecke* hatte für mich eine starke Bedeutung, weil ich durch das Schreiben dieses Romans einen Bruder gewann. Obwohl er längst vor meiner Geburt gestorben war, empfand ich ihn seit der Arbeit an *Hecke* als gegenwärtig. Der Zwillingsbruder, der als erster zur Welt kommt, das ist der private Psychokern des Romans *Schwerenöter.* Der Bruder, der vor mir da war und von dem ich träumte. Der zweitgeborene Ich-Erzähler fantasiert sich die Biografie seines Bruders zurecht, er beobachtet und verfolgt ihn, und er wartet mit den verrücktesten Hypothesen darüber auf, was dieser Erstgeborene gerade tut und wer er eigentlich ist. Das war die Ausgangsidee für den Roman, von dem ich ahnte, dass er mehr als dreihundert Seiten haben würde. Ironisch nannte ich ihn den zeitgenössischen, großen, deutschen Roman, den *Zeigrodeuro*. Reichlich albern, aber ich meinte es fast ernst.

KS: Deine Familiengeschichte spielt in diesem Roman aber keine Rolle, sehe ich das richtig? Und wenn ja, findest Du das nicht erstaunlich, nach allem, was wir bisher dazu gesagt haben?

HJO: Die Geschichte meiner Eltern spielt nicht direkt hinein, nein, das sehe ich auch so. Sie konnte ja auch nicht hineinspielen, denn ich wusste ja noch immer nicht viel. Sie spielte indirekt aber eben doch hinein: indem ich zwei Brüder entwarf und einem von ihnen die Aufgabe stellte, die Nachkriegsgeschichte nicht bezogen auf die Eltern, sondern selbstständig, aus sich selbst heraus, zu erzählen. So gesehen, empfand ich das Schreiben an dem Roman *Schwerenöter* als ein Autonomieprojekt. Es war der Roman der Nachkriegsgeneration mit weitgehender Ausblendung der Eltern.

KS: Und die Lebensphasen dieser Generation waren die Deinen?

HJO: Auch das nicht direkt. Mein Ich-Erzähler erzählte von Welten und Erfahrungen, die ich erlebt und gemacht hatte, das schon. Er erzählte darüber hinaus aber auch, indem er sich das Leben des Bruders zurechtfantasierte und damit von Welten und Erfahrungen, die ich keineswegs gemacht hatte. Die Erfahrungen der 68er-Generation waren nicht meine Erfahrungen, die Studentenrevolte und alles, was mit 68 zusammenhing, hatte ich nicht so erlebt, wie es im Roman erzählt wird. Ich hatte diese Zeit als junger Pianist verbracht und war mit ganz anderen Themen beschäftigt gewesen, die politischen hatten mich nie stark berührt. Auf dem Weg über die Biografie des Zwillingsbruders kamen sie nun aber hinein in den Roman.

KS: Aber wie sind diese Erfahrungen Dir zugänglich geworden, so dass Du von ihnen erzählen konntest?

HJO: Durch Erzählungen meiner Freunde nach meiner Rückkehr aus Rom. Es waren die Geschichten, die in den Bohème-Zirkeln immer wieder erzählt wurden: Demonstrationen auf den Straßen, das Projekt der »Kritischen Universität«, die Proteste etwa gegen Adorno und die Professoren der Frankfurter Schule. Davon war mir immer wieder ausführlich erzählt worden, sehr emotional und sehr direkt.

KS: Dann könnte man behaupten: Die Erzählungen dieser Freunde lieferten einen Großteil des Stoffes für den neuen Roman *Schwerenöter*, so, wie die Erzählungen der Menschen in Deinem westerwäldischen Heimatort einen Großteil des Stoffes für den Roman *Hecke* geliefert hatten.

HJO: Ganz genau. Und in beiden Romanen regiert letztlich ein Ich-Erzähler, der sich auf Spurensuche befindet…

KS: Und Suchbewegungen betreibt…

HJO: Ja, exakt. Diese Suchbewegungen lassen ihn irre werden, er landet im zentralen Kapitel des Romans, das *Hauptstrom* überschrieben ist, in der Psychiatrie. Er dreht durch, könnte man sagen. Erst langsam arbeitet er sich wieder aus den dunklen Kellern der Depression und Verzweiflung ans Licht. Das gelingt ihm aber nicht ganz. *Schwerenöter* ist der Roman eines Ich-Erzählers, der schizophren geworden ist. Das Phantasma des Zwillingsbruders ist von solcher Gewalt, dass es ihn schizophren werden lässt. Das genau war die Anlage des Romans, und ich glaube bis heute, dass das kaum einem Leser richtig klar wurde.

KS: Ich muss bekennen, dass mir das bis jetzt auch nicht klar war. Ich habe *Schwerenöter* immer als die Geschichte eines Brüderpaares gelesen. Mit zwei Entwürfen des Lebens in der Bundesrepublik: dem Entwurf eines gelingenden Lebens und dem eines misslingenden, grob gesagt. Dass der Zweitgeborene derart abstürzt und in der Psychiatrie landet, das kommt doch so gar nicht vor, oder?

HJO: Stimmt, das kommt so direkt nicht vor. Von der Psychiatrie wird nicht konkret erzählt, nicht von Räumen, Ärzten, Behandlungsmethoden. Wohl aber von dem psychischen Zusammenbruch des Ich-Erzählers. Die konkreten Welten der Psychiatrie habe ich nur angedeutet und übersprungen. Ich bin der *Blechtrommel* aus dem Weg gegangen. Andererseits: Der Roman wird durch den Ich-Erzähler ja vom Ende her erzählt. Die ersten Sätze des Romans sind die Sätze, durch die er schreibend wieder zurück ins Leben findet. Er lebt also in einem Refugium, und das Schreiben soll dazu beitragen, die vitalen Impulse wieder zu entdecken. Diese ersten Sätze des Romans sind bereits leicht verrückt und deuten eine latente Schizophrenie an. Ich zitiere sie mal: *Adenauer erwartete mich. Schon wenige Tage nach meiner Geburt hörte ich den altertümlichen, mich in den Bann schlagenden Namen.* Der Ich-Erzähler erzählt von seiner Geburt und seinem frühkindlichen Dasein. Und wovon ist da die Rede: von einer Projektion, von Adenauer, von der großen Geschichte. Und das soll dieser Erzähler bereits als Säugling imaginiert haben? Das konnte er nur behaupten, indem er seine verdeckte Schizophrenie erzählerisch auslebte. Kurz noch die letzten Sätze: *Ich beugte mich über den leeren Bogen. Meine Hand zitterte vor Aufregung. Ich setzte an... Ich schrieb... Adenauer erwartete mich...* – das ist das Ende des Romans, es erzählt von dem Moment, in dem der

Ich-Erzähler mit dem Schreiben des Romans beginnt. Da ist er aber längst schizophren, und es ist sehr die Frage, ob der erstgeborene Bruder überhaupt existiert. Als Phantasma existiert er, das ja, und das sogar sehr deutlich, aber real? Der Roman ist schizophrener Karneval, sehr verrückt.

KS: Karneval, ja, in der Form des Schelmenromans, könnte man sagen. Als Leser habe ich vieles von dem, was Du jetzt entwirfst, jedoch anders gelesen. Vielleicht schlichter, wie auch immer. Ich werde *Schwerenöter* noch einmal in Ruhe lesen.

HJO: Das solltest Du unbedingt tun. Es ist, glaube ich, ein Roman, der erst jetzt, nach einem Abstand von Jahrzehnten, seine ganze Wirkung entfaltet. 1987, als er erschien, wurde er sehr viel gelesen, aber so, wie ich ihn gelesen habe, hat es kein einziger Rezensent getan. Die meisten Rezensionen haben sich in bestimmten Nebenthemen verheddert: War das oder jenes real so? Soll das ein Schelmenroman sein? Ist es ein politischer Roman? Oder ist es der große deutsche Nachkriegsroman, auf den das Feuilleton lange gewartet hat? Zu den zentralen Momenten gelangt man mit solchen Fragen nicht.

Der Autor

KS: Der Roman *Schwerenöter* war, hast Du gesagt, kein »Geschenkbuch« mehr. Im Grunde war er der erste Roman, den Du für ein Leserpublikum geschrieben hast. Um ihn zu schreiben, bedurfte es des Autorenbewusstseins, von dem ich immer so hartnäckig gesprochen und nach dem wir gesucht haben. Jetzt, 1987, mit dem Erscheinen von *Schwerenöter,* ist es da! Auch wie Du über die Arbeit an diesem Roman sprichst, bestätigt diese Vermutung. Die Familiengeschichten sind vorerst nicht mehr dominant und weitgehend abgekoppelt. Ein Ich-Erzähler wird erfunden, der die Regie übernimmt. Das Erzählen ist, kompliziert genug, schizophren inspiriert und spielt mit Verfahren des Schelmenromans. So redet ein Autor ...

HJO: Ja, da stimme ich zu. Kompliziert genug war das wirklich, wie Du sagst. Und es hat mich überanstrengt. Es gab eine erste Fassung des Romans, die ich noch einmal von A bis Z überarbeitet habe. Auch das war neu, es war noch nie vorgekommen, und später ist es auch nicht mehr vorgekommen. Ich habe nie erste, zweite oder mehrere Fassungen eines Romans erstellt, nur in diesem einen Fall. *Quod scripsi, scripsi ...* – der schöne Satz des Pontius Pilatus hat mir immer sehr gefallen und die Richtung für Überarbeitungen vorgegeben. Die zweite, noch handgeschriebene Fassung konnte ich nicht mehr abtippen, es ging einfach nicht, ich war zu kaputt. Das Manuskript hatte ja beinahe tausend Seiten. Ein Freund hat sie abgetippt, und ich erwähne das, weil nun der Computer in die Schreibwerkstatt einzieht. Meiner noch nicht, aber eben der eines intelligenten Freundes, der damit umgehen konnte. Der hat die Tippversion für den Verlag erstellt.

KS: Also die für den *S. Fischer-Verlag*. Dort ist er aber nicht erschienen. Was ist denn da passiert?

HJO: Thomas Beckermann hat den Roman lektoriert, er wurde vom Verlag angenommen und im Verlagsprogramm angekündigt. Dann wurde das Manuskript gesetzt, und das Buch stand vor der Fertigstellung und Auslieferung. Wegen dieses Anlasses ging ich zu einer kleinen Feier in den Verlag. Dort wurde aus heiterem Himmel ein Gespräch mit der Verlegerin Monika Schoeller angesetzt. Sie bestand auf Änderungen, und das, obwohl das Buch kurz vor dem Weg zu den Buchhandlungen war. In die Details ging sie nicht, ihr gefielen bestimmte Tonlagen nicht, sie hatte das Manuskript zu spät als ganzes zur Kenntnis genommen. Das Gespräch war sehr unbefriedigend, es bestand vor allem aus Schweigen. Wir wussten am Ende wohl beide nicht weiter. Monika Schoeller hatte eine bestimmte Art, auch schweigend mit Problemen umzugehen. Das kannte ich nicht, ich war perplex und habe um eine kurze Pause des Nachdenkens gebeten. Dann habe ich der Verlegerin mitgeteilt, dass ich für diesen Roman einen anderen Verlag suchen werde.

KS: Und wie hat sie reagiert?

HJO: Sie hat gesagt: Tun Sie das, das ist momentan wohl das Beste, wir kommen gerade beide nicht weiter. Den nächsten Roman veröffentlichen Sie dann aber wieder bei uns, bei *S. Fischer*!

KS: Und das meinte sie ernst?

HJO: Todernst. Ihr missfielen an *Schwerenöter* bestimmte Details, so richtig wollte sie aber nicht darüber reden. Sie ließ mich mit diesem Roman ziehen und dachte, ich komme bald wieder.

KS: Was Du aber nicht getan hast. *Schwerenöter* erschien im *Piper-Verlag*.

HJO: Ich fuhr mit der bereits gesetzten Druckversion des Buches nach München und bot den Roman den Verlegern Klaus Piper und seinem Sohn Ernst Reinhard Piper an. Die kannte ich bereits, mit Klaus Piper, der gut Klavier spielte, hatte ich oft über Themen der Musik gesprochen. Die beiden haben es an einem Wochenende gelesen und sofort entschieden: Ein wunderbarer Roman! Den bringen wir in unserem nächsten Programm, gleich im Herbst!

KS: Und geändert wurde nichts?

HJO: Kein einziges Wort. *Schwerenöter* erschien im Herbst 1987 im *Piper-Verlag*. In einer Nachbemerkung im Buch dankte ich meinem Lektor Thomas Beckermann, der das Manuskript lektoriert und bei *S. Fischer* angenommen hatte!

KS: Eine wirklich verrückte Geschichte, verrückt wie der Roman selbst! Überlegen wir jetzt weiter: Du siehst Dich nun als Autor, der einen Werkzusammenhang intendiert, das halte ich einmal fest. Die Zeit als Hochschulassistent lief ab, 1982 hattest Du diese Stelle übernommen, sechs Jahre konntest Du sie innehaben, 1987 erschien *Schwerenöter*, 1988 war Deine Stelle ausgelaufen. Und nun?

Die Habilitation

HJO: Moment. Noch bin ich Hochschulassistent und arbeite daran, ein Lehrprogramm für das universitäre *Kreative und Literarische Schreiben* zu entwickeln, das sowohl von der Mainzer Germanistik wie der Mainzer Publizistik getragen und eingerichtet worden wäre. In enger Zusammenarbeit möglichst. Die aber zeichnete sich bald nicht mehr ab, was vor allem an den Literaturwissenschaftlern lag. Das Projekt lief nicht richtig an, es geriet ins Straucheln. Ich behielt es aber immer im Blick und schrieb auch bereits darüber. Gleichzeitig wusste ich, dass ich Zeit und Geduld würde aufbringen müssen. Bruno Hillebrand tat auch nicht gerade viel dafür, es zu entwickeln, drängte aber auf die Habilitation. Die sei doch in jedem Fall ein Gewinn, egal, was bei dem Schreibprojekt herauskäme. Ich sah das nicht so, dachte aber über eine Habilitationsschrift nach. Auch dafür würde ich viel Zeit brauchen, das war mir klar. Worüber aber wollte ich schreiben? Eine literaturwissenschaftliche Studie konnte es jedenfalls nicht werden, höchstens eine, die an meine Dissertation anschloss. Eine Studie über Literatur, mit einer zentral philosophischen Perspektive, das hielt ich für möglich.

KS: Du hattest viel Walter Benjamin gelesen und viele Bücher von Theodor W. Adorno, aber auch philosophierende Schriftsteller wie Roland Barthes oder Gilles Deleuze hast Du erwähnt. Zielten Deine Überlegungen in diese Richtungen?

HJO: Ja, sie kreisten zunächst um solche Autoren und ihre Bücher, das stimmt. Der entscheidende Impuls ging aber von Jürgen Habermas aus. Von ihm war 1985 *Der philosophische Diskurs der Moderne* erschienen, ein Buch, das die philosophischen Themen der Moderne skizzierte und von denen der damals in den Feuilletons thematisierten Postmoderne abgrenzte. Durch die *Dieterich'sche Verlagsbuchhandlung*, über deren Entwicklung wir bereits gesprochen haben, war ich mit Habermas in Kontakt gekommen. Das ging von mir aus, denn ich hatte die Idee, dass er eine Anthologie mit philosophischen Begleittexten zu seinem Buch veröffentlicht. Er war auch nicht abgeneigt, fand die Idee gut und brachte einen seiner Assistenten ins Spiel. Dieses Begleitprojekt zu dem neuen Buch von Habermas war also angedacht. Ich dachte aber noch weiter: Wenn es ein Begleitbuch zum *Philosophischen Diskurs der Moderne* gibt, könnte ich selbst doch eine Anthologie zum *Literarischen Diskurs der Moderne* herausbringen. Das hatte ich vor: eine Anthologie zu diesem Thema, mit einem ausführlichen Nachwort! Darüber habe ich mit Bruno Hillebrand gesprochen, und Bruno Hillebrand sagte, ja, in Ordnung, ein wunderbares Thema! Darüber solltest Du ein großes Buch schreiben, und mit diesem Buch kannst Du Dich habilitieren!

KS: Dieser Vorschlag passte eigentlich gut zu Dir!

HJO: Stimmt, ich bin auch bald darauf eingegangen und habe begonnen, über das Thema zu arbeiten. *Der literarische Diskurs der Moderne!* Wo sollte ich aber mit meinen Recherchen ansetzen?

KS: Da bin ich gespannt! Mitte des 19. Jahrhunderts vielleicht?

HJO: Ich habe in der Antike angesetzt, und zwar genau da, als der Begriff *modernus* zum ersten Mal auftaucht. Etwa im

5. Jahrhundert nach Christus denken einige Philosophen darüber nach, wie man die neue Zeiterfahrung der christlichen Ära gegen die antike Zeiterfahrung absetzen könnte. Da entsteht das Empfinden einer fundamental anderen »Jetztzeit«, in Form einer Kritik an der Antike. »Moderne« entwickelt sich seitdem immer als Kritik an den Vorläufern, den »Althergebrachten«. »Moderne« ist also eine durch die Jahrtausende verlaufende, stete Absetzbewegung der »Neuen« gegenüber den »Alten«. Das ist, wie ich es dann genannt habe, »die große Moderne«. Sie generiert lauter »kleine Modernen«, deren Verlauf man relativ gut erkennen kann ... – aber ich will hier nicht noch weiter ausholen, sondern nur kurz andeuten, wohin die Arbeit an meiner Habilitationsschrift sich bewegte.

KS: Oha! Dadurch wurde Dein Leben aber nicht einfacher. Im Grund lagen 2000 Jahre Literaturgeschichte vor Dir, über die Du mehr oder weniger ausführlich schreiben musstest.

HJO: Das stimmt, es wäre ein Lebensprojekt geworden, das meine gesamte Arbeitskraft aufgebraucht hätte. Ich hatte aber noch etwas anderes vor, Du weißt! Ich musste das Projekt also reduzieren, auf ein vernünftiges Maß. Deshalb dachte ich daran, die zweitausend Jahre in aufeinander bezogenen Essays abzuhandeln. Die habe ich nach und nach geschrieben, unter anderem auch einen über die Postmoderne. Die bildete mit den damaligen Debatten über dieses Thema gleichsam die Zielvorstellung. Wie mündeten die vielen kleinen Modernen als große Moderne in der kleinen Moderne der Postmoderne? Solche Wortspiele fand ich damals elegant und hatte meine Freude daran. Der Essay über die Postmoderne erschien dann übrigens prominent in der ZEIT.

KS: Daran erinnere ich mich gut. Er füllte eine ganze Seite, 1987 war das.

HJO: Ja, und es wurde danach alles etwas albern, denn plötzlich galt ich als Theoretiker der Postmoderne und viele Rezensenten machten sich über den *Schwerenöter* her und schrieben: Aha, das meint er also mit Postmoderne! Dieser Roman soll postmodern sein…, ist er aber nicht…, denn… und so weiter. Es war anstrengend.

KS: Du wolltest kein Theoretiker der Postmoderne sein?

HJO: Ich wollte nicht einer sein, der einen postmodernen Roman geschrieben hatte. Und um das zu unterscheiden, habe ich dann einen ausführlicheren Essay über *Literarische Postmoderne* mit dem Blick auf viele andere Autoren geschrieben. Der wurde dann sogar Teil eines Funkkollegs über Moderne! Kurios ist das alles!

KS: Mehrere Essays also über das Thema *Der literarische Diskurs der Moderne,* mit der Zielvorstellung, irgendwann in der Postmoderne anzukommen. Kann man so die Idee Deiner Habilitationsschrift umreißen?

HJO: Ja, das genau war die Idee.

KS: Und wo befindet sich nun dieses Manuskript? Es ist nicht erschienen.

HJO: Doch, durchaus, einige dieser Essays sind durchaus hier und da erschienen. Am Ende hatte ich ein Konvolut von zweihundertfünfzig Seiten zusammen. Die genügten Bruno Hillebrand aber nicht. Jetzt muss ich kurz erwähnen, dass wir nicht mehr so gute Freunde wie vorher waren. Wir sprachen kaum noch miteinander, ich gehe auf die Hintergründe nicht ein. Meine Hochschulassistentenstelle lief jedenfalls 1988 aus, diese Zeit war vorbei.

KS: Du hattest sie aber durchaus sehr kreativ genutzt. Ein umfangreiches Buch mit grundlegenden Essays, eine Monografie über Jean Paul, ein großer Roman, mehrere Essays zum literarischen Diskurs der Moderne – hättest Du Dich damit nicht habilitieren können, kumulativ, wie man das nennt?

HJO: Dem stimmte Bruno Hillebrand nicht zu, und dagegen war nicht anzukommen. Ich machte mit der großen Studie zum literarischen Diskurs der Moderne aber Schritt für Schritt weiter, hatte allerdings meine Stelle verloren. Ich bekam einen einfachen Lehrauftrag, hielt ein einziges Seminar pro Woche und dachte daneben insgeheim weiter an das Projekt, das universitäre *Kreative und Literarische Schreiben* programmatisch an der Mainzer Universität zu begründen und zu verankern.

KS: Und diese Konstellation fandest Du befriedigend?

Der Tod des Vaters

HJO: Wir sind jetzt im Jahr 1988 angekommen. Damals geschah etwas, das solche Fragen unwichtig erscheinen ließ. 1988 starb nämlich mein Vater, und sein Tod hat mich, ich muss das jetzt so sagen, in tiefe Verzweiflung gestürzt. Diese stark depressiven Attacken haben einige Jahre angehalten, sie waren mal stärker, mal schwächer, aber sie wollten nicht aufhören. Ich lebte wie hinter einer Wand, abwesend, ich erledigte ein bestimmtes Pensum, aber befriedigend war das weiß Gott nicht. Im Grunde wollte ich nur noch verschwinden, weit weg, nichts mehr sehen und hören. Kein Köln, kein Mainz, kein Stuttgart, ich wollte in die Ferne, wohin war mir egal.

KS: Deine Mutter lebte jetzt allein in Eurem westerwäldischen Haus?

HJO: Ja, sie lebte allein. Ich habe jeden Tag mit ihr telefoniert, es war alles nicht einfach. Ich hätte zu ihr ziehen und ihr beistehen können, das haben wir beide aber nicht ins Auge gefasst. Sie war sehr tapfer und wollte aus ihrer starken Trauer aus eigenen Kräften herausfinden, und sie hat das im Laufe der

Zeit auch geschafft. Immerhin hat sie noch acht Jahre in dem schön gelegenen, kleinen Waldhaus gelebt. In diesen Jahren haben wir zu zweit viele Reisen unternommen, sie hatte da ein Nachholbedürfnis. Früher war ich allein mit dem Vater unterwegs gewesen, jetzt, da der Vater gestorben war, wollte auch sie mit mir unterwegs sein. Und zwar anderswo, also nicht in den Regionen, die ich mit dem Vater bereist hatte.

Der Roman »Agenten«

KS: Ich komme zu dem Autor Ortheil zurück, den wir im Blick auf *Schwerenöter* erst gerade kennengelernt haben. Bereits 1989 erschien der nächste Roman: *Agenten*! Du hast also trotz all dieser schwierigen Umstände weiter an einem Roman gearbeitet!

HJO: Ich möchte das ein wenig auseinanderhalten. Ich arbeitete ab Mitte der achtziger Jahre zunächst an *Schwerenöter*, parallel aber auch bereits am Habilitationsprojekt. Während der Arbeit an *Schwerenöter* wucherte im Hintergrund bereits die Idee für einen weiteren zeitgeschichtlichen Roman, für *Agenten*. Ich lebte ja damals in Wiesbaden, und das war ebenfalls eine Medienstadt, so wie Mainz. Ich war in diesen achtziger Jahren mit vielen jungen Journalisten befreundet, die dort für unterschiedliche Medien arbeiteten.

KS: Die Bohème-Zirkel gab es also immer noch?

HJO: Nicht mehr so wie früher. Die Bohème-Zirkel der siebziger Jahre waren verträumt, passiv und von immer neuer Musik infiziert gewesen. Die der achtziger Jahre waren jünger, aktiver, überhaupt nicht verträumt, sondern auf Karriere aus. Viele wollten Redakteure, Moderatoren, Regisseure von Dokumentarfilmen oder am besten alles zugleich werden. Ich kam mit diesen jüngeren Leuten häufig zusammen, obwohl ich eigentlich vom Alter her nicht mehr zu ihnen gehörte.

KS: Du gingst auf die Vierzig zu ...

HJO: Moment, 1991 wäre ich vierzig geworden, noch war ich es nicht.

KS: Du erlebtest die neue Mentalität im jungen Journalisten-Milieu: wie dort geredet und welche Strategien entwickelt wurden, sich durchzusetzen.

HJO: Genau darum ging es. Die alten Journalisten, mit denen ich bei der Mainzer Zeitung noch zu tun bekommen hatte, traten ab, und eine neue, junge Generation begann ihre Arbeit. Wie sie das taten, das interessierte mich, und deswegen gab ich dem Roman den Titel »Agenten«. Es waren die Agenten des Medienmilieus. Aber es ging vor allem auch um das Schreiben. Wie darf man schreiben? In welche Abhängigkeiten gerät man, wenn man schreibt? Das erlebte ich aus nächster Nähe. Ohne es darauf angelegt zu haben, erlebte ich diese Milieus mit, wieder entwickelte sich aus allem, was ich zu hören bekam, das Material für einen Roman.

KS: Und Wiesbaden war dafür der richtige Ort?

HJO: Wiesbaden war in den späten achtziger Jahren genau der richtige Schauplatz, Berlin gab's ja noch nicht.

KS: Jedenfalls nicht als eine Stadt, in der sich ein Milieu von Medienleuten ausbreitete, die in Sendern und Zeitungen nach oben gelangen wollten.

HJO: Wiesbaden und das Rhein-Main-Gebiet waren der geeignetere Schauplatz. Es gab dort viele Fernseh- und Radiosender, und es entstanden Journale für junge Leute, die Geld hatten und es ausgeben wollten. Das Interessante waren die Sprachen, die dafür erfunden wurden, die journalistischen Genres, die Intimsprachen der kleinen Andeutungen und Verweise, daran hätte Roland Barthes sein Vergnügen gehabt: Mythen des Alltags in Hülle und Fülle, aufwändig codiert!

KS: Nach *Schwerenöter* also der Roman *Agenten,* er erschien 1989 nicht bei *S. Fischer,* sondern im *Piper-Verlag.*

HJO: Ja, und nennen wir auch den dazu gehörenden Lektor, das war Uwe Heldt.

Die Jahre nach dem Tod des Vaters

KS: Während dieser Zeit bist Du, wie Du schon angedeutet hast, durch den Tod Deines Vaters sehr mitgenommen. 1992 wird der nächste Roman erscheinen, *Abschied von den Kriegsteilnehmern,* der erzählt genau von diesen tiefgehenden Erfahrungen, die mit dem Verlust eines geliebten Menschen verbunden sind.

HJO: Die Jahre seit 1988 sind die entscheidenden, wegweisenden und alles verändernden meines Lebens. Ich möchte sie etwas auseinanderhalten, und von den Umwälzungen kurz erzählen, die damals, also in der Zeit vom Tod meines Vaters 1988 bis zum Tod meiner Mutter 1996, geschahen. Ich sagte schon, dass ich das Bedürfnis hatte, weit zu reisen, zu verschwinden, in einer möglichst anderen, fremden Kultur. Dafür gab es 1988 ein interessantes Angebot. Mike Lützeler, Professor an der Washington University in Saint Louis, lud mich als *Writer in Residence* dorthin ein. Ein Semester im Mittleren Westen, am Mississippi! Ich brauchte keine Sekunde lang nachzudenken und nahm sofort an. In Saint Louis wohnte ich in einem alten Hotel, hielt Poetik-Seminare und reiste von dort aus mit Fliegern der *Delta Airlines* an verlängerten Wochenenden aufs Geratewohl durch die halbe USA. Ich fuhr zum Flughafen und fragte, für welchen Flug noch Plätze frei waren. Die wurden, wenn man ein sehr preiswertes Spezialangebot nutzte, rasch und ohne Probleme vergeben. Ich flog nach New Orleans, nach San Francisco, nach Salt Lake City. Und ich fuhr weit nach Süden, bis Key West, zum Wohnhaus Ernest Hemingways, in dessen Nähe ich einige Zeit verbrachte. Diese Monate auf Reisen, mit dem Lebensmittelpunkt Saint Louis, waren, im Nachhinein betrachtet, eine erste Phase der Rekonvaleszenz.

KS: Du sprichst von Rekonvaleszenz – hast Du Dich in eine wie auch immer geartete Behandlung begeben?

HJO: Zu einem Arzt oder Therapeuten meinst Du? Nein, das nicht. Ich habe versucht, mich selbst zu behandeln, das habe ich ja immer so gemacht. Dazu war das Schreiben von existentieller Bedeutung. Ich habe also weiter geschrieben, sogar sehr viel, nur für mich, chronikalisch und Tagebuch, wie Du weißt.

KS: Dann warst Du aus den USA zurück und hast Dein Habilitationsprojekt verfolgt und an der Mainzer Universität Seminare gehalten?

HJO: Auch das nicht. Es gab 1990 nämlich ein zweites interessantes Angebot. Einer der Mainzer Kollegen war wenige Jahre zuvor an die Universität Hildesheim berufen worden. Er lehrte dort als Professor und kannte mich gut, und er war es auch, der mich auf eine freiwerdende Stelle an dieser Universität aufmerksam machte. Das war eine Stelle für Kreatives und Literarisches Schreiben! Unglaublich, oder?!

KS: Ein wenig wie ein Wunder, ja. Du hast Dich um diese Stelle beworben?

HJO: Das habe ich, aber ich war natürlich nicht sicher, ob ich sie auch bekommen würde. Ich habe etwas aus heutiger Sicht sehr Seltsames getan: Ich bin mit meiner Mutter auf Reisen gegangen. Sie wünschte sich eine Fahrt ins Münsterland, in die Nähe der Lebensräume von Annette von Droste-Hülshoff. Also sind wir im Auto dorthin gefahren und danach weiter in den Norden, Richtung Bremen. Von dort aus haben wir Hildesheim angesteuert, wo an der Universität mein Bewerbungsgespräch angesetzt war. Ich war zum ersten Mal in dieser Stadt, ich kannte sie bis dahin nicht einmal genauer vom Hörensagen. Meine Mutter und ich – wir nahmen uns in einem Hotel zwei Zimmer, und ich sagte ihr, dass ich mal eben kurz zur Universität fahren werde, um einen ehemaligen Kollegen zu begrüßen. Die eigentlichen Hintergründe verschwieg ich.

KS: Die Nähe Deiner Mutter war Dir anscheinend sehr wichtig. Vielleicht beruhigte Dich ihre Gegenwart?

HJO: Das auf jeden Fall, aber im Nachhinein habe ich noch einen anderen Verdacht. Meine Mutter verkörperte für mich damals auch das frühere Familienleben und den damit verbundenen Raum im Westerwald. Dieser Raum war gleichsam anwesend, während ich mich in Hildesheim zu einem Bewerbungsgespräch um eine Stelle aufhielt. Hätte man mich nicht genommen, wäre der Westerwald meine Alternative gewesen. Dort hätte ich in einem solchen Fall zumindest viele Monate im Jahr leben wollen. Ich glaube, diese Idee brodelte in mir: Es gibt einen zweiten Weg! Wenn man Dich ablehnt, steht Dir auch dieser zweite Weg offen!

KS: Man hat Dich nicht abgelehnt! Du wurdest auf diese an einer deutschen Universität einzigartige Stelle berufen!

HJO: Ja, das war ein Glück, kann ich wohl sagen! Es ging ja nicht nur um eine Lebensstelle, sondern um eine ganz bestimmte. Nämlich um eine, die so ausgeschrieben war wie die Stelle, die ich mir in Mainz gewünscht und auf die ich dort bereits lange Zeit hingearbeitet hatte! Am Abend des Berufungsgesprächs habe ich meine Mutter in ein Hildesheimer Restaurant eingeladen und ihr mitgeteilt, dass ich diese Stelle an der Hildesheimer Universität annehmen werde! Um die Studierenden in Kreativem und Literarischem Schreiben zu unterrichten. Die Begründung der Findungskommission überraschte mich. Es hieß nämlich, man habe sich für mich entschieden, weil ich erstens als Schriftsteller, zweitens aber auch journalistisch und nicht zuletzt drittens als Literaturwissenschaftler tätig gewesen sei. Das ganze Spektrum meines damaligen Schreibens war entscheidend für die Berufung gewesen. Was Folgen hatte, denn dieser Blick auf meine damals vorhandenen Texte und Arbeiten bestimmte auch, was man in Hildesheim von mir erwartete.

KS: Keine Habilitationsschrift, nehme ich an?

HJO: Die nicht, nein, davon war überhaupt nicht die Rede. Es war, als hätte ich mich längst habilitiert, nicht offiziell, aber doch durch die vielen Bücher, die ich geschrieben hatte. Man erwartete etwas ganz anderes: Ich sollte Schreiben lehren, das belletristische in möglichst vielen Gattungen, aber auch das kulturjournalistische. Und ich sollte diese Lehre an die Literaturwissenschaft anschließen und deren Wissensstand über das Schreiben und seine Poetiken fruchtbar machen. Dafür gab es keinerlei Vorbilder, und genau das war auch das absolut Neue! *Creative writing* gab es an den amerikanischen und britischen Universitäten fast überall. Es hatte mit literaturwissenschaftlichen Erkenntnissen aber nichts zu tun und vollzog sich meist so, dass anerkannte Schriftstellerinnen und Schriftsteller mit den Studierenden in Form offener Workshops debattierten. Werkstattgespräche – das war die Methode, wenn man das überhaupt so nennen will. Ich habe in Hildesheim dann aber ganz anders gearbeitet. Über meine eigenen Bücher habe ich niemals gesprochen, sondern ein breites Lehrangebot von Seminaren und Übungen entwickelt, das ich mit Büchern über das Schreiben fixierte.

KS: Du warst also frei in Lehre und Forschung, frei auch deshalb, weil es keine Vorbilder gab. Du konntest die Ausbildung so gestalten, wie Du es lange Jahre erträumt hattest. In gewisser Weise hast Du, wir kommen auf eine frühere Andeutung kurz zurück, mit den Studierenden wieder in der Westerwälder Jagdhütte Deines Vaters gesessen. Du bist mit ihnen nach draußen gegangen, vielleicht auch mit ihnen gereist?

HJO: Nach Rom, nach Venedig, in die frühere DDR, nach Prag, ins Engadin, nach Paris, ja, wir sind in fast jedem Semester auch gereist und haben während dieser Reisen geschrieben. Belletristisch, kulturjournalistisch. Die Texte wurden in eigenen Formaten veröffentlicht, als Reisejournale in Buchform, aber auch als Zeitungen.

KS: Da wäre ich gerne auch dabei gewesen – das muss ich jetzt einfach mal sagen.

HJO: Ich übrigens auch, um diesen Witz loszuwerden. Es gab sogar Hildesheimer Kollegen, die mitreisten, weil sie diese Reiseerfahrungen zu schätzen wussten. Die Studierenden wussten sie damals auch noch zu schätzen. In späteren Jahren waren sie stärker abgelenkt, denn in Zeiten von Social media verlaufen solche Reisen anders und sind literarisch weniger ergiebig. Wie auch immer: Ab 1990 habe ich an der Universität Hildesheim das Kreative, Literarische und Kulturjournalistische Schreiben gelehrt, bis heute übrigens, jetzt bin ich dort noch immer Seniorprofessor.

KS: Wir sprechen also von dreißig Jahren universitärer Lehre …

HJO: Zunächst als einfacher Dozent, dann als Leiter eines speziellen Studiengangs für angehende Autorinnen und Autoren, schließlich als Gründer und Direktor eines eigens gegründeten Instituts für Literarisches Schreiben und Literaturwissenschaft und damit als Professor.

KS: Auf diesen Wegen bist Du also doch Professor geworden.

HJO: Ja, aber erst 2008, und ohne das eigentlich je beabsichtigt zu haben. Du erinnerst Dich: Ich wollte nicht als Literaturwissenschaftler lehren, das auf keinen Fall. Ich wollte lehrend und forschend über Schreiben und Schrift nachdenken und literaturwissenschaftliches Wissen damit verbinden. Genau das war an der Universität Hildesheim möglich, nirgendwo sonst in Deutschland. Es war ein eminenter, großer Glücksfall. Ein Institut wie das, das ich dort zusammen mit vielen neuen Kollegen initiieren durfte, ist bis jetzt noch immer einmalig. Viele junge Autorinnen und Autoren haben Hildesheimer Wurzeln, die Liste ihrer Bücher und Veröffentlichungen ist kaum überschaubar. Du weißt selbst, wovon ich spreche. Seit vielen Jahren lehrst Du als Gastprofessor am Institut, Lektorieren vor allem, die Kunst des Textlektorats.

KS: Das tue ich, ja. Aber zurück zu Dir: 1988 war Dein Vater gestorben, danach bist Du, ich nenne das jetzt mal so, in die USA, an den Mississippi, geflohen. Dort hast Du versucht, Dich von der Trauer langsam zu lösen. 1990 kam dann die Berufung nach Hildesheim. War das eine weitere Stufe ermöglichter Rekonvaleszenz?

HJO: Auf jeden Fall, ja, so könnte man das nennen. Die Lehre dort hat mich sehr beansprucht, vier Seminare pro Woche, manchmal auch mehr, Vorlesungen, Teilnahme an universitären Gremien.

KS: Von Mainz hast Du Dich verabschiedet, und das Habilitationsprojekt hast Du beiseite oder ins Archiv gelegt?

HJO: Nicht ganz, ich habe weiter in dieser Richtung gedacht und geforscht, darüber Vorlesungen gehalten und Essays dazu veröffentlicht. Eine eigene Habilitationsschrift war in Hildesheim aber nicht notwendig. *Der literarische Diskurs der Moderne –* das war gleichsam die Hintergrundfolie zur literarischen Praxis. Mit dem Blick auf die große Moderne und die vielen kleinen Modernen haben die Hildesheimer Studierenden geschrieben und ihre Hildesheimer Moderne entworfen.

KS: Darüber solltest Du ein eigenes Buch schreiben! Über die Hildesheimer Moderne, die Lehre dort, das Forschen und Schreiben!

HJO: Das habe ich auch vor, und ich lade Dich schon jetzt dazu ein, dieses Projekt mit mir zusammen anzugehen. Wir könnten unser Gespräch fortsetzen und auf die Hildesheimer Moderne ausdehnen.

KS: Ich nehme die Einladung sofort an, das machen wir. Aber wieder zurück: Du kommst aus den USA und beginnst an der Universität Hildesheim mit neuen Formaten des Forschens und Schreibens. Wir sprechen von zwei Perioden der Rekonvaleszenz und nähern uns jetzt ihrer Verarbeitung in dem Roman *Abschied von den Kriegsteilnehmern*. Der ist 1992 erschienen, wieder im *Piper-Verlag*.

Rom wiedererleben

HJO: Bevor ich ihn geschrieben habe, erreichte mich ein drittes Angebot von außen. Ich erhielt das Rom-Stipendium der *Villa Massimo*, der *Deutschen Akademie*. Zunächst für ein halbes Jahr 1991, danach wurde dieses Stipendium um einige Monate verlängert, so dass ich 1993 noch einmal einige Zeit dort verbrachte. Zwanzig Jahre nach meinen ersten Rom-Aufenthalten, die mehr als unglücklich geendet hatten, war ich wieder in dieser wunderbaren Stadt. Als Schriftsteller, der für einige Zeit freigestellt war und tun und lassen konnte, was er wollte. Das war die dritte Stufe der Rekonvaleszenz und zweifellos die wichtigste und auch schönste.

KS: Und was geschah während Deiner römischen Monate in Hildesheim?

HJO: Ich wurde während des ersten Aufenthaltes durch einen Schriftstellerkollegen vertreten, den zweiten Aufenthalt legte ich in die Semesterferien. Beide Aufenthalte verliefen sehr unterschiedlich. 1991 lebte ich sehr zurückgezogen. Ich konnte mit den anderen Stipendiaten kaum vernünftig reden. Plötzlich war ich allein, die Depressionen nahmen wieder zu, sie erreichten sogar einen Höhepunkt. Ich habe mich sehr mit dem Leben des Vaters beschäftigt und erinnerte mich an viele gemeinsame Unternehmungen, die jetzt nicht mehr möglich waren. Das war sehr traurig. Als ich nicht mehr weiter wusste, fuhr ich zurück in den Westerwald und nahm meine Mutter für kurze Zeit mit nach Rom. Wir saßen zusammen auf der Veranda eines Studios und unterhielten uns Tag und Nacht. Ich habe von meinen Reisen durch die USA erzählt, und wir haben viel über meinen Vater gesprochen. Das war nicht nur wohltuend, sondern auch befreiend. Ich hatte nie mit der Mutter so intim über die Familie gesprochen. Durch diese Erzählungen ist das Schreiben des Romans *Abschied von den Kriegsteilnehmern* angestoßen worden. Der setzt ja mit dem Tod des Vaters ein und erzählt danach die Reise in die USA, nach St. Louis. Er erzählt vom Mississippi und nicht zuletzt vom Besuch des Hemingway-Hauses in Key West, wo ich im Hemingwayschen Swimmingpool heimlich ein Bad genommen hatte. Zentral aber erzählte er von der heftigen Trauer um meinen Vater, von der Sehnsucht nach seiner Gegenwart, von psychischen Tiefschlägen und von der Rückkehr nach Europa zu einer Zeit, als sich der Osten öffnete und in Prag die Deutsche Botschaft von DDR-Flüchtlingen besetzt wurde. Die Psychoreise des Romans ist ein weit ausholendes *Go West*, das sich am Ende in ein *Go East* verwandelt. *Go East* war der erhoffte Frieden, nicht der politische, welthistorische, sondern der, den ich mit meiner unausgelebten Familiengeschichte machen wollte. Das Ende des Romans erzählt von der zweiten Beerdigung meines Vaters nach den starken Trauerphasen, und es erzählt von der »Beerdigung« der Familiengeschichten. Ich wollte mich ein für allemal von ihnen abkoppeln und in Frieden leben.

KS: War es jetzt, 1991, nicht möglich, mit Deiner Mutter in Rom über die zuvor verschwiegenen Familiengeschichten zu sprechen?

HJO: Nein, und ich habe diese Geschichten auch nicht angesprochen, weil ich wusste, dass sie darüber noch immer nicht sprechen konnte. Möglich aber war es doch, von unserem Familienleben in den letzten Jahrzehnten zu erzählen. Vom Leben in Wuppertal, Mainz und natürlich in Köln, vom Westerwald, wir erinnerten uns gegenseitig an das, was sich alles so ereignet hatte. Alltägliches, Feste, gute Zeiten, wir schwelgten in positivem Erzählen, könnte man sagen.

KS: Nun kanntest Du Rom von Deinen ersten Aufenthalten zwanzig Jahre zuvor doch recht gut. Hast Du auch frühere Freunde getroffen, warst Du vielleicht sogar im Conservatorio, um Dich an diese Zeiten zu erinnern?

HJO: Frühere Freunde habe ich getroffen, ja, aber die Treffen verliefen doch sehr anders als früher. Die meisten von ihnen unterrichteten an Musikhochschulen oder waren in Organisationen tätig, die mit Musik zu tun hatten. Sie staunten übrigens nicht schlecht, als sie mich plötzlich als Schriftsteller und Stipendiaten wahrnahmen. Die Kontakte blieben lose. Ich zog eher allein durch Rom, schaute mir die Stadt noch einmal genauer an, notierte, saß träumend auf den Plätzen, ich wollte eigentlich kein literarisches Projekt entwerfen und planen. Dass ich es im Kopf und in den Gesprächen mit meiner Mutter längst entworfen hatte, ahnte ich noch nicht. Nach meiner

Rückkehr schrieb ich den Roman *Abschied von den Kriegsteil-nehmern* in einem Stück, das war wie ein Rausch.

KS: Der Aufenthalt 1991 in Rom war also von wirklich von großer Bedeutung für das weitere Schreiben.

HJO: Ja, absolut, und es gab trotz der psychischen Krisen auch schöne, starke Momente. Lass mich kurz noch einmal anek-dotisch werden. In der Nähe des Conservatorio gab es ein altes Hotel mit einem großen Innenhof. Dort spielten an sommer-lichen Abenden Barpianisten für die Gäste, die dort die halbe Nacht verbrachten, sich leise unterhielten und etwas tranken. Ich kannte diesen Hof gut noch von meinem früheren Auf-enthalt her, zwanzig Jahre zuvor. Ich hatte dort sogar selbst einmal gespielt. Im Sommer 1991 saß ich manchmal wieder dort, mitten unter den Gästen. Ein älterer Barpianist spielte, und ich wusste genau, wer er war, wir hatten uns früher häu-fig unterhalten. Er spielte, beendete seine Nummern und kam unerwartet an meinen Tisch: Na sowas, sagte er, unser Gio-vanni! Wir umarmten uns, und ich lud ihn an meinen Tisch. Er wollte auch Platz nehmen, sagte aber: Erst, wenn Du auch etwas gespielt hast. Los, spiel wenigstens ein kleines Stück oder auch zwei.

KS: Und das hast Du getan?

HJO: Er führte mich zum Podium, stellte mich dem Publikum vor und erzählte, dass wir uns früher, vor Jahrzehnten, begeg-net seien. Es war eine rührende, sentimentale Geschichte, ich hatte zu schlucken, als ich sie hörte. Dann aber habe ich mich wirklich an den Flügel gesetzt und zwei kurze Sonaten von Domenico Scarlatti gespielt.

KS: Ohne Probleme?

HJO: Ohne Probleme. Ich hatte ja nie aufgehört, Klavier zu spie-len, ich konnte es noch einigermaßen. Scarlatti, das war zu bewältigen. Viel schwieriger war es, während des Spielens gefasst zu bleiben. Als es vorbei war, spürte ich die Erleichterung: Lieber Gott, danke, es ist nichts passiert! Ich flüchtete kurz auf die Toilette, und mir kamen die Tränen. Und wie!

KS: 1992 erschien also wieder ein großer Roman, 1993 gingst Du ein zweites Mal nach Rom, und an der Universität Hildesheim hatten längst Lehre und Forschung begonnen.

HJO: Der Aufenthalt 1993 war gewiss eine der schönsten Zeiten meines Lebens. Ich nahm unsere kleine Tochter mit nach Rom, meine Frau konnte uns wegen ihrer Verlegertätigkeiten in Stuttgart nur ab und zu besuchen. Meine Tochter war kaum zur Welt gekommen und erst wenige Monate alt. Ich habe ihr Rom gezeigt.

»Römische Sequenz« und »Blauer Weg«

KS: Hast Du auch weiter an den »Texten nur für Dich« geschrieben, war das möglich?

HJO: Natürlich, das war gut möglich – wenn das Kind schlief. 1993 entstand in der Villa Massimo ein Text, den ich *Römische Sequenz* nannte. Der damalige Direktor der Deutschen Akademie, Jürgen Schilling, hatte mich darum gebeten. Ich sollte über Rom schreiben, über meinen Aufenthalt, kurze Passagen. Darum brauchte man mich nicht zweimal zu bitten. Das Ganze ergab ein schmales Büchlein, kaum zwanzig Seiten. Zum ersten Mal erschienen Texte öffentlich, die ich eigentlich nur für mich geschrieben hatte.

KS: Das ist interessant, es markiert wiederum einen Durchbruch! Texte des privaten Archivs werden öffentlich und erscheinen als literarische Texte!

HJO: Genau wie Du sagst: Ich überarbeitete zuvor »privat« geschriebene Texte aus meiner Chronik oder aus dem Tagebuch. Die Überarbeitung literarisierte sie und öffnete sie für ein Leserpublikum. So entstanden erste Formen der Gattung »Literarisches Tagebuch«.

KS: Max Frisch ist mit seinen Notaten ganz ähnlich vorgegangen, auch von ihm gibt es mehrere Literarische Tagebücher.

HJO: Stimmt, die Form erscheint aber vor allem in der französischen Literatur, daher kannte ich sie schon längst. Durch die Tagebücher von André Gide, Paul Léautaud, Julien Green und und und... Literarische Tagebücher hielt und halte ich für das Schönste, was Texten passieren kann. Sie werden aus dem Dunkel des privaten Notierens ins Licht der Literatur gehoben.

KS: So dass es nicht mehr weit war, bis Du auch ein solches Literarisches Tagebuch veröffentlicht hast: *Blauer Weg* erschien 1996.

HJO: Zweierlei: 1996 war das Jahr, in dem meine Mutter starb. Sie hat dieses Buch noch gelesen und fand es das Schönste, was ich je geschrieben hatte. All die Themen, über die wir in unseren römischen Nächten zusammen gesprochen hatten, kamen darin vor. Erinnerungen an meine Kindheit, an die Zeit als Pianist, an den ersten römischen Aufenthalt. Hildesheim erschien bereits am Horizont, es war ein Buch meines Lebens, in der Form von kurzen Erzählungen und Texten, die während der letzten acht Jahre, also seit dem Tod meines Vaters, entstanden waren. Es gab darin aber nicht nur die private Lebenslinie, sondern auch Andeutungen der welthistorischen Linien und des *Go East*, wie ich es nannte. Das heißt, ich schrieb auch über Erlebnisse, die im Zusammenhang mit dem Ende der DDR und der sogenannten Wiedervereinigung standen. Hinzu kam, dass ich einige Schriftsteller aus der früheren DDR von Besuchen noch in den achtziger Jahren kannte. Ich könnte Monika Maron, aber auch Wolfgang Hilbig und Gert

Neumann nennen. Mich beschäftigte sehr, wie Freunde aus der DDR den Wechsel konkret erlebten. Wie gingen sie damit um? Wie kamen sie zurecht? Wohin bewegten sie sich? All diese Themen konnte ich in *Blauer Weg* ansprechen und das unabhängig von einem größeren Zwang zur Form, also nicht in Romanform. Literarisches Tagebuch – das schuf eine gewisse Freiheit, indem es das Private zwanglos mit den größeren, weiteren Themen verknüpfte. Enthalten sind in diesem Buch auch Passagen aus meinen Rom-Aufzeichnungen, dem Leben in der Villa Massimo, und es gibt viele Passagen über meine Mutter und ihr Alleinleben. Diese Passagen aufzunehmen, fand ich sehr wichtig, weil ich dachte, ich kann hier Ereignisse andeuten, die sich meinem Erzählen bisher widersetzt haben und die ich jetzt in Form kleiner Porträts literarisiere.

KS: Es gibt darin einen sehr schönen Text über den 3. Oktober 1990, einen Tag, den Du in Berlin verbracht hast.

HJO: Ja, der Text ist unglaublich, ich sage nicht mehr darüber, man muss ihn einfach lesen. Er enthält viele der emotional heftigen Stimmungen während dieses welthistorischen Tages. Ich hatte das große Glück, ihn mitten unter den Feiernden zu verbringen, mehr sage ich nun wirklich nicht.

KS: Blauer Weg ist also 1996 erschienen – wie waren die Reaktionen darauf?

HJO: Dieses Buch ist das Lieblingsbuch von vielen geworden, nicht nur das meiner Mutter.

KS: Sie wird aber doch mitbekommen haben, dass Du mehr Privates preisgegeben hast als bisher. Hat sie das nicht auch offener gemacht gegenüber einem Erzählen der bisher verborgen gehaltenen Familiengeschichten?

HJO: Ich habe mit ihr durchaus darüber gesprochen: Es wäre an der Zeit, dass ich meine eigene Geschichte im größeren Rahmen der Familiengeschichten erzähle. Damals sagte sie, tu das, aber solange ich lebe, bitte nicht.

KS: Über diese Bitte hättest Du Dich hinwegsetzen können – hast Du daran gedacht ?

HJO: Nein, ich setzte mich nicht über diese Bitte hinweg. Meine Mutter war schwer herzkrank, und ich wusste ja, dass sie nicht mit den Familiengeschichten konfrontiert werden wollte.

KS: Es gab aber kein striktes Erzählverbot mehr, dieses Verbot war vielmehr in eine Bitte abgemildert worden, bestand aber trotzdem weiter. Du hast erwähnt, dass Deine Mutter 1996 gestorben ist. Veränderte ihr Tod Dein Verhältnis zum Westerwald, zum dortigen Elternhaus und dem großen Archiv? Was geschah damit?

Der Tod der Mutter und der Umgang mit dem Archiv

HJO: Ich bin sehr häufig in den Westerwald gefahren und habe mir das Haus Schritt für Schritt angeeignet und mit neuem Leben gefüllt. Und daneben hatte ich jetzt auch Zugang zu allen Materialien des großen Archivs. Nach dem Tod meines Vaters hatte meine Mutter diese elterlichen Archive stillschweigend in dem Zustand belassen, in dem sie sich befanden.

KS: Hat Deine Mutter dieses Archiv nur übernommen, oder auch weitergeführt?

HJO: Sie hat alles weiter ausgelagert, was in dieses Archiv gehörte, Fotos und Dokumente aus den 1990er Jahren, das aber sehr ungeordnet. Sie hatte nicht wie noch der Vater ein primäres Interesse an diesem Archiv.

KS: Du hast Dich nach dem Tod der Mutter aber damit beschäftigt – mit welcher Konsequenz?

HJO: Ich habe mich sukzessive und langsam mit dem Archiv beschäftigt, keineswegs aber gezwungenermaßen. Es interessierte mich natürlich zu sehen, was dort alles lagert und mein Vater gehortet hatte. Da öffnete sich vor allem der große elterliche Raum, der des elterlichen Lebens, des Ehelebens meiner Eltern also. Ich stieß auf die vielen Aufzeichnungen meines Vaters, auf die penibel geführten Kalender, auf Briefe, Postkarten, geodätische Arbeiten und Zeichnungen, es war sehr bewegend.

KS: Jetzt hattest Du nach den vielen Jahren erst des Verbots, dann der Bitte, die Familiengeschichte nicht zu erzählen, das gesamte Material dieser Geschichte vor Dir liegen.

HJO: Ja, bis hin zu den Einkaufszetteln. Aber: Meine Mutter hatte in ihrem Testament fixiert und damit festgelegt, dass kein Text aus diesem Archiv publiziert werden dürfe. Meine Version des Familienlebens mit dem dazu gehörenden Material war von ihr zwar freigegeben worden. Alles andere aber, was davor lag und was mit ihr selbst und meinen Brüdern zu tun hatte, das sollte weiter versiegelt und strikt unbenutzt bleiben.

Eine Poetikvorlesung

KS: Blenden wir in diesem Zusammenhang noch auf ein anderes Buchprojekt zurück, das *Blauer Weg* vorausgeht. Du erhieltst eine Einladung der Paderborner Universität und wurdest gebeten, dort Poetikvorlesungen zu halten.

HJO: Mit dieser Einladung hatte ich nicht gerechnet. Sie überraschte mich, und ich überlegte, was ich dort sagen könnte. Ich sollte dezidiert über die Entstehung dieses Schreibens sprechen, die Literaturwissenschaftler in Paderborn wünschten sich das. Ich habe über diese Vorlesungen nachgedacht, stellte aber fest, dass ich mich zumindest teilweise immer noch im elterlich-familiären Raum aufhielt. Ich gab den Vorlesungen anfänglich den Titel *Familienbande. Die Anfänge des Schreibens* – konnte dann aber vieles, was ich hätte sagen wollen, nicht sagen.

KS: Warum nicht?

HJO: Weil meine Mutter damals noch lebte. Ihre frühen sprachlosen Jahre und meine eigenen sollten in den Vorlesungen nicht ausführlich erwähnt, sondern höchstens angedeutet werden. Die Hintergründe gingen ihrer Meinung nach niemanden etwas an! Ich musste mich in den Vorlesungen, die dann mit einem anderen Titel, nämlich *Das Element des Elephanten,* 1994 erschienen sind, in eine Art von Metaphorik flüchten. Von meiner Mutter, meinem Vater und von meinen Brüdern hatte ich schon hier und da da erzählt, nicht ausführlich, aber in Andeutungen. Von meinem Aufwachsen in Köln, meiner Kindheit und Jugend dort, im Westerwald, in Wuppertal und in Mainz konnte ich jedoch nur in metaphorischen Andeutungen sprechen. Die Metaphorik, die ich dafür wählte, war die des Schweigens. Ich habe also davon erzählt, welche bedeutenden asiatischen Autoren des Schweigens ich verehre und warum. Ich bin den Momenten des Schweigens sogar bis in die Musik hinein gefolgt und habe das Phänomen der Pause in Musikstücken analysiert. *Das Element des Elephanten* erfasste ich als ein Element des Schweigens und der Verschwiegenheit.

KS: Du hast über Dein Herkommen gesprochen, indem Du über das Schweigen gesprochen hast – nicht aber über Dein konkretes Schweigen als Kind oder das Schweigegebot, das Deine Mutter ausgesprochen hatte.

HJO: Ich habe in den Poetikvorlesungen gleichsam unterdrückt autobiografisch erzählt. Ich sollte nur von mir erzählen, geriet aber immer wieder in den Kosmos der Familie hinein und musste ihm gegenüber in versteckte Andeutungen ausweichen.

KS: Dann warst Du in den 1990er Jahren mit zwei langfristigen Projekten beschäftigt: dem Aufbau der Studiengänge für Kreatives und Literarisches Schreiben in Hildesheim und der Beschäftigung mit dem Archiv Deiner Eltern. Wie hat vor allem die Archivarbeit Einfluss auf Dein Schreiben genommen?

HJO: Zuerst einmal nicht direkt. Das Archiv war zu groß, um sich rasch ein Bild von den vielen Materialien zu machen. Das fand ich aber auch nicht nötig. Ich wollte mir genügend Zeit lassen, die Materialien anzuschauen und die Texte zu lesen. Irgendwann, dachte ich, werde ich meine eigene Geschichte erzählen, und sie wird in Köln beginnen, nicht im Westerwald und nicht anderswo, sondern in Köln, am Erzbergerplatz, wo ich als Kind gelebt habe. Über zehn Jahre sind vergangen, bis ich mit diesem Projekt ernst gemacht habe. Davor setzte ich erst einmal die Arbeit fort, die ich mit *Blauer Weg* und in gewissem Sinn auch mit *Das Element des Elephanten* begonnen hatte. Was bedeutete: Ich erzähle weiter von mir selbst, aber auf literarischen Schleichwegen des indirekten Erzählens.

Die historischen Romane 1 – »Faustinas Küsse«

KS: Damit umreißt Du jetzt die Geburtsstunden Deiner historischen Romane, von denen drei Ende der 1990er Jahre entstanden und auch erschienen: *Faustinas Küsse* (1998), *Im Licht der Lagune* (1999) und *Die Nacht des Don Juan* (2000).

HJO: Genau, ich wollte Abstand zu den Familiengeschichten gewinnen und sicher sein, ihnen nicht mehr direkt zu begegnen, suchte mir aber Konstellationen in der Vergangenheit, in denen ich in meinem Leben zuhause gewesen bin, und die Nähe von Menschen, mit denen ich gelebt habe.

KS: In *Faustinas Küsse* spielen Goethe und Rom die Hauptrollen.

HJO: In Rom hatte ich viel Zeit verbracht und lange gelebt. Während des Studiums und dann Anfang der neunziger Jahre als Stipendiat der Villa Massimo, in diesen Zeiten hatte ich mir bereits viele Notizen über das Leben Goethes in Rom gemacht. Diese Materialien standen am Anfang. Ich wollte davon erzählen, wie der in den deutschen Verhältnissen krank gewordene Goethe nach Rom kommt, wie er dort Fuß fasst und wie es ihm gelingt, dort zu gesunden.

KS: Du erzählst in *Faustinas Küsse* im Grunde auch von Dir und Deinen Rom-Aufenthalten. In den 1990er Jahren bist Du als psychisch kranker Mensch dorthin gereist und dort gesundet. Das ist jedenfalls die Leitlinie, die große Perspektive für den Roman. Ein historisches Interesse an Goethe und seinem Versuch, in Rom wieder Tritt zu fassen, hattest Du nicht?

HJO: Nein, eben nicht. Ich hatte nicht das Gefühl, einen historischen Roman zu schreiben, sondern fühlte mich den Gegebenheiten, von denen ich erzählte, sehr nahe. Die Figuren waren mir so vertraut, wie es Menschen in der Gegenwart sind. Ich wusste jeweils genau, was sie als nächstes tun, was sie essen, was sie trinken oder wohin sie sich wenden würden, wenn A und B sich gerade unterhalten und ein Treffen mit C ausgemacht haben. Ich musste mich nicht in eine vergangene Epoche zurückversetzen, ich kannte die Räume alle bis ins letzte Detail. Goethes Rom war also keine Vergangenheit für mich. Die Innenstadt Roms war noch immer die, die Goethe angetroffen und gesehen hatte. Ich konnte sogar den Stadtplan benutzen, den er benutzt hatte, und das tat ich auch, um »Goethe in Rom« zu spielen.

KS: Du hast genau auf den Plätzen gestanden, auf denen auch Goethe gestanden hatte. Derselbe Platz, dieselben Gebäude.

HJO: So ist es. Die Plätze waren mit den Plätzen von 1786/87 identisch. Die Gassen waren nicht verbaut, und die Kirchen standen an der Stelle, an der sie auch Goethe vorgefunden hatte. Wenn ich in Goethes Aufzeichnungen las, dass er in eine Kirche gegangen war und sich ein Gemälde von Guido Reni angeschaut hatte, dann konnte ich dorthin gehen, um mir das Gemälde von Guido Reni anzuschauen. Mein Raumgefühl für die Stadt gab mir die Sicherheit, mich wie Goethe in Goethes Rom bewegen zu können. Ich sprach schon von unserem gemeinsamen Stadtplan, er war von Giambattista Nolli, und man konnte ihn in den römischen Buchhandlungen erwerben.

KS: Aber auch in Rom sind einige hohe Häuser hinzugekommen, ganz abgesehen von dem höllischen Verkehr ...

HJO: Das ist seltsam, dass Du so etwas ansprichst. Vom »höllischen Verkehr« sprachen immer nur die anderen, Freunde, Verwandte, die nach Rom kamen, nicht ich. Ich habe den Verkehr nicht so erlebt, ich hatte nicht das Empfinden, sondern etwas anderes im Auge. Ich schaute anhand des Planes nach den Veränderungen gegenüber den Goethe-Zeiten. Damals hatte Rom zum Beispiel noch einen Hafen am Tiber. Er befand sich in der Nähe der Porta del Popolo, nur wenige hundert Meter von ihr entfernt. Da habe ich mich oft aufgehalten und mir vorgestellt, mich in Hafennähe zu befinden. Anhand des Planes und alter Zeichnungen habe ich das alte Rom revitalisiert und konnte mich dann wie in Trance durch die Stadt bewegen. Ich erwähne kurz einen zweiten Film, den ich für das *ZDF* als Mainzer Stadtschreiber gedreht habe: *Schauplätze meiner Fantasien – Rom, Venedig, Prag.* Das war ein Film über die drei historischen Romane, von denen wir jetzt sprechen. Da ist genau zu erkennen, wie ich bei der Arbeit an diesen Romanen vorgegangen bin: wie ich mich zurückversetzt habe in Goethes Lebensräume und wie ich mit den Menschen gesprochen habe, mit denen er gesprochen hat…

KS: Das auch? Wie denn das?

HJO: Na ja, es gab doch viele Texte von Zeitgenossen, die Goethe in Rom erlebt hatten. Briefe, Tagebücher, sonstige Dokumente, in denen er eine große Rolle spielte. Diese Texte waren Stimmen des Freundes- und Bekanntenkreises, mit denen ich genauso umgegangen bin wie früher schon mit nahen Stimmen von außerhalb. Sie wurden Teil des Stoffes, an dem ich arbeitete, sie umschwirrten gleichsam meine zentrale Eigenperspektive – wie etwa die Stimmen der jungen Bohème-Zirkel bei der Arbeit an den früheren Romanen.

KS: Der Roman beginnt damit, dass jemand an einem fremden Ort ankommt. Er erkundet ihn und erobert ihn langsam für sich – gehe ich denn zu weit, wenn ich sage, dieser Roman-Beginn erinnert an Deine frühe Lebenszeit in Köln? Auf dem Erzberger Platz lebte eine Gesellschaft, zu der Du nicht wirklich gehörtest. Und in *Faustinas Küsse* erzählst Du von Goethe, wie er am Fenster seines bescheidenen Wohnraums steht und hinab auf die Straße schaut, wo sich die Volksmassen bewegen.

HJO: Von dem Maler Tischbein, mit dem Goethe eine Wohnung teilte, gibt es ein Aquarell, das Goethe von hinten zeigt, wie er aus dem Fenster seiner kleinen Stube herunter auf die *Via del Corso* blickt. Goethe hält den Kopf schräg, denn man kann von seinem Fenster aus nicht gerade auf die Straße herunterschauen – er hält den Kopf schräg, um alles dort unten mitzubekommen. Das ist Goethes bevorzugter Platz in seiner Wohnung gewesen, dort zu stehen und alles minutiös zu beobachten, was sich ereignete. Er schreibt sogar auf, was unten auf der Straße gesungen wurde, er hat alles genau recherchiert. Diese Recherchen münden zunächst in seine Tagebücher und

Briefe, dann aber auch in eigene literarische Texte. In *Das römische Carneval* schreibt er über die römischen Feste und Feiern, die auf der Hauptachse der Stadt, der *Via del Corso*, stattfanden. Goethe schreibt über die kleinsten Details dieser Feste, mit der Vision im Hintergrund, auf diese Weise selbst ein Teilnehmer des römischen Karnevals auf der *Via del Corso* werden zu können. Ist das nicht fantastisch?

KS: Das Aquarell von Tischbein ist also das Bild von einem Fremden, der sich aus der Distanz des Beobachters dem fremden Leben nähert, mit der Sehnsucht, ein Teil dieses Lebens zu werden.

HJO: Ja – und Goethe hat in Rom einen literarischen Text geschrieben, der ihn dann wirklich als Teil dieses römischen Lebens zeigt, ich meine die *Römischen Elegien*. In ihnen ist er der Fremde, der ein Römer werden möchte: durch die liebende Verbindung mit Faustina, einer jungen Römerin. Das ist die Geschichte, die ich in *Faustinas Küsse* erzähle: wie aus Goethe eine Gestalt wird, die sich schließlich für römisch hält. Um diese angestrebte Symbiose geht es, und ich brauche jetzt nicht noch deutlicher zu sagen, warum gerade das mich so beschäftigte. Es waren zentrale Motive meines eigenen zurückliegenden Lebens. Der Roman, ich wiederhole es, war für mich kein historischer Roman, sondern einer, der sich mit meiner Gegenwart beschäftigte.

Ein Verlagswechsel

KS: Es kam zu dieser Zeit auch ein Verlagswechsel hinzu. *Blauer Weg* war Dein letztes Buch, das im *Piper-Verlag* erschien, mit *Faustinas Küsse* bist Du dann zu Luchterhand gegangen, und ich bin dort Dein Lektor geworden. Hatte der Verlagswechsel eine größere Bedeutung?

HJO: Nein, das glaube ich nicht. Im *Piper-Verlag* hatte sich vieles geändert, es gab dort neue Besitzer, und ich hatte nicht mehr mit den mir vertrauten Personen zu tun. Ich musste mich anders orientieren, und das kam mir entgegen. Hinzu kam, dass Karin Graf damals mit ihrer Literaturagentur startete, ich kannte sie gut, und sie war mir behilflich, auf die Suche nach einem neuen Verlag zu gehen.

KS: Du hattest Angebote von verschiedenen Verlagen vorliegen, wie bist Du mit diesen Angeboten umgegangen?

HJO: Ich habe mit Karin Graf und den interessierten Verlagen viele Gespräche geführt und die Lage sondiert. Das war absolut neu für mich.

KS: Du warst damals unter den Autoren überhaupt einer der ersten, der im Verlauf dieser Verlagssuche auch lernte, wie eine Agentur arbeitet.

HJO: Ja, und das war sehr interessant und interessiert mich bis heute. Eine Literaturagentin spielte später sogar eine Rolle in einem meiner Romane.

KS: Hattest Du zu der Zeit, als Du Dich auf Verlagssuche befandest, den Eindruck, dass sich insgesamt in der deutschsprachigen Literatur etwas veränderte?

HJO: Ich habe die Entwicklungen der deutschsprachigen Literatur immer mit starker Aufmerksamkeit verfolgt und sie durch Rezensionen und Artikel mit kommentiert. Dieses Interesse brachte ich zum Beispiel in meine Hildesheimer Forschungen und natürlich auch in die Lehre ein. Andererseits habe ich daraus für mein eigenes Schreiben keinerlei Schlussfolgerungen gezogen. Ich hielt es immer für sehr individuell, es war schließlich aus sehr eigenen Voraussetzungen entstanden. An die blieb ich lange gebunden, das ist aus unserem Gespräch ja bereits sehr deutlich geworden. Ich habe mich mein Leben lang zum Beispiel nie um die Attraktivität meiner Themen und Stoffe gekümmert, ich konnte und kann nicht anders. Wenn ich etwas veröffentliche, dann schreibe ich weiter an dem Kosmos, der seit der Kindheit entstanden ist.

KS: Dann war die Aktualität eines Themas auch nie ein Argument, Dich für oder gegen ein Thema zu entscheiden.

HJO: Mich interessierte das in Hinsicht auf mein eigenes Schreiben keinen Deut. Zugleich interessierte mich das Aktuelle im Hildesheimer Raum sehr. Zwischen diesem fachlichen Interesse und dem, was ich schrieb, gab es aber keine direkten Berührungspunkte. Bei aller persönlichen Neugier, die ich zum Beispiel für die Arbeiten meiner Studierenden besaß, ihnen irgendwie nah in meinem eigenen Schreiben empfand ich mich nicht. Ich habe jedoch viele Neuerscheinungen in der Rolle eines enthusiastischen Literaturkritikers gefeiert. Sten Nadolnys Roman *Die Entdeckung der Langsamkeit* habe ich im *SPIEGEL* in höchsten Tönen gelobt. Klaus Hoffers *Bei den Bieresch* in der *ZEIT*.

KS: Dann begeisterten Dich aber viele Bücher von Autoren aus Deiner Autorengeneration.

HJO: Na ja, Nadolny und Hoffer waren schon etwas älter als ich. Ich begeisterte mich aber nicht deshalb, weil ihre Bücher meinen ähnlich gewesen wären, sondern weil ich sie im Gegenteil als ganz andere Texte in ihrer Eigenart großartig fand.

KS: Auf Dein eigenes Schreiben konntest Du also nicht übertragen, was Dich an anderen Texten interessierte.

HJO: Ich wäre nicht einmal auf den Gedanken gekommen. Und warum hätte ich es auch tun sollen? Ich war mir keineswegs unsicher darüber, wie ich schreiben wollte.

KS: Und wenn man Dir zum Beispiel vorgehalten hätte, Du wärest ein Traditionalist. Wie hättest Du darauf reagiert?

HJO: Gar nicht, es hätte mich nicht weiter beschäftigt. Diese Kampfvokabeln der Literaturkritik taugen doch nichts.

KS: Aber der Begriff der Postmoderne spielte für Dich durchaus eine Rolle?

HJO: Ja, und zwar als aktuelle Frage danach, wie man Vergangenheit noch erzählen könnte. Es gab einen berühmt gewordenen Satz von Umberto Eco, als er nach seiner Definition der postmodernen Haltung gefragt wurde. Da antwortete er mit einem Beispiel. Ein Liebhaber könne zu seiner Geliebten nicht mehr sagen: »Ich liebe Dich inniglich.« Wohl aber könne er zu dieser belesenen Frau sagen: »Wie jetzt Liala sagen würde: Ich liebe Dich inniglich.«

KS: Erzählen also als Zitat von bereits Erzähltem.

HJO: Nur im Zitat, dachte Umberto Eco, könne man zur Vergangenheit zurückfinden.

KS: Genau so bist Du aber in Deinen Goethe-Roman gerade nicht vorgegangen. Du erzählst von Goethe und führst keine Figur ein, die den Leser aus der Gegenwart abholt und ihn in die Vergangenheit führt.

HJO: Das hätte ich machen können. Dann hätte ich zum Beispiel einen Rom-Reisenden der Gegenwart erfunden, der auf Goethes Spuren in Rom trifft und ihnen folgt. Gegen eine solche mögliche Konstruktion hatte ich einen enormen Widerwillen.

KS: Du wolltest keine postmodernen Spiele betreiben und zwischen Gegenwart und Vergangenheit hin und her pendeln.

HJO: Diese Möglichkeit, mit dem Goethe-Stoff und der Vergangenheit derart umzugehen, als sei ich ein distanzierter und gelehrter Beobachter, habe ich zu keinem Zeitpunkt verfolgt.

KS: Eine Beobachter-Figur gibt es aber in *Faustinas Küsse*. Es ist ein Zeitgenosse Goethes, und er erzählt, wie dieser Fremde in der Stadt ankommt. Er heftet sich an die Fersen Goethes und verfolgt ihn, er spioniert sein Leben aus.

HJO: Ja, mit Hilfe dieser Figur habe ich mein eigenes Beobachterauge fixiert. Nicht von der Gegenwart her, sondern indem ich einen Zeitgenossen belebte, der die Nähe Goethes als ein Faszinosum verstand. Er nähert sich ihm immer mehr, ja, er will ihn am Ende sogar zum Freund gewinnen. Die beiden Figuren werden zu Teilen eines größeren Selbst, sie werden zu ungleichen Brüdern, könnte man sagen. Diesen Weg habe ich gewählt. Goethe und sein Beobachter, Giovanni Beri, sind also Inkarnationen des Autoren-Ichs, so könnte man es etwas geschwollen formulieren.

KS: Giovanni Beri, der Goethe in Rom verfolgt, ist kein Typ, der Skizzenbücher anlegen und führen würde. Kräftige Mahlzeiten hat er gern, aber alles Literarische oder Intellektuelle erreicht ihn nicht.

HJO: Das entsprach Erfahrungen, die ich in Rom gemacht hatte. Ich war mit jungen Römern zusammengekommen, die mir leicht dubios vorkamen. Ich hatte sie in Weinkneipen getroffen, wo heimliche Glücksspiele möglich waren. Jüngere Männer waren das meistens, mit ihnen geriet man leicht in Kontakt und traf sich manchmal mit ihnen. Ich habe mich irgendwann immer davongemacht, aber ich habe schon mitbekommen, was da gespielt wurde.

KS: Und das ist das Milieu, aus dem Dein Goethe-Beobachter im Roman stammt.

HJO: Genau, diesem Milieu entstammt der Goethe-Spion Giovanni Beri und keineswegs dem Milieu eines postmodernen Literaturclans um Umberto Eco.

Die historischen Romane 2 – »Im Licht der Lagune«

KS: Auf den Goethe-Roman folgte Dein zweites historisches Erzählprojekt mit Venedig als Schauplatz und mit einer Hauptfigur, die in der venezianischen Lagune von Einheimischen in bewusstlosem Zustand gefunden wird. Diese Figur, der junge Andrea, ist schwer verletzt und stumm, er wird in eines der vornehmen Häuser Venedigs gebracht, erwacht dort und beginnt Schritt für Schritt an dem Leben in diesem Haus und in der Stadt teilzunehmen. Gehe ich zu weit, wenn ich in dieser Erzählkonstellation einen biografischen Kern sehe, den ich mit Dir in Verbindung bringe: der Junge, der das Sprechen lernt und gegen alle Erwartungen doch in das Leben der Gesellschaft hineinfindet?

HJO: Dieser biografische Kern ist nicht zu übersehen, und ich habe mir auch keine Mühe gegeben, ihn zu kaschieren.

KS: Warum aber wieder zurück in eine entfernte Vergangenheit?

HJO: Weil mir dieses Erzählen große Freude gemacht hatte. Und weil ich den eingeschlagenen Weg, indirekt autobiografisch zu erzählen, weiter verfolgen wollte.

KS: Venedig war eine in ihrem Kern ähnlich gut erhaltene Stadt wie Rom.

HJO: Ja, und ich war schon seit den 1970er Jahren häufig dort gewesen. Auf die Handlung bin ich eher zufällig gestoßen, nämlich durch die Lektüre einer alten Ausgabe der *Gazzetta Veneta*. Dabei las ich von der Geschichte des aufgefundenen Stummen. Sie hat mich sofort elektrisiert, als Blick auf jemanden, der nicht spricht und in der Stadt fremd ist, allmählich aber beginnt, sie genau kennenzulernen.

KS: Zu der Zeit war in der Öffentlichkeit aber nicht bekannt, dass Du als stummes Kind aufgewachsen warst. Diesen biografischen Kern konnten nur wenige wahrnehmen.

HJO: Im Grunde niemand. Darauf kam es aber auch nicht an, im Gegenteil. Die autobiografischen Hintergründe blieben verschleiert und vollkommen im Dunkeln, das war mir sehr recht. Im Zentrum steht ein stummer junger Mann, der sich erst langsam in Venedig einlebt und von anderen Personen dabei unterstützt wird. Er besitzt eine besondere Gabe, denn er ist ein exzellenter Beobachter. Seine Umgebung stellt allmählich verblüfft fest, wie gut er zeichnen und Menschen porträtieren kann. Diesen besonderen Blick hatte ich mir seit der Kindheit angeeignet, mit allen Vor- und Nachteilen. In meinem Venedigroman konnte ich ihn ergründen und genauer beschreiben.

KS: Wie würdest Du ihn denn charakterisieren?

HJO: Vielleicht dadurch, dass ich auf einen Schriftsteller und seine Bücher über Venedig zu sprechen komme, der diesen Blick zum ersten Mal vorgeführt hat. Das war John Ruskin. Ich hatte bei meinen verschiedenen Aufenthalten oft in seinem herrlichen Buch *Die Steine von Venedig* gelesen. Ruskins Blick war einer auf die kleinen Details, auf das einzelne Fenster oder die Fassadenstruktur eines Palastes. Er zeichnete sie und beschrieb sie mit einer bis dahin nicht gekannten Feinheit. Beim Lesen dieser Stellen war ich sprachlos, wie genau dieser Schriftsteller hingeschaut hatte und mit welchem Geschick er das formulieren konnte. Marcel Proust lernte Ruskins Schreiben übrigens auch in Venedig kennen, der Proustsche Blick auf die Welt wurde durch John Ruskin wegweisend geschärft.

KS: Du beschreibst in Deinem Roman auch, wie ein Palast gebaut und die Verbindung zu den Wasserstraßen gestaltet ist, oder wie die verschiedenen Räume in einem Palast angeordnet sind, in denen sich venezianisches Leben zu den unterschiedlichen Tageszeiten abspielte.

HJO: Solche Details spielen im Hintergrund eine Rolle. Ich war damit genau vertraut, nicht nur durch die Bücher John Ruskins, sondern auch dadurch, dass ich in vielen Palästen und Häusern der Stadt gewohnt hatte. Hinzu kam, dass sich an den städtebaulichen Verhältnissen seit dem Ende des 18. Jahrhunderts, in dem mein Roman spielt, kaum etwas geändert hatte. Ich konnte Baupläne der alten Häuser einsehen, sie waren noch immer hilfreich und genau.

KS: Der junge Andrea zeichnet sich neben allem, was wir bisher gesagt haben, auch durch eine extreme Begabung aus. Inwiefern hat Dich dieses Moment so stark interessiert?

HJO: Weil ich ihn dadurch als einen verletzten und gestörten, aber eben auch kreativen Menschen darstellen konnte. Sein Zeichnen wird immer besser, und er erhält dafür schließlich auch Anerkennung. Was er entwickelt, ist ein Gespür für Räume und Personen und damit auch eines für fremde Gefühle und Gedanken. Aus einem Außenseiter wird eine für die venezianische Gesellschaft nicht unwichtige Gestalt, die Aufmerksamkeit und am Ende sogar eine Spur von Zuneigung und Liebe erfährt. Dieser verdeckte »Liebesstrom« durchzieht den Roman, das ist fast von allein so gewachsen.

KS: Du hast dieser Figur aber nicht Deine eigenen Talente mit auf den Weg gegeben. Sie musiziert nicht, und sie schreibt auch nicht.

HJO: Nein, das hätte ich mir selbst gegenüber als reichlich plump empfunden. Es gibt aber durchaus eine starke Verbindung. Und das ist, wie schon angesprochen, eine über das Auge. Das scharfe Auge vertieft sich in die Szenen Venedigs und zeichnet sie. Ich selbst habe nie gezeichnet, nicht einmal die einfachste Figur hätte ich zeichnen können. Mein Zeichnen war das Beschreiben, das Nachfahren von Konturen und Linien durch Wörter, da sah ich die Verbindung.

KS: Du hast von der Psychostruktur Deiner Hauptfigur gesprochen. Jemand, der auf vielen Feldern weniger begabt ist als andere Menschen, besitzt zum Ausgleich auf anderen Feldern Hochbegabungen. Ich möchte dazu zwei Begriffe einführen: Trauma und Sensibilität. Du erzählst in Deinem Roman von einer traumatisierten Figur, die nicht genau weiß, worin dieses Trauma und dessen Folgen bestehen. Seine dadurch gesteigerte Sensibilität hilft ihm, mit dem Trauma umzugehen.

HJO: Ja, diese Verbindung von Trauma und Sensibilität wird in der letzten Szene des Romans besonders deutlich. Da wird die Herkunft der traumatischen Erfahrung angedeutet. Der junge Andrea hat eine Katastrophe erlebt, mehr sage ich dazu jetzt mal nicht. Diese Katastrophe hat ein Trauma ausgelöst, das er einzufangen versucht. Mit Hilfe des Zeichnens will er sich von ihm lösen und befreien. Dadurch wiederum entstehen allmählich auch seine Kontakte zu anderen Menschen, die ihn begleiten und fördern.

KS: Ich möchte nicht lange auf Deine Arbeit in Hildesheim zu sprechen kommen, sondern an die Beschreibung des Zeichners nur eine kurze Überlegung anknüpfen. Hat Dir Deine Sensibilität nicht geholfen, dort das Schreiben zu unterrichten? Diese Fähigkeit, fremde Texte leicht erfassen zu können und dann aber auch die Kraft zu besitzen, den literarischen Nachwuchs mit seinen unterschiedlichsten Herkünften bei der Weiterarbeit an diesen Texten zu unterstützen? Waren diese Sensibilität und diese Kraft vielleicht sogar die eigentlichen Qualifikationen für Deine Arbeit in Hildesheim, mehr als alles fachliche Wissen? Das geht mir gerade durch den Kopf.

HJO: Es kommt noch etwas hinzu. Ich glaube, dass ich eine besondere Form von textueller Empathie besitze, wenn ich das einmal so nennen darf. Schlichter gesagt: Ich entwickle, wenn ich während einer Lektüre Feuer fange, eine starke Teilnahme und Einfühlung in einen Text. In Hildesheim war ich anfänglich mehr als zwei Jahrzehnte älter als die Studierenden, war ihnen aber nahe genug, um genau zu spüren, was sich in ihren Texten bewegte und tat. Wenn ich das spürte, war es wichtig, die eigenen Wünsche und Ideen auszuschalten und sie auch nicht zu artikulieren. Es ging immer nur um den Text, um die Fragen, welche Möglichkeiten er besitzt und für welche Varianten man sich entscheidet. Das habe ich in vielen langen Gesprächen zu erkunden und zu begleiten versucht.

KS: Wie findet man zum Werk – das war eine Frage, die Dich beschäftigte.

HJO: Es ging um eine nahe Begleitung, unter der Voraussetzung, von außen keine Regeln vorzugeben. Die übliche Ratgeberliteratur zum Kreativen Schreiben hat mich nicht interessiert, und ich habe den Studierenden auch empfohlen, solche Literatur nicht zu lesen. Ich habe vielmehr gesagt: Verlassen Sie sich auf sich selbst und hören Sie in sich hinein und besprechen Sie das, was Sie geschrieben haben, mit wenigen Personen, denen Sie vertrauen. Ziehen Sie aus dem, was Sie hören, Ihre Schlüsse und arbeiten Sie ruhig und geduldig weiter. Gute Bücher sind dabei entstanden.

KS: Der Venedig-Roman war, abschließend gesagt, aus Deiner Sicht wieder kein »historischer Roman«, sondern einer, der um Deine ganz gegenwärtigen Lebensthemen kreiste.

HJO: Ja, es war ein Roman, in dem ich wieder in »metaphorischer Art«, wie ich das genannt habe, von mir selbst erzählen konnte. Von außen war das nicht zu erkennen, so dass die seltsamsten Vermutungen entstanden, warum ich einen solchen Roman geschrieben hatte. Keine einzige war zutreffend.

KS: Man könnte aber auch einmal abheben und Deine drei Romane unter historischen Gesichtspunkten betrachten. In *Faustinas Küsse* geht es um Goethe in Rom, in *Im Licht der Lagune* um William Turner in Venedig, und in *Die Nacht des Don Juan* um Mozart in Prag. Alle drei Romane spielen also in einer Zeit der großen Umbrüche. Die bürgerlichen Freiheitsvorstellungen stehen vor dem Durchbruch. Ich könnte auch sagen, es geht um Literatur, Malerei und Musik, und wie geniale Künstler in diesen Gattungen jeweils auf den Umbruch reagierten.

HJO: Auch das kann man sagen, ja. Dann hätte ich in den drei Romanen meine private Helden-Galerie moderner Kreativität entworfen.

Die historischen Romane 3 – »Die Nacht des Don Juan«

KS: Dann kommen wir nun auf den dritten historischen Roman zu sprechen, *Die Nacht des Don Juan,* mit Mozart in Prag.

HJO: Mozarts Musik kannte ich ja schon seit der Kindheit und hatte viele Klavierkompositionen von ihm gespielt. Dann lernte ich seine Reisebriefe und die fundamentale Auseinandersetzung mit dem Vater kennen und schrieb darüber ein Buch. Die dritte Phase meiner Annäherung setzte ein, als ich bemerkte, wie stark in Mozarts Oper *Don Giovanni* der Tod seines Vaters hineinspielte, den er kurze Zeit vor der Uraufführung dieser Oper erlebt hatte. Sie fand im Prager Ständetheater statt, er lebte also einige Zeit dort, komponierte, traf Freunde und studierte mit den Sängerinnen und Sängern die Oper ein.

KS: Diesmal war die biografische Parallele der Tod des Vaters ...

HJO: Der spielte unter der Oberfläche der Don Juan-Geschichte eine wichtige Rolle. Don Juan wird von Geistern und Gespenstern verfolgt, und darunter ist auch die mächtige Gestalt des

Komturs, der von Don Juan ermordet worden ist. Es ist der Vater einer Frau, der sich Don Juan, um es milde zu sagen, in böser Absicht genähert hat.

KS: Diese gespenstische Nähe einer starken Figur erlebt Mozart im Roman alleine. Er spricht darüber nicht mit anderen, auch nicht mit seiner Frau. All diese labilen und starken Empfindungen gehen in seine Musik ein, die Ouvertüre ist schon in ihren ersten Takten voll davon. Dein Roman fokussiert auf sein Komponieren und auf die Partitur, die er dringend vollenden muss, während die Proben bereits laufen. Und natürlich auf das Libretto, das ebenfalls nicht fertig ist und an dem sein Librettist, Lorenzo da Ponte, noch arbeitet.

HJO: Da Ponte wittert erst recht nicht, welche Verweise Mozart im Don Juan-Stoff entdeckt. Er orientiert sich an der traditionellen Bösewicht-Version der Gestalt, mit der Höllenfahrt am Ende. Das ist fast altes Puppentheater. Es gibt aber im Roman eine zweite Figur, die eine modernere Version des Stoffes nicht nur im Kopf, sondern geradezu in den Venen hat. Das ist Giacomo Casanova, der sich damals ebenfalls einige Zeit in Prag aufhielt. Casanova also – die Fleisch und Leben gewordene, vitale Version der Don Juan-Gestalt! Diese Trias von Mozart, Da Ponte und Casanova ergab einen Roman, den zu erzählen ein immenses Vergnügen war.

KS: In Rom und Venedig hattest Du eine Zeitlang gelebt, in Prag aber nicht.

HJO: O doch, ich bin in Prag sogar erst auf den Stoff und die Figuren aufmerksam geworden. Mozart, Da Ponte und Casanova – gemeinsam verstrickt in die Arbeit an der Oper *Don Giovanni,* das hört sich wie eine Idealbesetzung für einen Spielfilm an, nicht aber wie ein reales Geschehen, das einmal stattgefunden hat. Vor Ort, in Prag, entdeckte ich dann aber Textversionen des Librettos, die Casanova geschrieben hatte. Ich sah diese Zeilen sogar in seiner Handschrift, er hatte an einer Don Juan-Version geschrieben, die nicht die von Lorenzo da Ponte war. Das erschien mir fast wie eine Sensation. Als ich das wusste, blieb ich länger in Prag und habe mich in dieser alten, schönen Stadt genau wie in Rom und Venedig aufgehalten. Als bewegte ich mich wie ein Zeitgenosse der Trias, als lebte ich im späten achtzehnten Jahrhundert. Ich habe an der Wohnungstür geklingelt, in der Mozart damals lebte. Eine nette Familie machte mir auf. Ich wurde freundlich aufgefordert, mir alle Räume anzuschauen. Ein paar hundert Meter entfernt war das Stände-Theater, wo die Uraufführung des *Don Giovanni* stattfand. Ich ging hinein und setzte mich in eine der früheren Logen...

KS: Du hast Dir also gehend und schauend das alte Prag anverwandelt.

HJO: Ja, und zwar derart intensiv, dass Prag als Raum wieder in mir zu glimmen begann und ich blind von ihm erzählen konnte. Ich musste nicht überlegen, wer sich jeweils wo aufhielt und was wo geschah. Die Räume, in denen ich mich fast schlafwandlerisch bewegte, führten mir die Figuren zu.

KS: Du brauchtest also nicht mehr zu recherchieren.

HJO: Nein, das brauchte ich nicht. Ich hatte immer einen Widerwillen gegen die Vorstellung, ein Autor recherchiere sich einen Roman oder eine Geschichte zusammen. Schon das Wort »recherchieren« fand ich abstoßend und kalt. Ich musste die Geschichte vor Ort erleben, mit Haut und Haar sozusagen, ich blätterte nicht in Dokumenten. Nur eine Quelle hatte ich immer dabei: das alte Libretto, davon gab es einen Faksimile-Druck. Ich habe die Zeilen aber weniger gelesen als dann und wann hineingeschaut. Eine Figur, eine Szene, ein Dialog – das genügte als Anregung. So konnte ich auch textuelle Atmosphären wahrnehmen, sie haben den ganzen Roman grundiert, ohne dass ich es eigentlich so richtig gemerkt habe.

KS: Hast Du eine Ahnung, woher diese Neigung kommt, Orte derart intensiv in sich aufzunehmen?

HJO: Das ist gewiss ein Relikt aus der Zeit, als ich mit meinem Vater auf Reisen war. Er hatte eine untrügliche Fähigkeit, sich in die Atmosphären einer Stadt oder Landschaft einzuleben. Die Ursache dafür waren wohl seine Wahrnehmungen als Geodät. Das hatte manchmal schon unheimliche Züge. Wir kamen zusammen in einer fremden Stadt an und liefen durch die Straßen, und nach einer Weile hätte er den Stadtplan zeichnen können. Genial war das. Er hat fast nie auf einen realen Plan geschaut, er setzte die Stadt im Kopf wie ein Puzzle zusammen, erkannte die Milieus, die prägenden Details der Bauten, einfach alles. Und dann setzte man sich irgendwo hin und sprach mit den Einheimischen und ließ sie berichten und erzählen. Es kam vor, dass mein Vater fremden Menschen auf den Kopf zusagte, welchen Beruf sie ausübten. Ich erinnere mich an eine Szene vor dem Salzburger Bahnhof. Da sprach er einen älteren Mann an und fragte ihn: »Seit wann sind Sie bei der Bahn?« Und der Mann antwortete, dass er seit dreißig Jahren für die Bahn arbeitete. Und mein Vater fragte weiter: »Dann haben Sie sicher noch ein Zimmer frei, oder? Können wir es für ein paar Tage nutzen?« Und der Mann begrüßte uns und nahm uns mit nach Hause zu seiner Familie, wo in der Tat noch ein Zimmer für Gäste frei war. In dieser kleinen Geschichte steckt fast alles: wie mein Vater Umgebungen und Menschen völlig intuitiv erfasste, wie er sich mit ihnen anfreundete, wie er uns auf traumwandlerische Weise Städte erschloss. Wenn ich es jetzt erzähle, erscheint es mir fast filmreif, wie der Anfang für ein Drehbuch. Ich erkenne die Figur eines

Zauberers, eines Mannes, der fremde Welten auf den ersten Blick genauer erkennt und sich dann in ihnen bewegt.

KS: Das erklärt, warum das historische Prag für Dich keine Rolle spielte.

HJO: Ja, darum ging es überhaupt nicht. Ich lebte während meiner Aufenthalte in Prag in keiner historischen Fremde. Und am Ende des Romans begegnete ich einer Schlüsselszene des eigenen Lebens, es ist die schönste des Buches. Die Uraufführung läuft bereits, Mozart dirigiert das Orchester, Casanova ist unter den Zuhörern. Mittendrin entfernt er sich von den Logen und tritt an ein Fenster. Er öffnet es und schaut herunter auf die vor dem Theater lauschende Menge. Die Menschen horchen, weil sie keinen Platz mehr im Theater erhalten haben. Und Casanova schaut und erlebt die Musik mit und wird Teil der lauschenden Menge. Er hört, was er mit angerichtet hat, seine eigenen Texte und die ungeheure Musik, die sie zum Schweben brachte. Meine Herren, Entschuldigung, wenn ich die Stelle lese, bin ich noch immer so gerührt und hingerissen, als hätte Casanova sie erfunden und geschrieben.

Die Annäherung an den Liebesroman

KS: Blicken wir auf die drei historischen Romane zurück. In ihnen geht es jedes Mal auch um Liebesbeziehungen, die aber keine dominante Rolle spielen. Sie schwelen, könnte man sagen, im Hinter- oder Untergrund. Das Thema »Liebe« spielt in Deinen Romanen eine zunächst noch schwache, dann aber immer stärkere Rolle. Nach den drei historischen Romanen bewegen wir uns auf wiederum drei Romane zu, die Du schreiben wirst: *Die große Liebe (2003), Das Verlangen nach Liebe (2007)* und *Liebesnähe (2011).* Es handelt sich dabei um Liebesromane, zweifellos, aber um sehr ungewöhnliche.

HJO: In den drei historischen Romanen geht es um das Moment der erotischen Freiheit oder Befreiung. Diese mehr oder minder latente Erotik ist sehr gegenwärtig, in Goethes Verbindung zu der Römerin Faustina etwa, aber auch in der Verbindung des jungen Andrea zu einer Venezianerin und natürlich im Don Juan-Stoff, der das erotische Moment in Facetten der Verführung behandelt. Die stark erotisch orientierten Verbindungen gehen in den drei historischen Romanen aber nicht auf, von sich erhaltender »Liebe«, also von etwas Dauerhaftem, sich Bewährendem kann man nicht sprechen. Die erotischen Spannungen führen Paare zusammen, bilden aber keine wirklichen Liebesbeziehungen.

KS: Mich interessiert, wie die drei historischen Romane auf Dein Schreiben gewirkt haben. Hattest Du nach der Fixierung auf Themen der Familiengeschichte nicht ein Gefühl der Befreiung, das jetzt spürbar wurde? Du hast den Umgang mit den historischen Stoffen als metaphorische Annäherung an die früheren Themen bezeichnet. Ließ Dir das Erzählen dadurch vielleicht auch mehr Luft?

HJO: Das ist, finde ich, noch zu schwach formuliert. Ich glaube, man merkt den historischen Romanen eine starke Erzählfreude, ach was, viel mehr: Man merkt ihnen eine starke Erzähllust an. Wunderbar war das. Ich badete ja richtiggehend in den Stoffen, im Ambiente der Staträume, und ich erfand Figuren, die eine enorme Vitalität ausstrahlten.

KS: Gab es ein Projekt, das sich nach dem Schreiben der historischen Romane aufdrängte?

HJO: Nicht sofort. Ich hatte aber das deutliche Gefühl, bestimmte, mich beengende Erzählräume verlassen zu haben, das auf jeden Fall.

KS: Die historischen Romane haben Dich auch in der öffentlichen Wahrnehmung auf ein neues Niveau gehoben. Du warst nicht mehr der hoffnungsvolle junge Autor, Du gehörtest jetzt zu den etablierten und immer bekannter werdenden Autoren des Landes.

HJO: Stimmt, ich erhielt einige Literaturpreise, und meine Romane wurden in viele andere Sprachen übersetzt. Nicht nur das hat mich aber überrascht. Die Bücher wurden nun auch von vielen Leserinnen und Lesern gekauft und kommentiert. Ich erhielt plötzlich ausführliche Briefe, und mir wurden Vorschläge gemacht, worüber ich als nächstes schreiben sollte. Solche Briefe waren fast immer sehr persönlich, sie enthielten Fragmente von Lebensgeschichten, die mir oft so erzählt wurden, als sollte ich sie weitererzählen.

KS: Deine private Geschichte konnten die Leser in den Romanen aber doch nicht entdecken, sie war gut verborgen, welche Geschichte entdeckten die Leserinnen denn in Deinen Büchern?

HJO: Sie entdeckten Geschichten des kreativen Typus. Eine Person, oft stark traumatisiert oder verletzt, löst sich allmählich von der Gewalt des Traumas – und das auf kreativen Wegen. Durch Literatur, Malerei, Musik. Dieses Modell war, glaube ich, stark spürbar, ohne dass man annehmen musste, es habe etwas mit mir zu tun.

KS: Hast Du auch Briefe von Hobby-Literaturkritikern bekommen? Ich meine Briefe, in denen Du gesagt bekommst, diese oder jene Figur hättest Du etwas lebendiger gestalten können?

HJO: Nein, das nicht. Die Leser wollten ihr Erleben mit mir teilen und nicht über literarische Fragen diskutieren.

KS: Hat es Dich nicht erstaunt, dass Du mit Deiner höchst individuellen Geschichte einen großen Leserkreis ansprechen konntest?

HJO: Doch, natürlich, und wie! Ich hatte mich immer als einen merkwürdigen »Spezialfall« von Autor gesehen. Damit war ich nicht unzufrieden, das nicht, aber ich hatte doch angenommen, dass einem »Spezialfall« eben Grenzen gesetzt sind. Er wird nicht viele Leser erreichen. Das stimmte nicht, es kam ganz anders.

KS: Drei historische Romane hast Du geschrieben, warum hast Du das Schreiben von historischen Romanen nicht fortgesetzt? Du warst doch sehr erfolgreich damit! Nach *Die Nacht des Don Juan* hast Du aber lange Zeit keinen historischen Roman mehr geschrieben, erst 2019 ist Dein Hemingway-Roman *Der von den Löwen träumte* erschienen.

HJO: Ich wollte und konnte aus dem historischen Erzählen keine Methode entwickeln, das wäre mir sehr zuwider gewesen. Und ich brauchte die Nähe zu bestimmten Figuren und Räumen, die sich nicht auf Knopfdruck herstellt. Viel wichtiger aber war, dass ich daran dachte, irgendwann wirklich von mir selbst zu erzählen, und das nicht mehr verdeckt. Ich sah eine Eröffnungssequenz eines solchen Romans lange Zeit vor mir: Ich stehe am Fenster unserer früheren Kölner Wohnung und schaue herab auf den Erzbergerplatz! Das war es! Das war lange ein starker Wunsch.

KS: Was machst Du mit solchen Wünschen? Anders gefragt: Wie wartest Du als Autor?

HJO: Das chronikale Schreiben bewegt sich weiter, das Schreiben von Tagebüchern auch. Daneben lege ich Projektmappen an, analog in Form von bunten Mappen, in denen ich Notizen, Fotos, Dokumente jeder Art sammle, und digital, indem ich längere Erzählpassagen tippe und in Ordnern ablege. Das alles geschieht aber nicht gezielt, es passiert dann und wann, wenn mich ein Motiv dazu auffordert.

KS: Du sammelst also Material, erste Szenen, erste Formulierungen, Überlegungen zum Ablauf usw. …

HJO: Ja. Wenn solche Mappen oder Ordner angelegt sind, hat das oft wunderbare Konsequenzen. Ich lebe dann mit diesem Stoff weiter, nicht unter dem Druck, daraus ein Projekt machen zu müssen, sondern so, dass der Stoff meinen Blick auf die Umgebung fokussiert und Material anzieht und bindet. Ich schlage eine beliebige Zeitung auf, lese eine Nachricht und denke, das gehört in diese oder jene Mappe. Ob ich das alles jeweils verwenden werde, weiß ich nicht. Es gibt auch Stoffe, die absterben …

KS: Wie viele von diesen Stoffen hältst Du momentan denn am Leben?

HJO: Recht viele, manche empfinde ich als brennend und fordernd, vielleicht zehn bis fünfzehn. Andere murmeln im Hintergrund, vielleicht zwanzig oder auch mehr. Ich halte das am Kochen, das macht übrigens großes Vergnügen. Manchmal verzweigen sich Stoffe und flüchten in meine Träume, sie können sich aber auch in reale Figuren oder Personen verwandeln. Im idealen Fall spielen sie mit mir – ich weniger mit ihnen.

Drei Liebesromane

KS: Dann bewegen wir uns jetzt auf die drei Liebesromane zu. Du hast gewartet, sagten wir. Entsinnst Du Dich noch, wie die Arbeit an *Die große Liebe* einsetzte?

HJO: Überraschend. Es gab äußere Faktoren, die zu dem Stoff hinführten und sich vergleichen lassen mit den Faktoren, die zu den historischen Romanen führten. Da war zum einen ein Raum, den ich sehr lange kannte: der kleine Ort San Benedetto del Tronto an der Adriaküste. Dorthin bin ich zehn, zwölf Jahre jeden Sommer gereist, habe Freunde getroffen und am Meer den Sommer verbracht. Geschrieben habe ich dort, wie ich überall schreibe, wo ich mich aufhalte, an das Schreiben eines Romans dachte ich nicht. Zweitens war ich 2000/2001 Stadtschreiber von Mainz geworden und durfte in diesen beiden Jahren für das *ZDF* zwei Dokumentarfilme mit von mir gewählten Themen drehen. Das heißt, ich fuhr mit Kamerateams durch die Lande und arbeitete mit ihnen an einem Filmprojekt von einer Dreiviertelstunde, das machte mir große Freude. Ich konnte bei Kameraeinstellungen mitentscheiden und durch die Kamera schauen und überlegen, wie genau eine Aufnahme aussehen sollte. Dadurch war ich mit einer neuen Praxis meiner »Sehprojekte« beschäftigt, die mich seit den Kindertagen interessiert haben: die genaue Beobachtung von Menschen und Räumen. Davon einmal zu erzählen, also davon, wie das Filmprojekt eines Bildwütigen entsteht – das war der erste, noch kleine Funke.

KS: Du hattest den Ort und den Anfang einer Geschichte – einen Roman aus meiner Sicht aber noch nicht. Ein Roman benötigt doch Figuren und Handlung.

HJO: Die Hauptfigur sah ich schon bald vor mir. Es handelte sich um einen Filmregisseur, der als Fernsehredakteur in München angestellt war. Dieser Regisseur fährt an einen Ort an der Adria – kommt dort an und lässt sich auf die fremde Welt ein.

KS: Das Meer spielt aber mindestens eine ebenso große Rolle wie der Ort, lass mich kurz die ersten Sätze des Romans zitieren: *Plötzlich das Meer, ganz nah, eine graue, stille, beinahe völlig beruhigte Fläche. Ich reckte mich auf und schaute auf die Uhr ...*

HJO: Ja, da ist er, dieser eigenartige Ton, adagio, molto espressivo. Schon der Anfang ist wie ein Liebeswerben um das Meer, der ganze Roman ist voll davon, Cello, solo, werbend und lockend, allein schon dieser Ton zieht die weibliche Komplementärfigur an.

KS: War aber damit nicht eine große Veränderung im Erzählen verbunden? In den historischen Romanen hattest Du eine dominante Figur, in der *Großen Liebe* musstest Du fortlaufend von zwei Figuren erzählen.

HJO: Ja, ich sah die Journalisten-Figur nicht mehr alleine. Und ich sah, dass der ans Meer reisende Redakteur sein Filmprojekt nur mit der Frau verwirklichen kann, die er dort trifft.

KS: Rührte daher die Überlegung, die weibliche Hauptfigur zur Leiterin eines Meeresmuseums zu machen?

HJO: Umgekehrt, ich begleitete den Redakteur ins Meeresmuseum, und dieses Museum wurde von einer Frau geleitet. Das war keine Überlegung, sondern geschah so, es war ein Teil meiner Fantasien, denn das Meeresmuseum war vorhanden. Ich hatte es viele Male selbst besucht. Das ist ein orgiastischer Raum für das Sehen. Die Tiere des Meeres können dort in ihrer ganzen Schönheit studiert werden.

KS: Es gab also den aus München angereisten Redakteur, es gab die Direktorin des Meeresmuseums, und es gab das Projekt des Mannes, einen Dokumentarfilm über das Adriatische Meer drehen zu wollen. Damit haben wir vorerst zwei Hauptfiguren und den Anfang einer Geschichte, in Form eines Filmprojekts.

HJO: Sie lernen sich kennen und verlieben sich, ja. Und meine männliche Hauptfigur ist kein notorischer Einzelgänger und Grübler mehr, das kommt für mich hinzu. Im Alter von fünfzig Jahren habe ich mich getraut, diese Erweiterung vorzunehmen. Bisher waren meine männlichen Hauptfiguren meist solche Einzelgänger gewesen. »Liebe« hatten sie als »die Liebe der anderen« erfahren. In *Die große Liebe* machte ich damit Schluss. Der Regisseur sollte sich nicht laufend allein ins Meer stürzen und allein am Strand sitzen, um die Wolken zu studieren. Basta, das sollte vorbei sein! Er bewegt sich durch den Ort, lernt andere Menschen kennen und verliebt sich fast auf den ersten Blick. Es ist, um es einmal banal zu sagen, um ihn geschehen! Die Hüllen der Isolation werden abgeschüttelt und abgestreift. Und das sehr konkret. Es gibt in diesem Roman sogar den Versuch, von nackten Körpern zu erzählen. Nicht direkt, aber doch so, dass die Leserin und der Leser die Nacktheit mitempfinden und sogar sehen.

KS: Das zu schreiben, muss eine Herausforderung gewesen sein.

HJO: Es war sehr verlockend. Damals fragten mich übrigens an der Universität Hildesheim zwei oder drei Studierende, was ich als nächstes schreiben werde. Das hatte bis dahin niemand von ihnen je gefragt, und danach fragte es auch niemand mehr. Die historischen Romane hatten sie nicht interessiert, das neue Romanprojekt erregte aber ihre Aufmerksamkeit. Ich hatte gesagt, dass ich einen Liebesroman mit glücklichem Ausgang schreiben werde, in dem fast nichts passiere. Nur von der Liebe selbst werde darin erzählt, sonst nichts. Sie waren sehr skeptisch, ob das möglich sei.

KS: Und Du, wie hast Du darauf reagiert?

HJO: Ich sagte, dass ich genau wisse, es sei möglich, und dass mir die Kitschgefahr durchaus bewusst sei.

KS: Hat das Deine Studenten überzeugt?

HJO: Sie blieben skeptisch, aber sie trauten mir schon einiges zu. Ein wenig habe ich auch gegen eine Welle von Einwänden und warnenden Signalen geschrieben. Und dann dachte ich mir noch den schlimmsten Titel aus, der eigentlich nicht mehr möglich war: *Die große Liebe*. Ich wusste von Anfang an, dass ich an einem riskanten Projekt arbeitete, war aber von Anfang an auch davon überzeugt, dass es gelingen wird.

Diese Sicherheit beruhte auf einem Gefühl, nämlich dem, dass der Stoff in mir lebte. Ich brauchte nichts zu konstruieren, sondern ich konnte den Roman so tranceartig schreiben, wie ich bisher alle Romane geschrieben hatte. Daneben hatte ich aber auch das Gefühl, mich durch den Liebesroman meinem imaginären Wunschroman, der *Erfindung des Lebens,* zu nähern.

KS: Inwiefern?

HJO: Die Rolle der Einzelgänger in den Romanen davor hatten immer mit Abschottung zu tun, mit einer rigiden Abschottung. Was von außen kam, wurde abgewehrt. Fermer ist ein streng isoliert lebender Mensch. Sobald sich Liebesbeziehungen anbahnen, flieht er.

KS: In *Hecke* ist das nicht viel anders, der Erzähler hat sich vom sozialen Leben entfernt. Die Hauptfigur in *Schwerenöter* sitzt alleine mit seinen Fantasien in der Psychiatrie – meinst Du das?

HJO: Ja. Ich hatte diese Figuren so angelegt, dass sie ihre eigene Geschichte austrugen und dachten, das sei einzig und allein ihre Sache. Andere Personen sollten damit nicht beschäftigt oder belästigt werden.

KS: Diese Lebensentwürfe hatten Bestand, bis Du *Das Element des Elephanten* geschrieben hast. Da hast Du zumindest bereits andeutungsweise von Deiner konkreten Herkunft und Menschen gesprochen, die für Dich von starker Bedeutung waren.

HJO: In der Kindheit hatte ich in einer Familie gelebt, die sich weiß Gott, wo es nur ging, von der Umgebung abgrenzte und sehr zurückgezogen lebte. Im Binnenraum dieser Familie existierte aber eine große Nähe der Mitglieder zueinander. Über diese Nähe wollte ich nie schreiben, sie war ja auch wirklich geheim, niemand sollte davon etwas hören oder wissen.

KS: Und in den »Liebesromanen« hast Du diesen Erfahrungen Raum gegeben.

HJO: Ich habe auf die emotionalen Verwicklungen geschaut, die meinen meist männlichen Einzelgänger mit anderen Menschen verbindet. Er war nicht mehr allein, er erlebte die Welt nun in stark emotional gefärbten Verbindungen mit anderen, geliebten Menschen. Diese Verbindungen waren ja sogar von solcher Stärke, dass mich nichts anderes mehr interessierte. Sie spielten die Hauptrolle, und zwar so, dass ich darauf verzichtete, von bestimmten Hindernissen zu erzählen. Die Liebenden waren füreinander da, vom ersten Moment ihrer gegenseitigen Liebesempfindungen an. Keiner stand ihnen im Weg, solche Störfaktoren hatte ich rigoros beiseite geräumt. Die hätten nämlich traditionelle Liebesmodelle der Literatur installiert, wie es sie seit Romeo und Julia gegeben hatte. Mit denen wollte ich nichts zu tun haben.

KS: Diese alten Modelle erschienen Dir unbrauchbar – warum?

HJO: Weil ich über eine leidenschaftliche, unbedingte Liebe schreiben wollte, und die sollte und musste gelingen und eben nicht misslingen, sonst wäre es eine Pipapo-Liebe gewesen. In *Die große Liebe* ist die Meeresbiologin am Anfang andeutungsweise noch an einen Verlobten gebunden. Dieser Verlobte kommt am Rande durchaus vor, die Meeresbiologin löst die Verbindung zu ihm aber schnell und schmerzlos auf. Und warum? Weil die beiden Liebenden von Anfang an der Meinung sind, sie gehörten fest zusammen, und ein Dritter habe da nichts zu suchen. Die Liebe entwickelt sich daher geradlinig, stark und unbedingt, nicht um die Ecken. Am Ende fährt die Museumsdirektorin nach München, sie ist mit dem Fernsehredakteur in einem italienischen Restaurant verabredet. Der wartet auf sie und denkt keine Sekunde: Wird sie nun kommen oder nicht?! Sie kommt, und was ist das für ein schöner Moment!

KS: Mit dieser Ankunft der italienischen Geliebten in München schließt sich der Liebeskreis.

HJO: Er schließt sich, und einige Leser haben mir geschrieben, hätten Sie nur die nächsten zwei Jahre dieses Paares auch noch beschrieben, dann wäre es vorbei mit der großen Liebe gewesen. Aber diese zynischen Bemerkungen musste ich ertragen.

KS: Das wäre ein neues Thema, Du müsstest dann nicht einen Liebesroman, sondern den Roman einer Ehe schreiben.

HJO: Den Roman eines Paares, das, sagen wir, Jahrzehnte zusammen erlebt hat ...

KS: Das wäre dann der Eheroman ...

HJO: Nach *Die große Liebe* war ich gar nicht so weit davon entfernt, es entstand nämlich der Roman *Das Verlangen nach Liebe*. Die beiden Liebenden haben sich getrennt, treffen sich aber sehr viel später wieder, und es bricht haargenau dasselbe Lodern und Aufeinander-Zugehen aus wie in der *Großen Liebe*. Ich habe das Modell potenziert.

KS: Bedeutete das auch für das Schreiben eine Potenzierung der Schwierigkeiten?

HJO: Ja, es war noch einmal unvergleichlich schwieriger, aber das sollte es auch sein. Ich war, wie sagt man? – ich war plötzlich unersättlich, die Liebeserzählung hatte mich gepackt.

KS: Anscheinend! Denn Du hast noch einen dritten Liebesroman geschrieben: *Liebesnähe*!

HJO: Das war der Gipfel, ja. Denn jetzt trieb ich die Liebesbeziehung soweit, dass sie sogar ohne das Miteinander-Sprechen auskam. Das war maximal puristisch. Die Liebe sollte sich selbst erzählen, ohne Begleitmedien und Begleitfaktoren. Verrückt!

KS: Du wolltest das Thema Liebe auf die Spitze treiben.

HJO: Ja, um das Absolute der Liebe immer klarer hervortreten zu lassen. In *Liebesnähe* handeln die Figuren, wenn man es überhaupt noch so nennen will, durch Blicke, Horchen und kurze Botschaften. Und das empfand ich als altjapanisch: die vornehmste Form der Annäherung, die eine Distanz in Emotion verwandelt. Das war genau das, was ich zum Schluss wollte.

KS: Aber damit taucht doch die frühere Distanz wieder auf oder nicht?

HJO: Nein, eben nicht, denn es war eine ganz andere Form von Distanz. Eine bewusst eingesetzte und so tief empfundene, dass sie in Nähe umschlagen konnte. Das kannte ich nur aus der alten, japanischen Literatur, dem *Kopfkissenbuch* von Sei Shonagon und anderen japanischen Texten, wo mit der lodernden Emotion sehr zurückhaltend und kunstvoll gespielt wird.

KS: Weiter konntest Du nicht gehen.

HJO: Nein, nach diesen drei, sich steigernden Annäherungen zweier Menschen war das ein Abschluss.

KS: Drei Orte spielen wieder eine wichtige Rolle. Über San Benedetto del Tronto an der Adria hatten wir gesprochen, *Das Verlangen nach Liebe* spielt in Zürich und *Liebesnähe* in einem markanten Hotel in Oberbayern. Sobald die Liebenden sich gefunden haben, verlassen sie diese Orte.

HJO: Die Orte wirkten wie Medien der Annäherung, und es bleibt offen, wohin sich die Liebenden bewegen, jedenfalls nicht zu Bausparverträgen oder anderen Konzepten, um aus etwas Schwebendem ein paar Mauern zu errichten. Die rituellen Momente der Liebe spielen stattdessen eine bedeutende Rolle, sogar die Speisen, die Mahlzeiten, die Lektüren. In *Liebesnähe* musste es ein abgelegenes Hotel mit vielen kleinen intimen Räumen sein, in denen Annäherung möglich war.

KS: In den Liebesromanen gibt es aber auch Helfer, Liebeskollaborateure. Die Buchhändlerin in dem oberbayerischen Hotel zum Beispiel. Während in den Liebesromanen alter Prägung die sozialen Verhältnisse häufig der Liebe im Weg stehen, fördern in Deinen Romanen die Kollaborateure die Anbahnung.

HJO: Ich fand nichts schlimmer als Geschichten, in denen die Liebe nicht gelingt, weil die Liebenden aus unterschiedlichen Ständen oder Klassen stammen. Dass diese Unterschiede die Liebe verhindern, fand ich immer das Peinlichste überhaupt, weil ich dachte, darum geht es nicht, das kann nicht das Thema einer Liebe sein, die in der Moderne angekommen ist. Die müsste fähig sein, nach Übereinstimmungen und nicht nach Differenzen zu suchen.

KS: Die verhindernden, Reibungen und Spannungen erzeugenden Momente haben Dich nicht mehr interessiert.

HJO: Vor allem dann nicht, wenn sie eine Art soziales Geschwätz über die Liebenden und ihre Liebe hervorrufen. In der »großen Liebe« gibt es nicht viel zu reden und abzuwägen und zu differenzieren oder mit dem Gegenüber in den Beichtstuhl zu gehen. Die »große Liebe« ist Hochamt, ohne Davor und Danach.

KS: Dann wäre also jemand, der heute wie Theodor Fontane einen Roman wie *Effi Briest* schreiben würde, ein Autor, der keinen Liebesroman, sondern einen Roman über die liebesverhindernden Kräfte schriebe.

HJO: Das kann ein Schriftsteller von heute natürlich tun, ich möchte es aber eben nicht. Mich interessiert die Tiefenpsychologie der Liebesanbahnung, die kleinen Signale und Zeichen, das Flüstern, all das empfand ich als erzählenswert und als selten genau erzählt. Was ich gesucht habe, ist die Psychologie der Liebesanbahnung selbst. Was geschieht genau zwischen den beiden Personen? Das ist immens komplex.

KS: Dann könntest Du behaupten, dass es nur ganz wenige wirkliche Liebesromane gibt, aber unendlich viele Liebesverhinderungsromane. Da fällt mir John Ruskin ein, über den wir aus Anlass Deines Venedig-Romans gesprochen haben. Dieser John Ruskin hat sich über Tage nichts anderes angesehen als das Detail einer Säule. Er ist immer wieder hingegangen und hat sich in dieses Detail versenkt. Ähnlich bist Du bei Deinen Liebesromanen vorgegangen. Um im Bild der Säulen zu bleiben: Dich hat nicht der saure Regen interessiert, der die Säule angreifen könnte, und auch nicht das unsachgemäße Renovieren der Säule.

HJO: Nein, sondern nur die Schönheit der Säule selbst.

KS: Ich frage vorsichtshalber noch einmal genauer nach: Das Schreiben eines Eheromans würde Dich also nicht interessieren?

HJO: Doch, sogar sehr. Ich sammle seit ewigen Zeiten in einem der Ordner Material dazu.

KS: Wozu genau? Ich frage noch weiter nach, damit keine Missverständnisse entstehen.

HJO: Wir sprechen von einem Eheroman.

KS: Also nicht von einem Liebesroman?

HJO: Doch, auch darüber. Es wäre eine Liebe, die über Jahrzehnte besteht. Davon würde ich gerne einmal erzählen. Von der sich wandelnden, aber weiter bestehenden großen Liebe. Das mag vielleicht sehr irritierend klingen, aber ich traue mir einen solchen Liebeseheroman zu. Ich sehe schon Szenen, und ich höre einen Erzähler, eigentlich erkenne ich auch schon eine Geschichte. Das zu erzählen, würde mir Freude machen. Mal sehen.

»Die Erfindung des Lebens«

KS: Wir befinden uns jetzt in den Jahren 2007/2008, und jetzt schreibst Du tatsächlich den Roman, an den Du schon so lange gedacht hast. Du schreibst über Dich, Deine Herkunft, und Du fühlst Dich in der Lage, diese Geschichte zu erzählen. Im Grunde hast Du als Autor fast dreißig Jahre daraufhin gelebt und geschrieben.

HJO: Ja, genau so war es, wir sprechen jetzt von dem großen autobiografischen Roman *Die Erfindung des Lebens,* der 2009 erscheint.

KS: Du gehst langsam auf Dein sechzigstes Lebensjahr zu, und die Wünsche und Gebote der Eltern bremsen Dich nicht mehr.

HJO: Dieser Aspekt ist sehr wichtig. Ich kann meine Lebensgeschichte zum ersten Mal ohne die von den Eltern eingeschränkte Vollständigkeit erzählen. Ich kann vom Tod der Brüder, vom Stummsein der Mutter und über alle Komponenten, die die Kindheitsgeschichte und die Geschichte der Jugend ausmachen, erzählen. Ungefähr zehn Jahre, nachdem meine Mutter gestorben war, wurden diese Lebensmomente immer präsenter.

KS: Der erste Satz dazu, wann ist er Dir eingefallen?

HJO: Er ist von außen angestoßen worden. Ein Fernsehteam des *SWR* wollte einen längeren Dokumentarfilm über meine Bücher und mein Schriftstellerleben drehen. Das war in Stuttgart. Die Regisseurin sagte, wir kennen uns nicht, das Beste wäre, Sie fangen einfach mal an, von sich zu erzählen. Wir drehen mit, das kommt nicht in den Film, wir wollen nur sehen, wie Sie sprechen und wie das gefilmt später wirkt. Die Kamera wurde provisorisch auf dem Stellplatz meines Autos aufgebaut. Ich setzte mich auf einen Stuhl ohne Lehne, und der Kameramann sagte: Legen Sie los, ganz locker!

KS: Das war eine Probe, verbunden mit der Aufforderung, von Dir zu erzählen.

HJO: Ja, unglaublich, und keiner ahnte, was da gerade geschah, nicht mal ich selbst. Legen Sie los! Meine Herren, auf diese Aufforderung hatte ich Jahrzehnte gewartet! Und sie kam von außen, man wollte etwas von mir hören! Ich habe einfach mit dem ersten Bild angefangen, an das ich mich erinnerte: an meinen Beobachtungsposten am Kölner Fenster, mit dem Blick auf den Erzbergerplatz. Die Kamera lief, der Ton wurde gespeichert, die Regisseurin schaute mich an, und ich habe stundenlang gesprochen. Danach gab es keine leeren Kassetten mehr, und die Crew konnte nicht mehr stehen, und der Kameramann sagte: Den Film machen wir lieber nicht. Das bringen wir nicht fertig, daraus einen Film zu machen, das übersteigt unsere Kräfte. Er war sehr berührt. Und dann sagte er einen in seinem Sinne nobel gemeinten Satz, der mich aber völlig irritierte: Das ist eine Riesengeschichte, die können wir nicht einfangen. Das ist ein Stoff für Hollywood.

KS: Nach Hollywood bist Du aber nicht gegangen.

HJO: Nein, ich habe damals auch nicht richtig verstanden, was er mir sagen wollte. Er sagte dann aber noch etwas: Schreiben Sie ein Drehbuch. Das wäre der erste, wichtige Schritt.

KS: Ein Drehbuch hast Du meines Wissens auch nicht geschrieben.

HJO: Nein, aber dieser Satz war der Durchbruch. Ich hatte abgerufen, was sich in meinem Kopf befand, in linearer Folge, und ich war gar nicht mal weit gekommen in meiner Lebensgeschichte. Ich hatte den Stoff aber genau gespeichert und verfügte über ihn, ich brauchte die Geschichte nur noch aufzuschreiben. Und das habe ich dann wenig später getan, ohne auf Quellen oder Aufzeichnungen zurückzugreifen. Die 600 Buchseiten sind wie in einem Rausch in kurzer Zeit entstanden.

KS: Das hört sich an, als hättest Du einen Roman, der in Deinem Inneren bereits geschrieben war, mit dem Laptop auf speicherbare Dateien geschrieben.

HJO: Erst mit der Hand, dann mit dem Laptop! Ich habe stillgehalten und geschrieben.

KS: Du sagst, Du hast den Roman in einem Zug geschrieben – gab es Vorstudien zu diesem Projekt, gab es auch in diesem Fall eine Mappe mit Material, das Du in den zurückliegenden Jahren gesammelt hattest?

HJO: Ja, es gab eine Mappe. Vieles davon fand aber gar keinen Eingang in den Roman. Beim Anlegen der Mappe hatte ich nicht an einen Roman gedacht. Ich sammelte Material der Lebensgeschichte.

KS: Aber beim Sammeln werden doch Ideen aufgetaucht sein, welche literarischen Möglichkeiten dieses Material anbietet.

HJO: Manchmal dachte ich an Erzählungen, die sich vielleicht miteinander verbinden ließen: Ich erzähle davon, wie ich mit meiner Mutter in den Kölner Läden unterwegs bin, das ist eine Geschichte. Ich erzähle davon, wie ich anfange, Klavier zu spielen, das ist eine andere Geschichte. Schreiben zu lernen, das ist wieder eine Geschichte.

KS: Also *Interconnected Storys* – das war die Fantasie, mit einem Ensemble von Figuren, das immer wieder auftaucht.

HJO: Ja, so in etwa. Als ich dann aber mit dem Roman begann, bemerkte ich bald, dass die einzelnen Geschichten, über die ich nachgedacht hatte, nur noch enorm verkürzt erzählt werden konnten. Das war das Eine. Zum anderen aber bemerkte ich auch, dass sie laufend weitere Geschichten anzogen. Diese stark wachsende Vielfalt war nicht mehr in einem Roman unterzubringen. Er hätte Tausende von Seiten beansprucht. Ich habe die Einzelgeschichten daher später ausgegliedert und selbstständige Bücher daraus gemacht. Von den Anfängen meines Klavierspielens habe ich zum Beispiel in *Wie ich Klavierspielen lernte* erzählt, vom Erlernen des Schreibens in *Der Stift und das Papier*.

KS: In *Die Erfindung des Lebens* hast Du Deine Entwicklung als ganzes geschildert, von der frühen Kindheit bis zu der Zeit, als Du Rom verlassen hast. Bis in die siebziger Jahre, um es ganz genau zu sagen.

HJO: Ja, es ist die komprimierte Lebensgeschichte meiner ersten zwanzig Jahre.

KS: Und die sich daran anschließenden weiteren Geschichten benötigten dann jeweils einen eigenen Raum – ist das richtig?

HJO: Ja, sie waren mit der Großgeschichte natürlich verbunden und damit Teile dieser Geschichte, sie benötigten aber einen eigenen Anfang und ein eigenes Ende.

KS: Mit dem ersten Erzählansatz, der seinen Ausgang von Dir und Deinem Stehen am Kölner Fenster nahm, tat sich also ein immens großes autobiografisches Feld mit vielen Stoffen auf.

HJO: Das habe ich aber anfänglich noch gar nicht richtig begriffen. Ich spürte nur: Der große autobiografische Raum ist jetzt da. Ich muss keine Rücksichten nehmen. Meine Mutter und mein Vater greifen in mein Schreiben nicht mehr ein. Ich bin frei, meine eigene Geschichte aus verschiedenen Perspektiven zu erzählen. Erst zu diesem Zeitpunkt hatte ich das Gefühl, in dem autobiografischen Feld angekommen zu sein und nun weiter von ihm erzählen zu können.

KS: Würdest Du denn sagen, dass Du mit Deinem Schreiben an dem Ziel angekommen bist, auf das Du von Anfang an zugesteuert bist?

HJO: Na ja, ich habe nur wenig gesteuert, und ich hatte das Ziel keineswegs vor Augen. Ich habe die ganzen Jahre lang geschrieben und bin geduldig den internen Winken des Geschriebenen gefolgt. So würde ich sagen. Ich sehe das Ganze also nicht als einen willentlichen Prozess, sondern als eine Steuerung durch das Schreiben selbst. Das Schreiben und die Schrift haben immer neue Reaktionen in mir abgerufen, und ich habe versucht, diesen Impulsen zu folgen. Von Bedeutung war danach auch die Frage, ob in den erzählten Lebensgeschichten das erkennbar war, was ich »die Lernprozesse« nennen würde. Sie waren ja von größter Bedeutung. Ich habe, glaube ich, auf eine sehr eigene, selbstständige und besondere Art »gelernt« – aus meinem Leben gelernt, meine ich. Diese Lernprozesse haben mit bestimmten Formen von Kreativität zu tun, darüber habe ich im Nachhinein viel nachgedacht. Wenn ich davon erzähle, von der Aneignung bestimmter Fähigkeiten, von ihrer Schulung und Erweiterung – dann könnte das auch viele Leserinnen und Leser interessieren und beschäftigen. Und so kam es dann auch.

KS: Sprechen wir noch einmal kurz von dem großen elterlichen Archiv, das lange verschlossen war.

HJO: Ich hatte die Archive ja getrennt. Es gab das alte, elterliche, mit den Dokumenten und Materialien des Familienlebens von den dreißiger Jahren bis zum Tod der Eltern. Und es gab mein eigenes Archiv, mit den Dokumenten und Materialien meines Lebens. Darin befanden sich auch frühe Texte von mir, die ich meinen Eltern zu lesen gegeben und die mein Vater aufbewahrt hatte. So zum Beispiel meine Reisetexte aus den Kinder- und Jugendjahren. Die habe ich mit dem größten Erstaunen wieder gelesen. Ich habe sie dann dem Verlag vorgelegt, und sie sind als eigenständige Bücher erschienen: *Die Moselreise* 2010, *Die Berlinreise* 2014, *Die Mittelmeerreise* 2018. Ich habe sie also aus dem Archiv und aus dem Familien-Kosmos, in dem sie entstanden waren, herausgelöst und veröffentlicht. Meine Mutter hatte testamentarisch verfügt, dass keine internen Familiendokumente in die Öffentlichkeit gelangen sollten. Nicht herumgereicht und erst recht nicht veröffentlicht. Ich betrachtete die Reise-Erzählungen aber inzwischen längst nicht mehr als interne Dokumente. Ich hatte sie geschrieben, sie gehörten also auch mir. Beide Eltern hatten sie einmal mit starker Anteilnahme und großer Freude gelesen. Ich war mir daher sicher, dass sie gegen eine Veröffentlichung keine Einwände gehabt hätten.

KS: Es wird aber doch viele weitere solcher oder ähnlicher Texte geben. Wie wirst Du damit verfahren?

HJO: Das weiß ich noch nicht genau. Ich werde von Fall zu Fall entscheiden. Denn es stimmt, es gibt eine sehr große, gar nicht überschaubare Zahl von Texten, die ich in der Kindheit und Jugend geschrieben habe. Ich meine jetzt nicht die chronikalischen oder die Tagebücher, obwohl auch sie, finde ich, sehr interessant sind. An geschlossenen Textkonvoluten gibt es zum Beispiel eine Mappe mit allen Aufzeichnungen, die ich über Ludwig van Beethoven gemacht habe. Das ist ein Buchmanuskript. Und es gibt etwas besonders Schönes: die kurzen Gedichte, die ich zwischen dem zwölften und vierzehnten Lebensjahr in der elterlichen Küche geschrieben habe. Die nannten wir nie »Gedichte«, sie fielen eher unter die Rubrik »Kurze Notizen«. Heute würde ich sagen, es sind »Prosagedichte«. Über Gemüsesorten, Obst, bestimmte Speisen, über das Kochen – sehr eigen und verrückt! Die würde ich gerne einmal veröffentlichen. Natürlich beherbergt das große Archiv viele solcher Schätze und sogar fertige Manuskripte. Ich werde mir einmal genügend Zeit nehmen müssen, um sie in Ruhe durchzugehen. Nach meinem siebzigsten Geburtstag im November 2021 werde ich mir diese Zeit nehmen. Ich habe es fest vor.

KS: Gehen wir noch einmal kurz zur *Erfindung des Lebens* zurück. Dieser große Roman wird ja nicht chronologisch erzählt, sondern von einem Erzähler, der sich in Rom aufhält. Er erzählt von seinem Leben in vielen Rückblenden, die bestehen aus den Lebensgeschichten, von denen wir gerade gesprochen haben. In der Erzählgegenwart gibt es aber auch Geschichten. Der Erzähler begegnet einer Frau und einem Kind, das sind seine Nachbarn.

HJO: Ja, nennen wir es die Rahmengeschichte. Die brauchte ich, um in der Flucht der episodischen Geschichten einen Halt und ein Terrain zu gewinnen. Sie verankert das Erzählen in der Gegenwart und hat mir gezeigt: Das bin ich, da ist ein Erzähler, er lebt in Rom und hat zuvor auch lange in Rom gelebt, die Stadt ist Teil seiner Lebensgeschichte, früher und jetzt, in der Gegenwart. Ich habe die Rahmengeschichte aber auf Distanz gehalten, sie war ein Boden, eine Bühne, sollte sich aber nicht mit den episodischen Geschichten nahtlos oder direkt verbinden. Diese Gefahr bestand, schon allein deshalb, weil ich mich als Autor zuvor mit Liebesromanen beschäftigt hatte.

KS: Der Erzähler hätte sich in die römische Nachbarin verlieben können oder umgekehrt, meinst Du das?

HJO: Ja, das wäre doch denkbar gewesen. Die beiden haben Sympathien füreinander, und es gibt ein junges Mädchen, die Tochter der Nachbarin, die beide so behandelt, als wären es die Eltern. Mutter und Tochter bilden zusammen mit dem Erzähler ja fast eine Familie. Aber eben nicht ganz, keine richtige. Sie sind die Ersatzfamilie für den Erzähler, den ich aus den bekannten Gründen nicht allein agieren lassen wollte.

Die Figur des einsamen Grüblers drohte wiederaufzuerstehen. Bloß nicht, dachte ich. Deshalb hat er zwei Figuren zur Seite, die Nachbarin und deren Tochter – und da entsteht durchaus ein Raum von Nähe und Intimität. Später erreichten mich Briefe von Leserinnen: Herrgott, warum werden die beiden kein Paar? Die mögen sich doch!

KS: Was hast Du ihnen geantwortet?

HJO: Dass ich an eine Fortsetzung des Romans denke. Dann werde man sehen, was sich tut. Zunächst gab es jedoch für mich als Autor, weniger aber für den Erzähler, eine Sperre. Nicht in den Liebesroman abzudriften, auf keinen Fall. Das hätte die Klarheit und die Strenge der Lebensgeschichten bedroht, sie wären verwässert worden oder ins Sentimentale gerutscht. Der Roman ist aber nicht sentimental, in keinem Moment, das glaube ich behaupten zu können.

KS: Es gibt aber eine Liebesbeziehung in *Die Erfindung des Lebens*, ich meine die Verbindung des jungen Erzählers und Pianisten mit einer Freundin aus Südtirol.

HJO: Das stimmt, aber auch diese Liebe wird verabschiedet und klingt aus. Und das sogar gegen alle inneren Impulse des Erzählers und sogar auch gegen die des Autors. Ich habe die Liebenden rigoros getrennt. Auch das haben viele Leserinnen und Leser nicht verstanden. Wieder gab es Briefe: Was ist aus der Südtirolerin geworden? Haben sich die beiden noch einmal wiedergesehen?

KS: Ich vermute, Du hast auch da auf die Fortsetzung verwiesen. Auf die bin ich jetzt selbst gespannt, das muss ich sagen. Es wird also eine Fortsetzung geben? Einen Teil 2 der *Erfindung des Lebens*? In Teil 1 hast Du die Geschichte einer Kindheit und Jugend bis zur schwierigen Rückkehr aus Rom erzählt. Kaum zwanzig bist Du da. Das Leben danach ist noch nicht erzählt! Deine Rückkehr, Deine Arbeit als Kellner, der Beginn des Studiums, die siebziger Jahre also, bis zur Arbeit an *Fermer*. Das wäre der Stoff von Teil 2. Wirst Du darüber schreiben?

HJO: Ich schreibe ja in gewisser Weise längst daran. Es gibt mehrere Mappen und sehr viele Ordner. Mehr mag ich momentan nicht dazu sagen.

KS: Dann werden wir also auf ein breit angelegtes autobiografisches Erzählen, verteilt auf mehrere einzelne Bände, zurückblicken. Eigentlich tun wir das aber bereits jetzt schon. Mit *Die Erfindung des Lebens* beginnt dieser Zyklus, er setzt sich mit den Reisetagebüchern und den Begleitbänden *Der Stift und das Papier* und *Wie ich Klavierspielen lernte* fort. Du schreibst seit 2009 also an einem großen autobiografischen Zyklus – kann man das so sagen?

HJO: Einen Zyklus, ja, so kann man es nennen, und ich bin froh, dass dieser Begriff jetzt endlich fällt. Man sollte die einzelnen Bücher in diesen Zusammenhang stellen, sie sind eng miteinander verbunden. Es gibt zum Beispiel auch eine Art Schelmenromanfassung meiner Lebensgeschichte, also ein Gegenbild zu *Die Erfindung des Lebens.* Das ist der Roman *Das Kind, das nicht fragte* aus dem Jahr 2012. Ein Kölner Forscher, er ist angeblich Ethnologe, reist nach Sizilien und betreibt das, was er für ethnologische Forschung hält. Er hat sein Leben lang darunter gelitten, dass er in der Familie ein Außenseiter war, den die älteren Brüder nicht zu Wort kommen ließen. Ich spreche von diesem Roman jetzt nur sehr verkürzt, die autobiografische Spur ist aber wohl deutlich genug.

KS: Bei der Lektüre Deiner Bücher fällt mir ein Moment immer besonders auf, nämlich das flüssige Erzählen. Die Texte hatten und haben für mich einen sehr starken und kontinuierlichen

Fluss. Sie haben dadurch ein hohes Moment an Konsistenz, ja, sie sind auf eine unangestrengte Weise gut strukturiert.

HJO: Ich weiß, was Du meinst. Dieses Moment des Fließenden entstand zweifellos durch die Musik. Ich habe nie ernsthaft Musik komponiert, wohl aber Texte, und das bis ins letzte Detail, bis in die einzelne Phrase, den Klang. Nicht bewusst natürlich, wohl aber stark instinktiv. Ich höre meine Sätze, und wenn ich sie vorlese, bekommt man vielleicht etwas von diesem stark musikalischen Charakter der Texte mit. Deshalb mag ich Lesungen. Sie bieten die Gelegenheit, die Texte zum Klingen zu bringen.

KS: Ja, das ist so. In vielen Rezensionen von Dir habe ich aber auch häufig ein sehr sensibles Gespür für Autoren bemerkt, die bruchstückhaft erzählen und aufgebrochene Formen bevorzugen. Je wilder die Texte wurden, umso mehr hat Hanns-Josef Ortheil sein Verständnis für diese Texte mobilisiert und konnte deren Vorzüge bis ins Detail erläutern. Ich hatte als Leser dieser Rezensionen manchmal den Eindruck, nach Deiner Rezension hatte ich das Buch, um das es ging, erst richtig erfasst. Wie passt das zusammen?

HJO: Da begegnen sich zwei meiner Figuren, die es seit der Kindheit gibt. Zum einen das Kind mit den roten Ohren, das einen ersten Satz schreibt und von da an die ganze Seite füllt, ohne eine Sekunde nachdenken zu müssen. Das wie in einer starken Trance diesen Fluss auf dem Papier entstehen lässt. Dieser Fluss entsteht in einer engen und traumhaften Verbindung mit dem Stoff, so dass ich, ohne weiter nachdenken zu müssen, den Dingen nachgehen und den Figuren folgen kann. Das traumhafte Element ist zentral für mein Schreiben. Wenn ich ältere Texte von mir lese, staune ich oft darüber, was dort steht. Ich kann mich nicht mehr erinnern. Ich kann mich sogar an die Geschichte, die ich erzählt habe, nicht mehr richtig erinnern, und ich kann mich erst recht nicht erinnern, wie ich diese Geschichte mit einem solchen Sog jemals geschrieben habe. Wo war ich denn da, als ich das geschrieben habe? Ich bin mir meiner nicht mehr bewusst.

KS: Das bist Du jetzt als Erzähler. Aber Du hast davon gesprochen, dass es Dich noch in einer zweiten Rolle gibt, der des empathischen Rezensenten selbst der harschesten Erzählverweigerung.

HJO: Als zweiten neben dem Erzähler gibt es diesen hochgradig intellektuell denkenden Menschen, der alles genau beobachtet und analysiert und darüber Essays schreibt. Das habe ich auch seit den Mainzer Anfängen getan und zahlreiche Essaysammlungen veröffentlicht. Ich denke an *Köder, Beute und Schatten* von 1985, *Schauprozesse* von 1990, *Die weißen Inseln der Zeit* von 2004 oder *Was ich liebe – und was nicht* von 2016. Diese beiden Figuren von mir sind in verschiedenen Kulturen groß geworden und von verschiedenen Lehrern oder Gesellschaften erzogen worden. Der Erzähler hat das Schreiben im intimen Familienraum gelernt, und der Intellektuelle draußen, in der Auseinandersetzung mit der Welt, mit Freunden, in Bohème-Zirkeln, Gott weiß wo …

KS: Und wer von den beiden ist Dir lieber?

HJO: Gemeine Frage. Der mit den roten Ohren nachts, sein Gegenüber am Tag.

KS: Und wenn Du die Arbeit des Manns mit den roten Ohren nicht von der des Intellektuellen trennen würdest, was geschähe dann?

HJO: Das, was ich bei vielen Autoren beobachte. Sie machen die erste Reinschrift, die zweite, die dritte. Dann lassen sie ein Projekt lange liegen. Schauen es nochmal an, stellen sich die Frage, geht das noch, geht das nicht mehr, geht das eventuell. Reichen das Manuskript weiter an andere Leser. All das habe ich nie gemacht. Ich habe immer angesetzt, geschrieben, und irgendwann war das Manuskript fertig. Viel Vorbereitung gehört freilich dazu sowie tägliches Schreiben und tägliche Arbeit am Manuskript. Dann ist es aber auch fertig, und am liebsten wäre mir, ich müsste es danach nie mehr ansehen. Das Magma, das in mir gebrannt hat, hat sich zu diesem Manuskript verfestigt. Es wird gedruckt und geht seiner Wege. Ich widme mich dem nächsten Text und der nächsten inneren Verbrennung, um es mal schön dramatisch zu sagen.

Zukunftsprojekte

KS: Ich schließe noch eine Beobachtung über Dein flüssiges Schreiben an. Im Herbst 2016 hast Du mit dem Bloggen begonnen (www.ortheil-blog.de) und regelmäßig Texte aus dem Kosmos dessen veröffentlicht, worüber wir gerade nachdenken. Es sind bereits weit über tausend. Anhand Deines Blogs kann man Dich als Lesenden und Beobachtenden erleben, der an allem, was sich in der Gegenwart tut, stark interessiert ist. Man weiß aber zum Beispiel nicht genau, welche Suppen Du gerne isst, wann Du genau morgens aufstehst – und so weiter. Als Person bleibst Du auf verblüffende Weise ausgespart. Ein Leser kann nachvollziehen, was Du mit Deinem Leben machst, er weiß aber nicht, wie Du lebst.

HJO: So streng getrennt, wie Du es jetzt darstellst, erscheinen mir diese beiden Bereiche oder Sphären aber nicht. Der Leser kann vieles auch indirekt erschließen, ohne dass ihm gesagt wird, welche Frühstücksbutter ich verwende. Ich verwende übrigens keine. Das konkrete Alltagsleben, nennen wir es einmal so, existiert in meinen chronikalischen Aufzeichnungen und in den Tagebüchern. In denen erscheinen all die Details, die Du ansprichst. Für die Öffentlichkeit sind sie aber zum großen Teil nicht bestimmt. Auch in den Blogbeiträgen öffne ich einen intellektuellen Raum und keinen privaten. Das überlasse ich den Selbstdarstellern in den Sozialen Medien wie Facebook, Twitter, Instagram und so weiter. Die bediene ich nicht. Ich sage bewusst: Ich »bediene« sie nicht, denn das, was die Nutzer dort schreiben, ist ein Dienst, den sie diesen Medien erbringen.

KS: Die chronikalischen Aufzeichnungen und die Tagebücher und nicht zuletzt die Blogbeiträge sind aber ein immenses Material, das man in Teilen veröffentlichen könnte?

HJO: Du nennst sie »Material« – und das stimmt genau. Sie sind ein großer Materialvorrat, mit dem ich arbeite. Ich kann Teile herausnehmen, umschreiben, etwas Neues daraus machen, wie auch immer. Es muss aber auch da den schon oft angesprochenen Funken geben, der solche Umwandlungen entzündet und am Lodern hält. Ich setze mich also nicht hin und denke: Was könnte ich mir denn heute aus meinem Archiv vornehmen, um es umzuarbeiten und einem Verlag anzubieten? So geht das nicht.

KS: Du veröffentlichst, um auch das kurz zu streifen, inzwischen nicht nur in einem einzigen Verlag, sondern in mehreren.

HJO: Das hat mit den jeweiligen Projekten zu tun. Manche passen besonders gut in ein bestimmtes Verlagsprogramm. Den Roman *Der Typ ist da*, der in Kölner Domnähe spielt, wollte ich gerne bei *Kiepenheuer & Witsch* veröffentlichen, weil es ein durch und durch Kölner Verlag ist, der in Domnähe residiert. Ein Buch über Paris (*Paris, links der Seine*) gehört für mich zum Insel-Verlag, weil es von vielen französischen Schriftstellern handelt, die vor allem in diesem Verlag erschienen sind.

Und *In meinen Gärten und Wäldern* gehört in die *Dieterich'sche Verlagsbuchhandlung*, den Verlag meiner Frau, dessen Programm ich noch immer mitgestalte und der für mich der deutsche Verlag mit den auch gestalterisch schönsten Büchern ist. Der Kosmos der Schrift verteilt sich also auf einen Verlagskosmos, das finde ich passend, anstatt stur nur immer in ein und demselben Verlag zu veröffentlichen.

KS: Momentan vermute ich, dass Dich die Pandemiejahre stark beschäftigen. Ich fantasiere mal: Du könntest Deine Tagebuchaufzeichnungen über diese Zeit veröffentlichen oder Deine Blogtexte zu einem Buch komponieren oder Deine chronikalischen Aufzeichnungen in leicht veränderter Form herausbringen – oder aber auch einen Roman über diese Zeit schreiben. All diese Möglichkeiten scheinen sich anzubieten, und ich wette, Du hättest für jede von ihnen eine Fülle von Material bereits jetzt zur Verfügung.

HJO: Die Wette würdest Du locker gewinnen, na klar. Was Du sagst, lässt genau erkennen, wie mein Schreiben angelegt ist. Es verläuft primär über unveröffentlichte Texte und Materialien, die in Archive eingehen. Dort können sie ruhen, kochen, sich entzünden. Aus ihnen nehme ich Stücke heraus und modelliere sie zu druckfertigen Manuskripten. Und das alles ohne jeden Zwang oder Druck und ohne Verlagsschrauben.

KS: Ja, am Ende unseres Gesprächs erkennen wir die Arbeitsweisen im Kosmos nun sehr genau. Kannst Du sie ein letztes Mal verdeutlichen – anhand des Romans, der zuletzt erschienen ist? Ich meine natürlich den Roman über Deinen Lieblingsautor, den Hemingway-Roman *Der von den Löwen träumte.*

HJO: Gern, sprechen wir darüber noch zum Schluss. Auf den ersten Blick gehört auch dieser Roman zur Gattung des historischen Romans. Er erzählt eine Geschichte aus den Jahren nach

1948, als Ernest Hemingway, durch die Teilnahme an Schlachten des Zweiten Weltkriegs stark traumatisiert, nach Venedig reist, um dort zu gesunden und endlich wieder zum Schreiben zu finden. Nach allem, was wir beide in den letzten drei Tagen besprochen haben, sind die autobiografischen Momente des scheinbar nur historischen Stoffes deutlich erkennbar. Ich erzähle von »meinem Typus«, dem Mann, der schwerste Traumata verarbeitet und versucht, ihre starke psychische Wirkung mit Hilfe des Schreibens zu mildern. Zugleich erzähle ich eine Vater-Geschichte, nämlich genau die, die mein Vater mir häufig erzählt hat: wie er nach den Endkämpfen in Berlin nach Hause gehumpelt ist und dort erst langsam wieder ins Leben fand. Für mich war dieser Stoff also ganz und gar kein historischer, sondern ein autobiografischer. Wie bin ich vorgegangen? Genau so, wie ich immer vorgegangen bin: Ich bin für einige Wochen nach Venedig gereist und habe dort viele Venezianer getroffen, die Hemingway noch gekannt und erlebt hatten. Bis ins letzte Detail ließ sich sein Aufenthalt rekonstruieren. Und wie immer habe ich nicht »recherchiert«, sondern den Aufenthalt »gelebt«. Ich habe die Räume aufgesucht, in denen sich Hemingway umgeschaut hatte, am Ende habe ich sogar in seinem Zimmer in einer Locanda der venezianischen Lagune geschlafen. Eine noch stärkere Annäherung war kaum möglich. Was nun die Dramaturgie dieses Romans angeht, hatte ich mehrere Optionen: Ich hätte von einem Venedig Reisenden erzählen können, der sich in Venedig auf die Spuren Hemingways begibt. Und ich hätte diesen Reisenden mit vielen Eigenschaften und Merkmalen ausstatten können, die auch meine Eigenschaften sind. Die Versuchung, so zu erzählen, war groß, eben weil ich mein ganzes Leben mit den Büchern Hemingways verbracht hatte und daher eine sehr eigene

Hemingway-Annäherung erlebt hatte. Dieser Versuchung habe ich aber nicht nachgegeben. Ich habe mich als Erzähler zurückgenommen und in den alten Mann verwandelt, der in Venedig ankommt, sich dort halsbrecherisch und zwanghaft verliebt und am Ende durch den Beistand eines jungen Venezianers den Stoff findet, der seinen Weltruhm für immer begründen wird: *Der alte Mann und das Meer.*

KS: Vielen Dank. Ja, jetzt sind die Linien zum Schluss hin ausgezogen. Donnerwetter! Ich entlasse Dich aber nicht, ohne kurz mit Dir über die beiden Bücher zu sprechen, die im Herbst 2021 bei Luchterhand und btb erscheinen werden: *Ombra* und *Kosmos.* Ich weiß, Du bist noch in der Arbeit daran, aber einige kurze Verweise sind doch vielleicht bereits möglich …

HJO: Jetzt wird es ernst, ja. Ich deute kurz an, dass ich im Herbst 2019 nach der Beendigung der Arbeit am Hemingway-Roman schwer erkrankt bin. Die Ärzte stellten eine lebensgefährliche Herzinsuffizienz fest, und ich hatte eine Operation mit erheblichen Komplikationen zu überstehen, die mich fast das Leben gekostet hätte. Meine beiden großen »Lebenshilfen« waren danach lange Zeit nicht mehr aktiv, denn ich konnte weder schreiben noch Klavierspielen. Ich hielt mich längere Zeit in einer Rehaklinik auf und habe mir das vorgenommen, was der alte Hemingway auch versucht hatte: wieder zum Schreiben zurückzufinden. Diese Geschichte erzähle ich in *Ombra.* Zur Wiedergewinnung des Schreibens gehörte für mich aber auch, das nach der Operation übrig gebliebene, spärliche Wissen von diesem Schreiben zu revitalisieren. Langsam, gründlich, Schritt für Schritt. Das haben wir beide in diesem Gespräch gerade getan, und dafür danke ich Dir sehr. Mit Deiner Hilfe sehe ich jetzt genauer, was einmal war, und ich sehe sogar ein paar Ufer, an denen ich in der Zukunft landen könnte.

KS: Das freut mich sehr, ich danke Dir auch. Eine allerletzte Frage habe ich aber noch: Wenn Du Dir in nächtlichen Träumen ausmalen solltest, wohin sich Dein Schreiben am Ende bewegt, wie sähe das aus?

HJO: Dann sähe ich einen Schriftsteller mit dem französischen Namen Jean Orteil, der nur noch Literarische Tagebücher in der Tradition der französischen Schriftsteller veröffentlicht. Etwa so wie Julien Green. Im Rhythmus von zwei, drei Jahren, bis zum Tod.

KS: Damit wärest Du da angekommen, wo Du als Kind in der Jagdhütte Deines Vaters begonnen hast: bei täglichen Aufzeichnungen.

HJO: Genau das. Keine Essays, keine Romane mehr, sondern nur noch die nackten Aufzeichnungen. Vorerst werde ich im November 2021 siebzig Jahre alt. Wenn ich das schaffe. Mal sehen.

KS: Nochmal großen Dank, mein Lieber. Ich freue mich auf viele weitere Lektorate Deiner Bücher!

(*KS* und *HJO* umarmen sich sichtlich gerührt und trinken ein Glas *Hirschquelle.*)

Siebzig und mehr Bücher von Hanns-Josef Ortheil (Stand: Sommer 2021)

Fermer. Roman. Frankfurt a. M.: S. Fischer, 1979

Wilhelm Klemm. Ein Lyriker der »Menschheitsdämmerung«. Stuttgart: Kröner, 1979

Der poetische Widerstand im Roman. Geschichte und Auslegung des Romans im 17. u. 18. Jahrhundert. Königstein/Ts.: Athenäum, 1980

(Hrsg.) Ich lag in fremder Stube. Gesammelte Gedichte/Wilhelm Klemm. München: Hanser, 1981

Mozart im Innern seiner Sprachen. Frankfurt am Main: S. Fischer, 1982

(Hrsg.) Briefe einer Liebe / Robert u. Clara Schumann. Königstein/Ts.: Athenäum, 1982

Hecke. Roman. Frankfurt am Main: S. Fischer, 1983

Jean Paul. Mit Selbstzeugnissen u. Bilddokumenten. Reinbek bei Hamburg: Rowohlt, 1984

Köder, Beute und Schatten. Suchbewegungen. Frankfurt am Main: S. Fischer, 1985

Schwerenöter. Roman. München: Piper, 1987

Libretto: Sturmnacht. Oper in zwei Akten/Musik: Wolfgang-Andreas Schultz. Berlin (West): Astoria-Verlag, 1988 (Partitur)

Agenten. Roman. München: Piper, 1989

Schauprozesse. Beiträge zur Kultur der 8oer Jahre. München: Piper, 1990

Abschied von den Kriegsteilnehmern. Roman, München: Piper, 1992

Römische Sequenz. Rom: Deutsche Akademie Villa Massimo, 1993

Das Element des Elephanten. Wie mein Schreiben begann. München: Piper, 1994

Familienbande. Die Anfänge des Schreibens. Paderborn: Rektorat der Universität, 1994

Libretto: Achill unter den Mädchen. Oper in einem Akt/Musik: Wolfgang-Andreas Schultz. Berlin: Astoria-Verlag, 1995 (Partitur)

Blauer Weg. 1989-1995. München: Piper, 1996

Faustinas Küsse. Roman. München: Luchterhand, 1998

Im Licht der Lagune. Roman. München: Luchterhand, 1999

Die Nacht des Don Juan. Roman. München: Luchterhand, 2000

Beschreibung: Erwin Wortelkamps Tal bei Hasselbach im Westerwald. Witten: pict.im, 2000

Lo und Lu. Roman eines Vaters. München: Luchterhand, 2001

Der Stadtschreiber. Drama. Mainz: Staatstheater, Uraufführung 2002

Die große Liebe. Roman. München: Luchterhand, 2003

Venedig. Eine Verführung. München: Sanssouci, 2004

Die weißen Inseln der Zeit. Orte, Bilder, Lektüren. München: Luchterhand, 2004

Die geheimen Stunden der Nacht. Roman. München: Luchterhand, 2005

Das große Fest der Schrift. Aufzeichnungen zum Literaturfestival »Prosanova«. Hildesheim: Glück-und-Schiller-Verlag, 2005

Das Glück der Musik. Vom Vergnügen, Mozart zu hören. München: Luchterhand, 2006

Das Verlangen nach Liebe. Roman. München: Luchterhand, 2007

Mit Klaus Siblewski: Wie Romane entstehen. München: Luchterhand, 2008

(Hrsg. mit Paul Brodowsky und Thomas Klupp) Weltliteratur 1. Von Homer bis Dante. Hildesheim: Univ.-Verlag, 2008

(Hrsg.) Calendarium 1. Der Studiengang Kreatives Schreiben und Kulturjournalismus im Wintersemester 2007/2008. Hildesheim: Edition Pächterhaus, 2008

Die Erfindung des Lebens. Roman. München: Luchterhand, 2009

Lesehunger. Ein Bücher-Menu in zwölf Gängen. München: Luchterhand, 2009

Rom. Eine Ekstase. München: Sanssouci, 2009

(Hrsg. mit Paul Brodowsky und Thomas Klupp) Weltliteratur 2. Vom Mittelalter zur Aufklärung. Hildesheim: Univ.-Verlag, 2009

Die Moselreise. Roman eines Kindes. München: Luchterhand, 2010

(Hrsg. mit Thomas Klupp und Alina Herbing) Weltliteratur 3. Von Goethe bis Fontane. Hildesheim: Univ.-Verlag, 2010

(Hrsg.) Calendarium 2: Der Studiengang Kreatives Schreiben und Kulturjournalismus im Sommersemester 2008. Hildesheim, 2010

Liebesnähe. Roman. München: Luchterhand, 2011

Schreiben dicht am Leben. Notieren und Skizzieren. Mannheim: Duden, 2011

(Hrsg. mit Thomas Klupp und Alina Herbing) Weltliteratur 4. Das zwanzigste Jahrhundert. Hildesheim: Univ.-Verlag, 2011

(Hrsg.) Calendarium 3 & 4. Der Studiengang Kreatives Schreiben und Kulturjournalismus im Wintersemester 2008/2009 und im Sommersemester 2009. Hildesheim: Edition Pächterhaus, 2011

Das Kind, das nicht fragte. Roman. München: Luchterhand, 2012

Schreiben auf Reisen. Wanderungen, kleine Fluchten und große Fahrten – Aufzeichnungen von unterwegs. Mannheim: Duden, 2012

(Hrsg.) Mein Sommer. Ein Lesebuch. Köln: DuMont, 2012

Die Insel der Dolci. In den süßen Paradiesen Siziliens. München: Langen Müller, 2013

(Hrsg.) Danke für die Einladung. Köln: DuMont, 2013

Die Berlinreise. Roman eines Nachgeborenen. München: Luchterhand, 2014

Schreiben über mich selbst. Spielformen des autobiografischen Schreibens. Berlin: Duden, 2014

Der Stift und das Papier. Roman einer Passion. München: Luchterhand, 2015

Rom, Villa Massimo. Roman einer Institution. München: Langen Müller, 2015

Die Pariser Abende des Roland Barthes. Eine Hommage. Mainz: Dieterich'sche Verlagsbuchhandlung, 2015

(Hrsg. mit Paul Klambauer) 1200 Jahre literarisches Hildesheim. Springe: zu Klampen, 2015

Glücksmomente. München: btb, 2015

Was ich liebe – und was nicht. München: Luchterhand, 2016

Begleitender Essay: In Venedig/Henry James. Mainz: Dieterich'sche Verlagsbuchhandlung, 2016

Glaubensmomente. München: btb, 2016

Der Typ ist da. Roman. Köln: Kiepenheuer & Witsch, 2017

Paris, links der Seine. Berlin: Insel, 2017

Mit dem Schreiben anfangen. Berlin: Duden, 2017

(Hrsg. mit Klaus Siblewski) Die ideale Lesung. Mainz: Dieterich'sche Verlagsbuchhandlung, 2017

Die Mittelmeerreise. Roman eines Heranwachsenden. München: Luchterhand, 2018

Musikmomente. München: btb, 2018

Der von den Löwen träumte. Roman. München: Luchterhand, 2019

Wie ich Klavierspielen lernte. Roman meiner Lehrjahre. Berlin: Insel, 2019

Im Westerwald. Mainz: Dieterich'sche Verlagsbuchhandlung, 2019

Italienische Momente. München: btb, 2020

In meinen Gärten und Wäldern. Mainz: Dieterich'sche Verlagsbuchhandlung, 2020

Ein Fragebogen zu Hanns-Josef Ortheils
»Treiben und Schreiben«

Von 1980 bis 1999 erschien im *Magazin der Frankfurter Allgemeinen Zeitung* ein Fragebogen mit siebenunddreißig Fragen. Sie galten persönlichen Vorlieben und Wünschen, Aversionen und Ängsten, Selbsteinschätzungen und zuletzt auch dem Lebensmotto der jeweils Befragten. Allwöchentlich wurden sie von einer Person des öffentlichen Lebens in pointierter Form beantwortet. Solche Fragebögen waren als Gesellschaftsspiel im französischen Salon des ausgehenden 19. Jahrhunderts sehr beliebt. Marcel Proust hatte sie gleich zweimal (am 4.9.1887 und 1889/90) – und, wie sich später herausstellte, noch ein weiteres Mal am 25.6.1887 – beantwortet. Deshalb sprach man vom »Proust-Fragebogen«.

Nachforschungen ergaben, dass das Frage- und Antwortspiel wahrscheinlich im viktorianischen England aufkam und dann auf die kontinentaleuropäischen Salons übergriff. Auch deutsche Autoren wie etwa Karl Marx, Wilhelm Busch, Thomas Mann oder Frank Wedekind haben an diesem Gesellschaftsspiel teilgenommen.

Die literarischen Varianten des Spiels führten zu der Idee, aus Anlass des siebzigsten Geburtstags von Hanns-Josef Ortheil Fragen nach persönlichen Vorlieben, Wünschen, Ratschlägen, Einschätzungen zu Ortheils »Treiben und Schreiben« zusammenzustellen. Sechsunddreißig Personen, die ihn auf seinem Weg als Schriftsteller begleitet haben und ihn lange genug kennen, haben den »Ortheil-Fragebogen« beantwortet. Sie erzählen auf nicht immer ganz ernst gemeinte Weise, was sie mit seinem »Treiben und Schreiben« verbinden.

***

Weiteres zu Gattung und Geschichte des »Proust-Fragebogens« findet man hier:

Cent écrivains français répondent au »Questionnaire Marcel Proust«. Hrsg. von Léonce Peillard, Paris 1969

Indiskrete Antworten. Der Fragebogen des FAZ-Magazins. Hrsg. von Georg Hensel und Volker Hage. Stuttgart 1985

Dieter Wuttke: Die Belle Époque und der Fragebogen. Zweite, überarbeitete und erweiterte Auflage. Bamberg 1999

Andreas Platthaus: *Zum Nachdenken zu heiß? Prousts neuentdeckter Fragebogen geht nach Köln.*

Andreas Platthaus: *Vertrauliches für eine Dame namens Blanche. Die Kölner Bibliotheca Reiner Speck präsentiert das gelöste Geheimnis von Marcel Prousts erstem Fragebogen.*

Beide in: PROUSTIANA XXXI/2020, S. 196–202

Michael Au

1. *Sie planen eine Reise mit HJO. Wohin fahren Sie und was erkunden Sie mit ihm zusammen?*
Wir fahren nach Paris und erkunden den Friedhof Père Lachaise.

2. *Sie begleiten HJO in der Dokureihe »Durch die Nacht mit…«. In welcher Stadt sind Sie unterwegs und welche zusätzlichen Gäste laden Sie ein?*
Wir werden in Freiburg im Breisgau mit dem Kult-Trainer Christian Streich und dem Philosophen Markus Gabriel unterwegs sein und darüber streiten, warum es die Welt nicht gibt, aber den SC Freiburg.

3. *Sie überfliegen mit HJO in einer Montgolfiere eine von Ihnen ausgewählte Region dieser Erde. Was zeigen Sie ihm?*
Die Provence.

4. *Sie gehen mit HJO ins Kino. Welchen Film schauen Sie sich an?*
Wir schauen uns einen alten, aber zeitlos schönen Film an: *Die Frau nebenan* von François Truffaut.

5. *Sie erleben HJO als Barpianisten eines Hotels. Was sollte er nur für Sie spielen?*
»I loves you, Porgy« von George Gershwin.

6. *Sie besuchen mit HJO eine Galerie/ein Museum. Über welche Kunstwerke unterhalten Sie sich?*
Wir unterhalten uns über die Skulpturen des großen Westerwälder Bildhauers Erwin Wortelkamp.

7. *Sie treten mit HJO in »Inas Nacht« auf. Was werden Sie beide als Duo singen?*
»Homeward Bound« von Simon & Garfunkel.

8. *Sie kennen eine Glücksfee, die HJO einen Wunsch erfüllen würde. Was wird er sich auf Ihren Rat hin wünschen?*
Einen Tag mal nicht den Zwang zu verspüren, schreiben zu müssen.

9. *Sie wollen HJO etwas näherbringen, das er bisher leider verpasst hat. Was könnte das sein?*
Skat spielen.

10. *Sie erschrecken, als Sie HJO bei einer Aktion beobachten, die Sie ihm nicht zugetraut hätten. Welche könnte es sein?*
Golfen. Da würde ich erbleichen wie Brechts Herr K.

11. *Sie kochen für HJO. Was gibt es zu essen – und was zu trinken?*
Es gibt Linsensuppe – und jede Menge Bier: Hachenburger Zwickel.

12. *HJO kocht für Sie und schenkt Ihnen ein. Gibt es Speisen und Getränke, von denen Sie träumen?*
Ich wünsche mir Agnello brodettato, ein Lammgulasch mit Zitronensauce, dazu einen Rosso di Cerignola aus Apulien.

13. *Sie laden HJO in ein Restaurant ein. Wo und in welches?*
Immer und unbedingt in »Die Alte Vogtei« in Hamm (Sieg).

14. *Sie kleiden HJO ein. Und wie?*
Eine anthrazitfarbene Chino-Hose, ein barolofarbenes Polo-Shirt, weiße Sneaker, Ringelsocken.

15. *Sie trainieren HJO in einer Sportart. Welche wäre ihm zuzumuten?*
Nordic Walking.

16. *Seit Jahren ist HJO ein begeisterter Blogger. Welches Lifestyle-Thema empfehlen Sie ihm für seine Blogbeiträge?*
Ich empfehle ihm Blogbeiträge über gendergerechte Sprache – und hoffe auf beißenden Spott.

17. *Sie sehen, dass HJO eine Kanzel im Kölner Dom besteigt. Gibt es eine Bibelstelle, auf deren Auslegung Sie gespannt sind?*

»Ein Mensch ist in seinem Leben wie Gras, er blüht wie eine Blume auf dem Felde; wenn der Wind darüber geht, so ist sie nimmer da, und ihre Stätte kennet sie nicht mehr.« (Psalm 103)

18. *Sie lieben einen Klassiker der Weltliteratur und wollen ihn verfilmen. Wie und als was kommt HJO zum Einsatz?*
Ich würde Albert Camus' Roman *Die Pest* verfilmen – mit Hanns-Josef Ortheil als Jesuitenpater Paneloux.

19. *Sie haben ein Lieblingsbuch von HJO. Aus welchem seiner Bücher soll er Ihnen vorlesen?*
Eine Lesung aus *Abschied von den Kriegsteilnehmern* wäre wunderbar.

20. *Sie treffen HJO im Jenseits. Worüber unterhalten Sie sich?*
Über das Diesseits.

Michael Au (geboren 1964 in Wissen/Sieg) ist seit 2010 Literaturreferent des Landes Rheinland-Pfalz. Gemeinsam mit HJO engagiert er sich für die Förderung des literarischen Lebens in Wissen und im Westerwald.

Daniela Ballek

1. *Sie planen eine Reise mit HJO. Wohin fahren Sie und was erkunden Sie mit ihm zusammen?*
   Unbedingt nach Venedig!

2. *Sie begleiten HJO in der Dokureihe »Durch die Nacht mit...«. In welcher Stadt sind Sie unterwegs und welche zusätzlichen Gäste laden Sie ein?*
   In der Mainzer Altstadt mit dem Überraschungsgast Grigory Sokolov.

3. *Sie überfliegen mit HJO in einer Montgolfiere eine von Ihnen ausgewählte Region dieser Erde. Was zeigen Sie ihm?*
   Seine »Gärten und Wälder« von oben!

4. *Sie gehen mit HJO ins Kino. Welchen Film schauen Sie sich an?*
   Ich würde ihm lieber ein schönes Konzert vorschlagen.

5. *Sie erleben HJO als Barpianisten eines Hotels. Was sollte er nur für Sie spielen?*
   HJO hat die freie Wahl – ich bin gespannt.

6. *Sie besuchen mit HJO eine Galerie/ein Museum. Über welche Kunstwerke unterhalten Sie sich?*
   Das ergibt sich erst vor Ort...

7. *Sie treten mit HJO in »Inas Nacht« auf. Was werden Sie beide als Duo singen?*
   Lieber nicht, das würde eine Katastrophe!!

8. *Sie kennen eine Glücksfee, die HJO einen Wunsch erfüllen würde. Was wird er sich auf Ihren Rat hin wünschen?*
   Wieder richtig gut Klavierspielen zu können.

9. *Sie wollen HJO etwas näherbringen, das er bisher leider verpasst hat. Was könnte das sein?*
Hat er was verpasst?!

10. *Sie erschrecken, als Sie HJO bei einer Aktion beobachten, die Sie ihm nicht zugetraut hätten. Welche könnte es sein?*
Der Stabhochsprung!

11. *Sie kochen für HJO. Was gibt es zu essen – und was zu trinken?*
Das Kochen überlasse ich lieber HJO …

12. *HJO kocht für Sie und schenkt Ihnen ein. Gibt es Speisen und Getränke, von denen Sie träumen?*
Das hoffe ich sehr!

13. *Sie laden HJO in ein Restaurant ein. Wo und in welches?*
Zu einem Zitronentörtchen im Café Maldaner in Wiesbaden.

14. *Sie kleiden HJO ein. Und wie?*
Um Gottes willen!!

15. *Sie trainieren HJO in einer Sportart. Welche wäre ihm zuzumuten?*
Unbedingt Eiskunstlauf – eventuell sogar Paarlaufen.

16. *Seit Jahren ist HJO ein begeisterter Blogger. Welches Lifestyle-Thema empfehlen Sie ihm für seine Blogbeiträge?*
–

17. *Sie sehen, dass HJO eine Kanzel im Kölner Dom besteigt. Gibt es eine Bibelstelle, auf deren Auslegung Sie gespannt sind?*
Mal sehen, was er sich einfallen lässt!

18. *Sie lieben einen Klassiker der Weltliteratur und wollen ihn verfilmen. Wie und als was kommt HJO zum Einsatz?*
Als Mephistopheles?!

19. *Sie haben ein Lieblingsbuch von HJO. Aus welchem seiner Bücher soll er Ihnen vorlesen?*

Das ist sehr schwer zu entscheiden ...

20. *Sie treffen HJO im Jenseits. Worüber unterhalten Sie sich?*

Einmal darf man raten!

———————

Daniela Ballek (geboren 1931) ist Pianistin und Schülerin von Claudio Arrau. Viele Jahre lehrte sie am Mainzer Peter-Cornelius-Konservatorium und an der Mainzer Musikhochschule. Sie war eine der prägenden Klavierlehrerinnen von HJO.

Maria Bastian-Erll

1. *Sie planen eine Reise mit HJO. Wohin fahren Sie und was er-*
   kunden Sie mit ihm zusammen?
   Nach Sizilien. Und das wird sehr einseitig, nur ich erkunde. Er
   ist der Reiseführer.
2. *Sie begleiten HJO in der Dokureihe »Durch die Nacht mit…«.*
   In welcher Stadt sind Sie unterwegs und welche zusätzlichen
   Gäste laden Sie ein?
   Venedig. Mein Mann und ein befreundetes Paar sind dabei.
3. *Sie überfliegen mit HJO in einer Montgolfiere eine von Ihnen*
   ausgewählte Region dieser Erde. Was zeigen Sie ihm?
   Seinen geträumten Flug mit dem Bundespräsidenten über das
   Wisserland (»Mein Traum von Wissen an der Sieg«) wieder-
   holen wir mit dem Ballon. Von unserem Korb aus können wir
   schauen, was sich seit 2009 verändert hat.
4. *Sie gehen mit HJO ins Kino. Welchen Film schauen Sie sich an?*
   Das Leben ist nichts für Feiglinge mit Wotan Wilke Möhring
   und Helen Woigk. Auf dem Weg zum Kino frage ich, ob wir
   nicht lieber in einem netten Lokal einkehren sollen und er mir
   etwas vorlesen würde.
5. *Sie erleben HJO als Barpianisten eines Hotels. Was sollte er nur*
   für Sie spielen?
   »As Time Goes By« – und dann sage ich: »Schau mir in die
   Augen, Kleiner!«
6. *Sie besuchen mit HJO eine Galerie/ein Museum. Über welche*
   Kunstwerke unterhalten Sie sich?
   Ich fahre mit ihm zum Kunstraum am Limes in Hillscheid, wo
   die Sammlung zeitgenössischer Kunst des leider zu früh ver-

storbenen Mäzens Dr. Axel Ciesielski in grandiosen, spartanischen Räumlichkeiten zu sehen ist. Dort gestehe ich, dass mir viele dieser Werke, z. B. die von K. O. Götz, gefallen, obwohl ich sie nicht verstehe. Und er erklärt sie mir. Oder er macht mir klar, dass man nicht alles Schöne auch verstehen muss.

7. *Sie treten mit HJO in »Inas Nacht« auf. Was werden Sie beide als Duo singen?*

»Griechischer Wein« – aber nein, das ziehe ich lieber zurück. Das kann ich ihm nicht antun. Außerdem trinken wir beide lieber italienischen.

8. *Sie kennen eine Glücksfee, die HJO einen Wunsch erfüllen würde. Was wird er sich auf Ihren Rat hin wünschen?*

Lebensfreude und Gelassenheit. Immer. Überall.

9. *Sie wollen HJO etwas näherbringen, das er bisher leider verpasst hat. Was könnte das sein?*

Ein Urlaub in Skandinavien, ohne Besichtigungsprogramm. Im Wald spazieren gehen, jeden Tag im See baden, Pilze und Blaubeeren sammeln. Lesen und Schreiben sind auch nicht verboten. Und wenn schon Besichtigungen, dann mit Selma Lagerlöfs Nils Holgersson als Reiseführer.

10. *Sie erschrecken, als Sie HJO bei einer Aktion beobachten, die Sie ihm nicht zugetraut hätten. Welche könnte es sein?*

Ich habe ihn beobachtet, als er in einem Sternerestaurant einen silbernen Löffel mitgehen lässt. Ich bin entsetzt! Das hat er doch nicht nötig. Worum geht es ihm dabei?

11. *Sie kochen für HJO. Was gibt es zu essen – und was zu trinken?*

Entenbrust, Rosenkohlstampf mit Maronen und Frischkäse, Kartoffelviertel mit Olivenöl und frischem Rosmarin. Dazu einen umbrischen Rotwein.

12. *HJO kocht für Sie und schenkt Ihnen ein. Gibt es Speisen und Getränke, von denen Sie träumen?*

Er hat einmal gesagt, dass er hervorragende Kutteln zubereiten kann. Die gehören zu meinen Alpträumen. Kann er mich vom Gegenteil überzeugen? Ein Bier würde ich gerne dazu trinken.

13. *Sie laden HJO in ein Restaurant ein. Wo und in welches?*

In den Obersalterberger Hof in Marienthal mit dem Namen »Heinzelmännchen Hofcafé«. Der erste Schreck über den Namen und die überaus rustikale Einrichtung verflüchtigt sich, wenn er die Speisekarte liest. Und er staunt schließlich, was die Köchin Kathrin Brück da auf den Tisch bringt.

14. *Sie kleiden HJO ein. Und wie?*

Soll ich ihm einen schönen, weichen Norwegerpullover stricken? Ich verstehe weiß Gott nichts von Lifestyle.

15. *Sie trainieren HJO in einer Sportart. Welche wäre ihm zuzumuten?*

Ich soll jemanden trainieren? Im besten Fall fahren wir mit dem E-Bike durch das schöne Holperbachtal.

16. *Seit Jahren ist HJO ein begeisterter Blogger. Welches Lifestyle-Thema empfehlen Sie ihm für seine Blogbeiträge?*

Was zur Hölle ist Lifestyle? Geht es da um ein gutes Leben? Wie das gelingt, das interessiert die Menschen.

17. *Sie sehen, dass HJO eine Kanzel im Kölner Dom besteigt. Gibt es eine Bibelstelle, auf deren Auslegung Sie gespannt sind?*

Wunderbar, er spricht über die Bergpredigt!

18. *Sie lieben einen Klassiker der Weltliteratur und wollen ihn verfilmen. Wie und als was kommt HJO zum Einsatz?*

In Sten Nadolnys *Die Entdeckung der Langsamkeit* spielt er John Franklin.

19. *Sie haben ein Lieblingsbuch von HJO. Aus welchem seiner Bücher soll er Ihnen vorlesen?*

Aus *Schwerenöter,* gerne humorvolle Abschnitte.

20. *Sie treffen HJO im Jenseits. Worüber unterhalten Sie sich?*

Wir schauen uns zusammen an, wie die Westerwälder Literaturtage ohne uns weitergehen. Und staunen darüber, dass anders auch gut sein kann.

Maria Bastian-Erll führt seit mehr als 25 Jahren den *buchladen* in Wissen. Seit 2001 organisierte sie mit HJO die Westerwälder Literaturtage, deren Leitung sie von ihm 2011 übernahm.

Michael Braun

1. *Sie planen eine Reise mit HJO. Wohin fahren Sie und was erkunden Sie mit ihm zusammen?*
Auf die Insel der Dolci. Wir besuchen den Internationalen Germanistenkongress in Palermo, erkunden Gärten und Pasticcerias, die Villa Romana, das Caffé dell'Arte in Modica – und lesen uns literarische Reiseberichte vor.

2. *Sie begleiten HJO in der Dokureihe »Durch die Nacht mit...«. In welcher Stadt sind Sie unterwegs und welche zusätzlichen Gäste laden Sie ein?*
Köln natürlich. Der Brauhäuser wegen, linksrheinisch flanieren wir mit dem Verleger von Böll, rechtsrheinisch mit einem Adenauer-Enkel.

3. *Sie überfliegen mit HJO in einer Montgolfiere eine von Ihnen ausgewählte Region dieser Erde. Was zeigen Sie ihm?*
Umgekehrt: HJO überfliegt mit mir und erklärt mir den Westerwald.

4. *Sie gehen mit HJO ins Kino. Welchen Film schauen Sie sich an?*
Einen mit einem tricky Happy End. Kubricks *Eyes Wide Shut.*

5. *Sie erleben HJO als Barpianisten eines Hotels. Was sollte er nur für Sie spielen?*
Die Waldstein-Sonate, zweiten und dritten Satz.

6. *Sie besuchen mit HJO eine Galerie/ein Museum. Über welche Kunstwerke unterhalten Sie sich?*
Über die mit literarischem Bezug.

7. *Sie treten mit HJO in »Inas Nacht« auf. Was werden Sie beide als Duo singen?*

Shantys, aber nur nach zwei anständigen Jever und von mir aus auch ohne Zuhörer.

8. *Sie kennen eine Glücksfee, die HJO einen Wunsch erfüllen würde. Was wird er sich auf Ihren Rat hin wünschen?*

Dass ansteckend nur das Lesen sein sollte.

9. *Sie wollen HJO etwas näherbringen, das er bisher leider verpasst hat. Was könnte das sein?*

Ein Weißbier beim Zielbuffet nach einem (Halb-)Marathon.

10. *Sie erschrecken, als Sie HJO bei einer Aktion beobachten, die Sie ihm nicht zugetraut hätten. Welche könnte es sein?*

Bungee-Jumping oder Fallschirmspringen.

11. *Sie kochen für HJO. Was gibt es zu essen – und was zu trinken?*

Kürbiscremesuppe. Mit frischem Baguette und einem leichten Pinot grigio.

12. *HJO kocht für Sie und schenkt Ihnen ein. Gibt es Speisen und Getränke, von denen Sie träumen?*

Da lasse ich mich überraschen.

13. *Sie laden HJO in ein Restaurant ein. Wo und in welches?*

Das an der Funicolare in der Città Alta in Bergamo, falls es das da noch gibt, sonst das auf der Burg Nideggen.

14. *Sie kleiden HJO ein. Und wie?*

Das würde ich meiner guten Freundin Anja überlassen.

15. *Sie trainieren HJO in einer Sportart. Welche wäre ihm zuzumuten?*

Anders: Wir trainieren zusammen mittlere Schwimmstrecken in ruhigen offenen Gewässern.

16. *Seit Jahren ist HJO ein begeisterter Blogger. Welches Lifestyle-Thema empfehlen Sie ihm für seine Blogbeiträge?*

Nutzen und Nachteil von digitalen Dienern (Alexa & Co.).

17. *Sie sehen, dass HJO eine Kanzel im Kölner Dom besteigt. Gibt es eine Bibelstelle, auf deren Auslegung Sie gespannt sind?*

    Die Sohnesverheißung an Abraham, bei der Sara lacht.

18. *Sie lieben einen Klassiker der Weltliteratur und wollen ihn verfilmen. Wie und als was kommt HJO zum Einsatz?*

    Als der Dichter und Connaisseur Stefan Andres (1906–1970) in einem Bio-Pic über dessen italienische Jahre in Positano und Rom.

19. *Sie haben ein Lieblingsbuch von HJO. Aus welchem seiner Bücher soll er Ihnen vorlesen?*

    Im Wechsel aus der *Moselreise* und dem *Blauen Weg*.

20. *Sie treffen HJO im Jenseits. Worüber unterhalten Sie sich?*

    Über eine zünftige Autorenlesung dort mit anschließendem Gespräch mit Albertus Magnus, Adenauer und Stefan Andres und die Speisekarte fürs Abendmahl.

———————

Michael Braun (geboren 1964) ist Professor für Neuere deutsche Literatur an der Universität zu Köln und Leiter des Referats Literatur der Konrad-Adenauer-Stiftung. Seit vielen Jahren hat er hat das Werk von HJO durch Rezensionen und in Veranstaltungen begleitet.

Helga Burgemeister

1. *Sie planen eine Reise mit HJO. Wohin fahren Sie und was erkunden Sie mit ihm zusammen?*
   Im VW-Bully, der als Campingbus ausgestattet ist, erkunden wir gemeinsam auf den Campingplätzen Niedersachsens Land und Leute und entwickeln einen eigenen Campingführer.

2. *Sie begleiten HJO in der Dokureihe »Durch die Nacht mit …«. In welcher Stadt sind Sie unterwegs und welche zusätzlichen Gäste laden Sie ein?*
   Das würde ich mir in Leipzig gut vorstellen können, zusammen mit den Schauspieler_innen Ulrich Noethen, Eva Mattes, Katharina Thalbach und Carmen-Maja Antoni. Wie HJO auch alles interessante Persönlichkeiten, deren Zusammenspiel spannend wäre.

3. *Sie überfliegen mit HJO in einer Montgolfiere eine von Ihnen ausgewählte Region dieser Erde. Was zeigen Sie ihm?*
   Ausgestattet mit einem exquisit gefüllten Picknickkorb, einer guten Flasche Wein und bei bestem Wetter würden wir uns genüsslich den Weserlauf von oben anschauen und uns gegenseitig auf interessante Anblicke aufmerksam machen.

4. *Sie gehen mit HJO ins Kino. Welchen Film schauen Sie sich an?*
   Der Junge muss an die frische Luft (Hape Kerkeling) mit dem Kontext, einen Lebensweg zu erfahren und dass besondere familiäre Situationen im besten Falle besondere Persönlichkeiten und Karrieren formen.

5. *Sie erleben HJO als Barpianisten eines Hotels. Was sollte er nur für Sie spielen?*
   Am liebsten »As time goes by« mit tollen Verzierungen.

6. *Sie besuchen mit HJO eine Galerie/ein Museum. Über welche Kunstwerke unterhalten Sie sich?*
Bei der Wanderung durch die Galerie/das Museum über diejenigen Kunstwerke und Exponate, die uns berühren und Gedanken und Leidenschaften entfachen (positiv wie negativ), die neugierig machen und vielleicht auch mal lustig sind. Und auch über diejenigen, mit denen wir uns gar nicht anfreunden können.

7. *Sie treten mit HJO in »Inas Nacht« auf. Was werden Sie beide als Duo singen?*
»Heute hier morgen dort« von Hannes Wader.

8. *Sie kennen eine Glücksfee, die HJO einen Wunsch erfüllen würde. Was wird er sich auf Ihren Rat hin wünschen?*
Ein neues Fahrrad.

9. *Sie wollen HJO etwas näherbringen, das er bisher leider verpasst hat. Was könnte das sein?*
Motorrad fahren.

10. *Sie erschrecken, als Sie HJO bei einer Aktion beobachten, die Sie ihm nicht zugetraut hätten. Welche könnte es sein?*
Ich sehe ihn überraschend kurz nach Sonnenaufgang im Park der Domäne in leichter Sportbekleidung bei einem Yoga-Kopfstand.

11. *Sie kochen für HJO. Was gibt es zu essen – und was zu trinken?*
Ich serviere Hochzeitssuppe als Vorspeise, Königsberger Klopse mit Salzkartoffeln als Hauptgang, dunkle Schokoladenmousse mit Kirschen als Dessert. Zur Vorspeise gibt es einen halbtrockenen Sherry, zum Hauptgang vielleicht einen Muscadet sur lie aus dem Loiretal, und nach dem Abschlusskaffee einen feinen Cognac.

12. *HJO kocht für Sie und schenkt Ihnen ein. Gibt es Speisen und Getränke, von denen Sie träumen?*

Hochzeitssuppe als Vorspeise, gedünsteter Fisch mit Pellkartoffeln, Butter und Petersilie als Hauptgang, Vanilleeis mit heißen Himbeeren als Dessert. Champagner zur Einstimmung, einen Weißburgunder zum Hauptgang und einen kleinen, feinen Cointreau zum Abschluss.

13. *Sie laden HJO in ein Restaurant ein. Wo und in welches?*

Wir würden uns im renommierten Restaurant »Die Insel« in Hannover am Maschsee mit Seeblick und Terrasse kulinarisch verwöhnen lassen.

14. *Sie kleiden HJO ein. Und wie?*

Im Stil der 20er Jahre mit Schlägermütze, Weste, Fliege und Knickerbocker.

15. *Sie trainieren HJO in einer Sportart. Welche wäre ihm zuzumuten?*

Tai Chi, wegen seiner ruhigen, kontrollierten, sanften und doch kraftvollen Bewegungsabläufe. Da finden wir auf jeden Fall ein gemeinsames Tempo.

16. *Seit Jahren ist HJO ein begeisterter Blogger. Welches Lifestyle-Thema empfehlen Sie ihm für seine Blogbeiträge?*

Was trägt der Herr zu welcher Gelegenheit? Und: Schuhe, die uns durchs Leben tragen. HJO stellt dabei besondere Modemanufakturen vor.

17. *Sie sehen, dass HJO eine Kanzel im Kölner Dom besteigt. Gibt es eine Bibelstelle, auf deren Auslegung Sie gespannt sind?*

HJO wird sicher etwas Gutes und Interessantes wählen.

18. *Sie lieben einen Klassiker der Weltliteratur und wollen ihn verfilmen. Wie und als was kommt HJO zum Einsatz?*

Vielleicht *Die Schatzinsel* von Robert Louis Stevenson. HJO spielt die Rolle des verschlagenen, intelligenten, listigen Long

John Silver, der als Schiffskoch auf der Hispaniola anheuert und sehr wesentlich zum Ablauf des Geschehens beiträgt.

19. *Sie haben ein Lieblingsbuch von HJO. Aus welchem seiner Bücher soll er Ihnen vorlesen?*

Aus *Der von den Löwen träumte.*

20. *Sie treffen HJO im Jenseits. Worüber unterhalten Sie sich?*

Da wir dann das irdische Leben bereits hinter uns gelassen haben, werden wir uns entspannt in einer himmlischen Trattoria bei einem guten Wein und kleinen Häppchen (falls man sich dann noch solchen Genüssen hingeben kann) über vergangene Zeiten und mancherlei Irrwitz des Erdenlebens austauschen. Und vielleicht schaut Hemingway ja auch kurz vorbei…

Helga Burgemeister ist seit 2008 Sekretärin des Instituts für Literarisches Schreiben und Literaturwissenschaft der Universität Hildesheim.

Heinz-Jürgen Dambmann

1. *Sie planen eine Reise mit HJO. Wohin fahren Sie und was erkunden Sie mit ihm zusammen?*

   Ganz klar nach Venedig. Einen besseren Reiseführer als HJO gibt es nicht. Das wäre ein Lebenshighlight.

2. *Sie begleiten HJO in der Dokureihe »Durch die Nacht mit…«. In welcher Stadt sind Sie unterwegs und welche zusätzlichen Gäste laden Sie ein?*

   Natürlich unterwegs in Köln in Begleitung von Caroline Peters. Der Brauhäuser und der Menschen wegen.

3. *Sie überfliegen mit HJO in einer Montgolfiere eine von Ihnen ausgewählte Region dieser Erde. Was zeigen Sie ihm?*

   Mit HJO in einer Montgolfiere über den Westerwald. Aber nur bei idealem Wetter und ganz ruhiger Fahrt …

4. *Sie gehen mit HJO ins Kino. Welchen Film schauen Sie sich an?*

   Im Lauf der Zeit von Wim Wenders mit dem großartigen Rüdiger Vogler und der geilen Musik von Improved Sound Limited. Und bei »King of the road« singen wir wieder mit wie damals, als wir die Kings of the road waren.

5. *Sie erleben HJO als Barpianisten eines Hotels. Was sollte er nur für Sie spielen?*

   Gymnopédie Nr. 1 von Eric Satie.

6. *Sie besuchen mit HJO eine Galerie/ein Museum. Über welche Kunstwerke unterhalten Sie sich?*

   Über die Bilder von William Turner und die Bedeutung des Lichts.

7. *Sie treten mit HJO in »Inas Nacht« auf. Was werden Sie beide als Duo singen?*

»Winterstürme wichen dem Wonnemond« nach einigen gut gekühlten Rheingauer Rieslingschorlen.

8. *Sie kennen eine Glücksfee, die HJO einen Wunsch erfüllen würde. Was wird er sich auf Ihren Rat hin wünschen?*

Eine Begegnung mit Heinrich Böll.

9. *Sie wollen HJO etwas näherbringen, das er bisher leider verpasst hat. Was könnte das sein?*

Whisky (schottischen). Das Wasser des Lebens!

10. *Sie erschrecken, als Sie HJO bei einer Aktion beobachten, die Sie ihm nicht zugetraut hätten. Welche könnte es sein?*

Beim Felgaufschwung am Stufenbarren.

11. *Sie kochen für HJO. Was gibt es zu essen – und was zu trinken?*

Himmel un Ääd mit Flönz. Dazu ein gut gekühltes Reissdorf Kölsch vom Fass.

12. *HJO kocht für Sie und schenkt Ihnen ein. Gibt es Speisen und Getränke, von denen Sie träumen?*

Absolutes Vertrauen. Das soll HJO übernehmen. Ich lasse mich gern überraschen.

13. *Sie laden HJO in ein Restaurant ein. Wo und in welches?*

In das Burgrestaurant Nideggen in der wunderschönen Voreifel.

14. *Sie kleiden HJO ein. Und wie?*

Wir gehen zusammen in die Herrenboutique von Erwin Lindemann in Wuppertal.

15. *Sie trainieren HJO in einer Sportart. Welche wäre ihm zuzumuten?*

Wir studieren zusammen eine Kür im Synchronschwimmen ein, so albern wie in alten Tagen.

16. *Seit Jahren ist HJO ein begeisterter Blogger. Welches Lifestyle-Thema empfehlen Sie ihm für seine Blogbeiträge?*
Den E-Boy-Style, die Freiheit, ohne Klischees und Regeln zu leben und sich zu kleiden. Z.B. Faltenröcke über Jeans kombiniert.

17. *Sie sehen, dass HJO eine Kanzel im Kölner Dom besteigt. Gibt es eine Bibelstelle, auf deren Auslegung Sie gespannt sind?*
»Ich will dich segnen, und du sollst ein Segen sein.« (Genesis 12,2)

18. *Sie lieben einen Klassiker der Weltliteratur und wollen ihn verfilmen. Wie und als was kommt HJO zum Einsatz?*
In der Verfilmung von Robert Louis Stevensons *Die Schatzinsel* als Dr. David Livesey. Ich übernehme die Rolle von Jim Hawkins.

19. *Sie haben ein Lieblingsbuch von HJO. Aus welchem seiner Bücher soll er Ihnen vorlesen?*
Da schwanke ich zwischen *Die Moselreise* und *Die Erfindung des Lebens*.

20. *Sie treffen HJO im Jenseits. Worüber unterhalten Sie sich?*
Über das langweilige Dasein im Jenseits und über die trostspendende Speise- und Getränkezusammenstellung fürs Abendmahl.

———————

Heinz-Jürgen Dambmann (geboren 1952 in Mainz) ist seit den Mainzer Gymnasialjahren mit HJO eng befreundet.

Joachim Frank

1. *Sie planen eine Reise mit HJO. Wohin fahren Sie und was er-
    kunden Sie mit ihm zusammen?*
    Venedig – als Blind Date.
2. *Sie begleiten HJO in der Dokureihe »Durch die Nacht mit...«.
    In welcher Stadt sind Sie unterwegs und welche zusätzlichen
    Gäste laden Sie ein?*
    Wien – gemeinsam mit Eva und Robert Menasse.
3. *Sie überfliegen mit HJO in einer Montgolfiere eine von Ihnen
    ausgewählte Region dieser Erde. Was zeigen Sie ihm?*
    Kalifornien, Yosemite-Nationalpark mit »El Capitan« und den
    Sequoia National Forest mit dem »Trail of the 100 Giants«.
4. *Sie gehen mit HJO ins Kino. Welchen Film schauen Sie sich
    an?*
    Den französischen Film *Ce qui nous lie* (dt.: *Der Wein und der
    Wind*, 2017) über drei sehr unterschiedliche Geschwister, die
    ein Weingut in Burgund erben und vor der Frage stehen, ob
    sie es verkaufen müssen oder weiterführen können.
5. *Sie erleben HJO als Barpianisten eines Hotels. Was sollte er nur
    für Sie spielen?*
    Variationen über Dimitri Tiomkins Filmmusik zu *The Old
    Man and the Sea*.
6. *Sie besuchen mit HJO eine Galerie/ein Museum. Über welche
    Kunstwerke unterhalten Sie sich?*
    Wir gehen auf Caravaggio-Tour in den einschlägigen Samm-
    lungen von Neapel über Rom und Florenz, London, Wien,
    Berlin und mehr.

7. *Sie treten mit HJO in »Inas Nacht« auf. Was werden Sie beide als Duo singen?*
Ohne jede Rücksicht auf Quotenkiller-Argumente und eine Erste ästhetische Verunsicherung intonieren wir »Au fond du temple saint« aus George Bizets *Les pêcheurs de perles* in interpretatorischer Annäherung an die Version von Fritz Wunderlich und Hermann Prey.

8. *Sie kennen eine Glücksfee, die HJO einen Wunsch erfüllen würde. Was wird er sich auf Ihren Rat hin wünschen?*
Eine Bahncard 100 First.

9. *Sie wollen HJO etwas näherbringen, das er bisher leider verpasst hat. Was könnte das sein?*
Paragliding.

10. *Sie erschrecken, als Sie HJO bei einer Aktion beobachten, die Sie ihm nicht zugetraut hätten. Welche könnte es sein?*
Ein Wheelie auf einer Harley-Davidson.

11. *Sie kochen für HJO. Was gibt es zu essen – und was zu trinken?*
Ich würde es nicht wagen, HJO zu bekochen. Schließlich möchte ich ja, dass er auch danach noch mit mir redet. Es wird also auf ein Catering hinauslaufen. In Unkenntnis der Speisenfolge biete ich einen Gewürztraminer aus dem Elsass (Mambourg, Marc Tempé) und einen Châteauneuf-du-Pape (Chaupin, Domaine de la Janasse) an.

12. *HJO kocht für Sie und schenkt Ihnen ein. Gibt es Speisen und Getränke, von denen Sie träumen?*
Die perfekte Carbonara und dazu einen Barbera d'Alba oder einen Barolo nach HJOs Wahl.

13. *Sie laden HJO in ein Restaurant ein. Wo und in welches?*
Ein kleines französisches Bistro in Köln auf der Krefelder Straße (für Genießer vom Rang eines HJO leicht zu identifizieren).

14. *Sie kleiden HJO ein. Und wie?*

Als guten Hirten mit Lodenpelerine, schweren Stiefeln, breit-krempigem Hut und Knotenstock.

15. *Sie trainieren HJO in einer Sportart. Welche wäre ihm zuzumuten?*

Da ich selbst allen Mannschaftssportarten abhold bin, bleibt neben dem Lifestyle-Klassiker Bogenschießen (siehe Frage 16) das Rudern, maximal stylisch auf dem »WaterRower« aus *House of Cards.*

16. *Seit Jahren ist HJO ein begeisterter Blogger. Welches Lifestyle-Thema empfehlen Sie ihm für seine Blogbeiträge?*

Social-Media-Detox.

17. *Sie sehen, dass HJO eine Kanzel im Kölner Dom besteigt. Gibt es eine Bibelstelle, auf deren Auslegung Sie gespannt sind?*

»Prophetisches Reden hat ein Ende, Zungenrede verstummt, Erkenntnis vergeht. Denn Stückwerk ist unser Erkennen, Stückwerk unser prophetisches Reden; wenn aber das Vollendete kommt, vergeht alles Stückwerk.« (1. Korintherbrief 13,9-10)

18. *Sie lieben einen Klassiker der Weltliteratur und wollen ihn verfilmen. Wie und als was kommt HJO zum Einsatz?*

Als Oberon im *Sommernachtstraum.*

19. *Sie haben ein Lieblingsbuch von HJO. Aus welchem seiner Bücher soll er Ihnen vorlesen?*

Unbedingt und immer wieder die große Restaurant-Szene aus *Die geheimen Stunden der Nacht,* am liebsten bei einem Orts-termin.

20. *Sie treffen HJO im Jenseits. Worüber unterhalten Sie sich?*

Über Orpheus und Eurydike und die Frage, ob Hades und Persephone (oder wer immer in HJOs Jenseits zuständig ist) auch ihm nach einer Lesung aus dem eigenen Œuvre die Rückkehr zur Erde erlauben werden.

Joachim Frank (geboren 1965) ist Chefkorrespondent und Mitglied der Chefredaktion des *Kölner Stadtanzeiger*. Seit einigen Jahren betreut er die regelmäßig erscheinenden Kolumnen von HJO.

Wolfgang-Uwe Friedrich

1. *Sie planen eine Reise mit HJO. Wohin fahren Sie und was er-kunden Sie mit ihm zusammen?*
   Nach Ravenna zu den Mosaiken.

2. *Sie begleiten HJO in der Dokureihe »Durch die Nacht mit ...«.
   In welcher Stadt sind Sie unterwegs und welche zusätzlichen Gäste laden Sie ein?*
   In Neapel mit Gabriel Zuchtriegel und Sylvain Bellenger.

3. *Sie überfliegen mit HJO in einer Montgolfiere eine von Ihnen ausgewählte Region dieser Erde. Was zeigen Sie ihm?*
   Die Hildesheimer Börde und die Domäne Marienburg aus 1000 Meter Höhe (oder doch nicht ganz so hoch).

4. *Sie gehen mit HJO ins Kino. Welchen Film schauen Sie sich an?*
   Visconti, *Il Gattopardo*.

5. *Sie erleben HJO als Barpianisten eines Hotels. Was sollte er nur für Sie spielen?*
   Ein Stück seiner Wahl, »begleitet« von Melody Gardot.

6. *Sie besuchen mit HJO eine Galerie/ein Museum. Über welche Kunstwerke unterhalten Sie sich?*
   Über die drei Caravaggios in San Luigi dei Francesi.

7. *Sie treten mit HJO in »Inas Nacht« auf. Was werden Sie beide als Duo singen?*
   Wir schweigen – und ich spiele das Duett Norma-Adalgisa aus Bellinis *Norma* mit Joan Sutherland und Marylin Horne.

8. *Sie kennen eine Glücksfee, die HJO einen Wunsch erfüllen würde. Was wird er sich auf Ihren Rat hin wünschen?*
   Ein Wunschmenu, gekocht von Heinz Beck persönlich im La Pergola, serviert auf der Terrasse.

9. *Sie wollen HJO etwas näherbringen, das er bisher leider verpasst hat. Was könnte das sein?*
Das Eröffnungskonzert der »Weißen Nächte« in Sankt Petersburg und tags darauf ins Russische Museum zu Serow und Repin.

10. *Sie erschrecken, als Sie HJO bei einer Aktion beobachten, die Sie ihm nicht zugetraut hätten. Welche könnte es sein?*
Skiweitsprung.

11. *Sie kochen für HJO. Was gibt es zu essen – und was zu trinken?*
Tafelspitz und Grüner Veltliner.

12. *HJO kocht für Sie und schenkt Ihnen ein. Gibt es Speisen und Getränke, von denen Sie träumen?*
Osso buco und Tignanello.

13. *Sie laden HJO in ein Restaurant ein. Wo und in welches?*
In Turin ins Del Cambio.

14. *Sie kleiden HJO ein. Und wie?*
Bei Davide Cenci in Rom, zur Abwechslung konservativ, dunkelblau, wohl doch eher Einreiher.

15. *Sie trainieren HJO in einer Sportart. Welche wäre ihm zuzumuten?*
Flanieren.

16. *Seit Jahren ist HJO ein begeisterter Blogger. Welches Lifestyle-Thema empfehlen Sie ihm für seine Blogbeiträge?*
Die Kunst des Lesens.

17. *Sie sehen, dass HJO eine Kanzel im Kölner Dom besteigt. Gibt es eine Bibelstelle, auf deren Auslegung Sie gespannt sind?*
»Da merkte ich, dass es nichts Besseres dabei gibt als fröhlich sein und sich gütlich tun in seinem Leben. Denn ein Mensch, der da isst und trinkt und hat guten Mut bei all seinem Mühen, das ist eine Gabe Gottes.« (Prediger Salomo 3, 12-13)

18. *Sie lieben einen Klassiker der Weltliteratur und wollen ihn ver-*
    filmen. Wie und als was kommt HJO zum Einsatz?
    Pierre Besuchow in *Krieg und Frieden.*
19. *Sie haben ein Lieblingsbuch von HJO. Aus welchem seiner*
    Bücher soll er Ihnen vorlesen?
    Aus der *Moselreise.*
20. *Sie treffen HJO im Jenseits. Worüber unterhalten Sie sich?*
    Über Glücklichsein in Italien.

———————

Wolfgang-Uwe Friedrich, (geboren 1952) war von 2002 bis Ende 2020 Präsident der Universität Hildesheim und maßgeblich an der Gründung des Instituts für Literarisches Schreiben und Literaturwissenschaft beteiligt.

Erich Garhammer

1. *Sie planen eine Reise mit HJO. Wohin fahren Sie und was er-*
   kunden Sie mit ihm zusammen?
   Wir fahren in den Iran und erkunden das Land von Nord bis
   Süd und Ost nach West.

2. *Sie begleiten HJO in der Dokureihe »Durch die Nacht mit…«.*
   In welcher Stadt sind Sie unterwegs und welche zusätzlichen
   Gäste laden Sie ein?
   Wir fahren durch Isfahan und enden im armenischen Viertel.
   Begleiten lassen wir uns von Navid Kermani.

3. *Sie überfliegen mit HJO in einer Montgolfiere eine von Ihnen*
   ausgewählte Region dieser Erde. Was zeigen Sie ihm?
   Wir überfliegen Shiraz und staunen, wie viele Menschen das
   Grab des Dichters Hafiz besuchen. Welche Aussicht für einen
   Poeten!

4. *Sie gehen mit HJO ins Kino. Welchen Film schauen Sie sich*
   an?
   Papst Franziskus – Ein Mann seines Wortes von Wim Wenders.

5. *Sie erleben HJO als Barpianisten eines Hotels. Was sollte er nur*
   für Sie spielen?
   Von Martin Kälberer aus seinem in Corona-Zeiten entstandenen Doppelalbum »Insightout« Part I, eine Suche nach Klängen aus der Stille.

6. *Sie besuchen mit HJO eine Galerie/ein Museum. Über welche*
   Kunstwerke unterhalten Sie sich?
   Die Pinakothek der Moderne in München. Wir sprechen über
   Wolfgang Laibs »Blütenstaub von Kiefern«.

7. *Sie treten mit HJO in »Inas Nacht« auf. Was werden Sie beide als Duo singen?*
Mit 70 (!) hat man noch Träume …

8. *Sie kennen eine Glücksfee, die HJO einen Wunsch erfüllen würde. Was wird er sich auf Ihren Rat hin wünschen?*
Ein Seniorenstudium an der Jesuitenhochschule in München.

9. *Sie wollen HJO etwas näherbringen, das er bisher leider verpasst hat. Was könnte das sein?*
Yoga.

10. *Sie erschrecken, als Sie HJO bei einer Aktion beobachten, die Sie ihm nicht zugetraut hätten. Welche könnte es sein?*
Kopfstand.

11. *Sie kochen für HJO. Was gibt es zu essen – und was zu trinken?*
Schwarzwurzelrisotto mit einem Silvaner Abtsleite vom Juliusspital Würzburg.

12. *HJO kocht für Sie und schenkt Ihnen ein. Gibt es Speisen und Getränke, von denen Sie träumen?*
Ganz einfach: Vollkornspaghetti mit Sardellensauce und ein Ombra; dazu ein kleiner Vortrag zum »Gastmahl im Hause des Levi« von Paolo Veronese in der Accademia in Venedig.

13. *Sie laden HJO in ein Restaurant ein. Wo und in welches?*
Ins Orphée in Regensburg. Motto: fluctuat nec mergitur.

14. *Sie kleiden HJO ein. Und wie?*
Travel wear in nude.

15. *Sie trainieren HJO in einer Sportart. Welche wäre ihm zuzumuten?*
Radfahren.

16. *Seit Jahren ist HJO ein begeisterter Blogger. Welches Lifestyle-Thema empfehlen Sie ihm für seine Blogbeiträge?*
Bioprodukte von »saftgras«.

17. *Sie sehen, dass HJO eine Kanzel im Kölner Dom besteigt. Gibt es eine Bibelstelle, auf deren Auslegung Sie gespannt sind?*
   »Im Anfang war das Wort« (Joh 1,1) in der Übersetzung von Erasmus von Rotterdam: »Im Anfang war das Gespräch« (sermo).

18. *Sie lieben einen Klassiker der Weltliteratur und wollen ihn verfilmen. Wie und als was kommt HJO zum Einsatz?*
   Nathan der Weise von G. E. Lessing: HJO natürlich als Nathan.

19. *Sie haben ein Lieblingsbuch von HJO. Aus welchem seiner Bücher soll er Ihnen vorlesen?*
   Da ich all seine Bücher kenne, würde ich mir gerne von ihm seine unveröffentlichten Regensburgaufzeichnungen vorlesen lassen.

20. *Sie treffen HJO im Jenseits. Worüber unterhalten Sie sich?*
   Wir veranstalten ein Symposion. Zulassungsbedingung: Teilnehmer_innen müssen alle Ortheil-Bücher gelesen haben. Das Thema des Symposions lautet: Leben in Fülle.

Erich Garhammer (geboren 1951) ist emeritierter Professor für Katholische Theologie an der Universität Würzburg. Im Rahmen seines Forschungsschwerpunkts »Theologie und Literatur« hat er das Werk von HJO kommentiert und auf vielen Veranstaltungen zusammen mit dem Autor präsentiert.

Karin Graf

1. *Sie planen eine Reise mit HJO. Wohin fahren Sie und was er-*
   kunden Sie mit ihm zusammen?
   Den Kilimanjaro, zu Fuß rauf und runter.
2. *Sie begleiten HJO in der Dokureihe »Durch die Nacht mit …«.*
   In welcher Stadt sind Sie unterwegs und welche zusätzlichen
   Gäste laden Sie ein?
   Syrakus selbstverständlich und ohne weitere Gäste, man ist ja
   immer froh, wenn man HJO mal allein für sich hat.
3. *Sie überfliegen mit HJO in einer Montgolfiere eine von Ihnen*
   ausgewählte Region dieser Erde. Was zeigen Sie ihm?
   Ich kann HJO nichts zeigen: Er kennt die Welt, die mich interessiert, wie seine Westentasche. Ich bin froh, wenn er etwas
   daraus hervorholt und mir neu zeigt.
4. *Sie gehen mit HJO ins Kino. Welchen Film schauen Sie sich*
   an?
   Vielleicht *1900* von Bertolucci oder einen Film mit einer seiner zahlreichen Lieblingsschauspielerinnen.
5. *Sie erleben HJO als Barpianisten eines Hotels. Was sollte er nur*
   für Sie spielen?
   Mozart, immer wieder Mozart, ich liebe Mozart – Hotel hin
   oder her.
6. *Sie besuchen mit HJO eine Galerie/ein Museum. Über welche*
   Kunstwerke unterhalten Sie sich?
   Guardi und Turner.
7. *Sie treten mit HJO in »Inas Nacht« auf. Was werden Sie beide*
   als Duo singen?
   Ich weiß nicht, was »Inas Nacht« ist – wäre sie HJO wichtig,

hätte er sie sicher einmal erwähnt. Ich muss also wahrscheinlich nicht mit ihm dorthin und ergo auch nicht singen.

8. *Sie kennen eine Glücksfee, die HJO einen Wunsch erfüllen würde. Was wird er sich auf Ihren Rat hin wünschen?*
Eine anhaltend gute Kondition.

9. *Sie wollen HJO etwas näherbringen, das er bisher leider verpasst hat. Was könnte das sein?*
Schwierig, denn ich kann mir nicht vorstellen, dass HJO etwas verpasst. Er hat immer sehr viel auf seiner Agenda, sehr viele Projekte und Pläne, und um die zu verfolgen, legt er manchmal etwas ab oder sortiert etwas aus oder lässt etwas außen vor oder will es nicht kennenlernen, aber verpassen?!?

10. *Sie erschrecken, als Sie HJO bei einer Aktion beobachten, die Sie ihm nicht zugetraut hätten. Welche könnte es sein?*
Beuys machte Aktionen, HJO dreht leise und still die mannigfaltigen Ideen in seiner Vorstellung, seinem Herzen und seinen Gedanken hin und her und lässt sie reifen, ehe sie umgesetzt oder verworfen werden. Aktionismus ist ihm fremd.

11. *Sie kochen für HJO. Was gibt es zu essen – und was zu trinken?*
Ich würde nicht kochen, ich würde ihm Austern servieren, denn ich lernte ihn dadurch kennen, dass er ihren Geschmack perfekt schilderte.

12. *HJO kocht für Sie und schenkt Ihnen ein. Gibt es Speisen und Getränke, von denen Sie träumen?*
All die aus den Cafés, Bars, Restaurants in den »Dolci Siziliens«.

13. *Sie laden HJO in ein Restaurant ein. Wo und in welches?*
Le Moissonier in Köln, weil ich da noch nie war.

14. *Sie kleiden HJO ein. Und wie?*
Abendkleidung, Smoking mit Kummerbund und Lackschuhen.

15. *Sie trainieren HJO in einer Sportart. Welche wäre ihm zuzumuten?*

Keine Ahnung: Sport war und ist kein Thema für ihn und mich.

16. *Seit Jahren ist HJO ein begeisterter Blogger. Welches Lifestyle-Thema empfehlen Sie ihm für seine Blogbeiträge?*

Ich wüsste keines, das dort für meinen Lebensstil fehlte.

17. *Sie sehen, dass HJO eine Kanzel im Kölner Dom besteigt. Gibt es eine Bibelstelle, auf deren Auslegung Sie gespannt sind?*

Die Apokryphen, aber über die darf man auf der Kanzel wohl nicht sprechen ...

18. *Sie lieben einen Klassiker der Weltliteratur und wollen ihn verfilmen. Wie und als was kommt HJO zum Einsatz?*

Hemingway, jedoch bloß in Paris oder Venedig, vielleicht noch auf Kuba.

19. *Sie haben ein Lieblingsbuch von HJO. Aus welchem seiner Bücher soll er Ihnen vorlesen?*

Fermer: eines meiner vielen Lieblingsbücher, aber ich habe ihn noch nie daraus lesen hören.

20. *Sie treffen HJO im Jenseits. Worüber unterhalten Sie sich?*

Hier scheiden sich leider unsere Geister – ich kann nicht ans Jenseits glauben, auch nicht in der Fantasie. Wir werden uns hienieden verabschieden müssen und nie wieder unterhalten – *finito la musica, passato la festa.*

———————

Karin Graf (geboren 1952) ist Übersetzerin und gründete 1995 die Literatur- und Medienagentur Graf & Graf. HJO gehört seit 1997 zu den von ihr vertretenen Autoren.

Katarzyna Grzywka

1. *Sie planen eine Reise mit HJO. Wohin fahren Sie und was erkunden Sie mit ihm zusammen?*
Nach Venedig, auf den Spuren von HJOs literarischen Helden.

2. *Sie begleiten HJO in der Dokureihe »Durch die Nacht mit ...«. In welcher Stadt sind Sie unterwegs und welche zusätzlichen Gäste laden Sie ein?*
In Köln. Es wäre ein mehrstündiger Spaziergang mit kleinen Zwischenstationen an all den Adressen der Stadt, die HJO wichtig erscheinen (ohne seine Lieblingsrestaurants oder Bars zu vergessen). Und unbedingt sollte dazu die nächtliche Besichtigung des Kölner Domes gehören. Nein, keine zusätzlichen Gäste...

3. *Sie überfliegen mit HJO in einer Montgolfiere eine von Ihnen ausgewählte Region dieser Erde. Was zeigen Sie ihm?*
Polen, um HJO zur Erkundung der facettenreichen Schönheit dieses Landes einzuladen: von der Ostseeküste und der Masurischen Seenplatte im Norden bis hin zu den Sudeten und Karpaten im Süden, und mit der sich mäanderartig schlängelnden Weichsel.

4. *Sie gehen mit HJO ins Kino. Welchen Film schauen Sie sich an?*
Je nach der Stimmung des Tages entweder *Ewige Jugend (Youth)* von Paolo Sorrentino (2015) oder *Der Kaufmann von Venedig (The Merchant of Venice)* von Michael Radford (2004).

5. *Sie erleben HJO als Barpianisten eines Hotels. Was sollte er nur für Sie spielen?*
»Moon River« von Henry Mancini und »Hallelujah« von Leonard Cohen.

6. *Sie besuchen mit HJO eine Galerie/ein Museum. Über welche Kunstwerke unterhalten Sie sich?*

Das Rijksmuseum in Amsterdam und die Bilder »Briefleserin in Blau« und »Straße in Delft« von Jan Vermeer.

7. *Sie treten mit HJO in »Inas Nacht« auf. Was werden Sie beide als Duo singen?*

»Oh Sister« von Bob Dylan (falls ich überhaupt singen könnte...).

8. *Sie kennen eine Glücksfee, die HJO einen Wunsch erfüllen würde. Was wird er sich auf Ihren Rat hin wünschen?*

Sich für einen ganzen Tag in das Venedig des 18. Jahrhunderts zu versetzen.

9. *Sie wollen HJO etwas näherbringen, das er bisher leider verpasst hat. Was könnte das sein?*

Wie man kleine Steingärten mit Tillandsien kreiert.

10. *Sie erschrecken, als Sie HJO bei einer Aktion beobachten, die Sie ihm nicht zugetraut hätten. Welche könnte es sein?*

Wie HJO einer Reality Show wie gebannt zuschaut.

11. *Sie kochen für HJO. Was gibt es zu essen – und was zu trinken?*

Zuerst Focaccia mit Olivenöl, dann Spaghetti mit Shrimps, Cocktailtomaten und Petersilie. Zum Trinken: Silvaner aus Würzburg.

12. *HJO kocht für Sie und schenkt Ihnen ein. Gibt es Speisen und Getränke, von denen Sie träumen?*

Nein, ich denke an keine bestimmte Speise. Ich lasse mich sehr gerne überraschen.

13. *Sie laden HJO in ein Restaurant ein. Wo und in welches?*

Ale Gloria in Warschau. Dieses Restaurant betrachte ich als eine lockere, teilweise lustige (aber sehr schmackhafte!) Interpretation der »polnischen Küche«, sowohl bezüglich der Speisen als auch der Innenausstattung.

14. *Sie kleiden HJO ein. Und wie?*

Helle Naturfarben, bequemer Schnitt, Leinen in unterschied-lichen Varianten. Schuhe aus Wildleder bzw. Nubuk, natür-lich ... Keine Kopfbedeckung fällt mir ein ...

15. *Sie trainieren HJO in einer Sportart. Welche wäre ihm zuzumu-ten?*

Ich bin total unsportlich, aber gerne würde ich Langlaufski-fahren lernen. Wir könnten das gemeinsam tun. Irgendwo im Westerwald ...

16. *Seit Jahren ist HJO ein begeisterter Blogger. Welches Lifestyle-Thema empfehlen Sie ihm für seine Blogbeiträge?*

Geheimleben der Hauskatzen.

17. *Sie sehen, dass HJO eine Kanzel im Kölner Dom besteigt. Gibt es eine Bibelstelle, auf deren Auslegung Sie gespannt sind?*

Psalm 51. Es ist einer meiner Lieblingspsalmen, und gleich-zeitig einer der rührendsten, bewegendsten, die ich kenne. Gerne würde ich erfahren, wie HJO ihn wahrnimmt.

18. *Sie lieben einen Klassiker der Weltliteratur und wollen ihn ver-filmen. Wie und als was kommt HJO zum Einsatz?*

Ufer der Verlorenen von Joseph Brodsky. HJO würde die Rolle des durch Venedig streifenden Ich-Erzählers spielen. Es wäre ein Film im Stil der *Großen Stille* von Philip Gröning (2005). Malerisch, atmosphärisch, voller Wassergeräusche und mit einer einzigen Stimme: der des Ich-Erzählers.

19. *Sie haben ein Lieblingsbuch von HJO. Aus welchem seiner Bücher soll er Ihnen vorlesen?*

Aus *Im Licht der Lagune*. Es war das erste Buch von HJO, das ich gelesen habe, und bleibt bis heute mein Lieblingsroman von ihm. Es hat mich zu HJO, seinen weiteren Texten und meinen eigenen geführt, die ich zu seinem Schaffen seit die-ser ersten spontanen »Begegnung« verfasse.

20. Sie treffen HJO im Jenseits. Worüber unterhalten Sie sich?

Über den »Roman«, an dem wir Jahrzehnte lang gemeinsam »arbeiteten« und dessen erste Szene sich an einem warmen Augustnachmittag 1999 in einer Berliner Buchhandlung abspielte, als ich nach dem Band mit einem subtil konzipierten Umschlag mit dem Motiv aus William Turners Bild »The Sun of Venice going to Sea« griff, ohne zu ahnen, dass der Verfasser dieses Buches Hanns-Josef Ortheil heißt ...

———————

Katarzyna Grzywka (geboren 1972) ist Professorin für Neuere Literatur- und Kulturgeschichte des deutschen Sprachraumes an der Universität Warschau. 1999 entdeckte sie in einer Berliner Buchhandlung *Im Licht der Lagune*. Seither hat sie dem Werk von HJO ein Buch und über vierzig wissenschaftliche Abhandlungen und Rezensionen gewidmet.

Heinke Hager

1. *Sie planen eine Reise mit HJO. Wohin fahren Sie und was erkunden Sie mit ihm zusammen?*
Nach Japan, wo alles neu wäre für mich und überhaupt alles erkundet werden müsste.

2. *Sie begleiten HJO in der Dokureihe »Durch die Nacht mit…«. In welcher Stadt sind Sie unterwegs und welche zusätzlichen Gäste laden Sie ein?*
In Köln, dazu kommen der Verleger Helge Malchow, ein Köbes vom Früh und die Kunsthistorikerin Dr. Susanne Brinkmann.

3. *Sie überfliegen mit HJO in einer Montgolfiere eine von Ihnen ausgewählte Region dieser Erde. Was zeigen Sie ihm?*
Die Donau, das Donaudelta bis hin zum Schwarzen Meer.

4. *Sie gehen mit HJO ins Kino. Welchen Film schauen Sie sich an?*
Billy Wilders *Eins, zwei, drei.*

5. *Sie erleben HJO als Barpianisten eines Hotels. Was sollte er nur für Sie spielen?*
»Song for My Father« von Horace Silver.

6. *Sie besuchen mit HJO eine Galerie/ein Museum. Über welche Kunstwerke unterhalten Sie sich?*
Über die Gerhard Richter-Bilder im Museum Ludwig in Köln.

7. *Sie treten mit HJO in »Inas Nacht« auf. Was werden Sie beide als Duo singen?*
»Something Stupid« von Frank Sinatra.

8. *Sie kennen eine Glücksfee, die HJO einen Wunsch erfüllen würde. Was wird er sich auf Ihren Rat hin wünschen?*
Eine Zeitreise.

9. *Sie wollen HJO etwas näherbringen, das er bisher leider verpasst hat. Was könnte das sein?*
Backgammon spielen.

10. *Sie erschrecken, als Sie HJO bei einer Aktion beobachten, die Sie ihm nicht zugetraut hätten. Welche könnte es sein?*
Laut schimpfend ein schlechtes Konzert zu verlassen, bevor es zu Ende ist.

11. *Sie kochen für HJO. Was gibt es zu essen – und was zu trinken?*
Austern, Meeresfrüchte, Ossobucco, Sorbet. Wein würde er aussuchen.

12. *HJO kocht für Sie und schenkt Ihnen ein. Gibt es Speisen und Getränke, von denen Sie träumen?*
Von der Fischsuppe, wie er sie so verlockend beschrieben hat in dem Roman *Die große Liebe*. Ich habe das dunkle Gefühl, dass mir alles schmecken würde, was mir kredenzt würde.

13. *Sie laden HJO in ein Restaurant ein. Wo und in welches?*
In das Facil in Berlin.

14. *Sie kleiden HJO ein. Und wie?*
Lässige, mediterrane Eleganz.

15. *Sie trainieren HJO in einer Sportart. Welche wäre ihm zuzumuten?*
Hammerwurf.

16. *Seit Jahren ist HJO ein begeisterter Blogger. Welches Lifestyle-Thema empfehlen Sie ihm für seine Blogbeiträge?*
Keines, weil sein Blog von Beginn an alle Themen aufgegriffen hat, die mich interessieren und die eben kein Lifestyle sind: Musik, Kunst, Literatur und Fotografie.

17. *Sie sehen, dass HJO eine Kanzel im Kölner Dom besteigt. Gibt es eine Bibelstelle, auf deren Auslegung Sie gespannt sind?*
»Am Anfang schuf Gott Himmel und Erde. Und die Erde war

wüst und leer, und Finsternis lag auf der Tiefe; und der Geist Gottes schwebte über dem Wasser.« (1 Mose 1:1-2)

18. *Sie lieben einen Klassiker der Weltliteratur und wollen ihn verfilmen. Wie und als was kommt HJO zum Einsatz?*

Als »der Pate« aus Mario Puzos gleichnamigem Roman.

19. *Sie haben ein Lieblingsbuch von HJO. Aus welchem seiner Bücher soll er Ihnen vorlesen?*

Aus *Die Nacht des Don Juan* und *Die große Liebe*.

20. *Sie treffen HJO im Jenseits. Worüber unterhalten Sie sich?*

Über Köln und seinen Karneval.

Heinke Hager (geboren 1968) ist seit 1995 Literaturagentin bei der Literatur- und Medienagentur Graf & Graf und seit 2012 Geschäftsführerin. HJO gehört seit 1997 zu den von der Agentur vertretenen Autoren.

Beate Hiller

1. *Sie planen eine Reise mit HJO. Wohin fahren Sie und was erkunden Sie mit ihm zusammen?*
Wir bleiben im Ländle und fahren nach Cleversulzbach ins Mörike-Museum im Alten Schulhaus.

2. *Sie begleiten HJO in der Dokureihe »Durch die Nacht mit...«. In welcher Stadt sind Sie unterwegs und welche zusätzlichen Gäste laden Sie ein?*
Wir treffen in Berlin in dieser Nacht Katharina Thalbach und Igor Levit und verbringen vergnügliche Stunden mit interessanten Gesprächen über und mit Musik und Sprache.

3. *Sie überfliegen mit HJO in einer Montgolfiere eine von Ihnen ausgewählte Region dieser Erde. Was zeigen Sie ihm?*
Wir fahren Richtung Süden und überfliegen gemeinsam die Alpen. Unser Blick bleibt in den Dolomiten an den Drei Zinnen hängen.

4. *Sie gehen mit HJO ins Kino. Welchen Film schauen Sie sich an?*
Night on Earth von Jim Jarmusch, allein wegen der Ohrenklappenmütze.

5. *Sie erleben HJO als Barpianisten eines Hotels. Was sollte er nur für Sie spielen?*
Ich wünsche mir von Paolo Conte »Via con me«.

6. *Sie besuchen mit HJO eine Galerie/ein Museum. Über welche Kunstwerke unterhalten Sie sich?*
Wir betrachten gemeinsam das Kunstwerk »Infiltration Homogen für Konzertflügel« von Joseph Beuys aus dem Jahr 1966.

7. *Sie treten mit HJO in »Inas Nacht« auf. Was werden Sie beide als Duo singen?*

Wir versuchen uns an »So oder so ist das Leben« von Hildegard Knef.

8. *Sie kennen eine Glücksfee, die HJO einen Wunsch erfüllen würde. Was wird er sich auf Ihren Rat hin wünschen?*

Das überlasse ich seiner Phantasie.

9. *Sie wollen HJO etwas näherbringen, das er bisher leider verpasst hat. Was könnte das sein?*

Stand-up-Paddeln wird eine völlig neue Erfahrung für ihn.

10. *Sie erschrecken, als Sie HJO bei einer Aktion beobachten, die Sie ihm nicht zugetraut hätten. Welche könnte es sein?*

Er betätigt sich als literarischer Graffiti-Sprayer.

11. *Sie kochen für HJO. Was gibt es zu essen – und was zu trinken?*

Puh, das ist schwer. Irgendetwas, das sich nebenher kocht und Raum für ein gutes Gespräch lässt, und dazu Rotwein.

12. *HJO kocht für Sie und schenkt Ihnen ein. Gibt es Speisen und Getränke, von denen Sie träumen?*

Siehe oben.

13. *Sie laden HJO in ein Restaurant ein. Wo und in welches?*

Wir bleiben fußläufig und treffen uns im Hupperts in Heslach.

14. *Sie kleiden HJO ein. Und wie?*

In einen klassischen Kamelhaarmantel.

15. *Sie trainieren HJO in einer Sportart. Welche wäre ihm zuzumuten?*

Kricket wäre doch passend.

16. *Seit Jahren ist HJO ein begeisterter Blogger. Welches Lifestyle-Thema empfehlen Sie ihm für seine Blogbeiträge?*

Wie präsentiere ich meine Bücher am »(V)ortheilhaftesten«?

17. *Sie sehen, dass HJO eine Kanzel im Kölner Dom besteigt. Gibt es eine Bibelstelle, auf deren Auslegung Sie gespannt sind?*
    Psalm 42: »Wie der Hirsch lechzt nach frischem Wasser ...«

18. *Sie lieben einen Klassiker der Weltliteratur und wollen ihn verfilmen. Wie und als was kommt HJO zum Einsatz?*
    Als Baron Geert von Innstetten in *Effi Briest* – eine Paraderolle!

19. *Sie haben ein Lieblingsbuch von HJO. Aus welchem seiner Bücher soll er Ihnen vorlesen?*
    Das überlasse ich dem Augenblick und dem Autor, ich höre ihm einfach gerne zu.

20. *Sie treffen HJO im Jenseits. Worüber unterhalten Sie sich?*
    Natürlich über die Unsterblichkeit von Literatur.

Beate Hiller führt seit über dreißig Jahren ihre Buchhandlung Buch im Süden in Stuttgart-Heslach, sie ist die Hausbuchhändlerin von HJO am Stuttgarter Bihlplatz.

Hans-Otto Hügel

1. *Sie planen eine Reise mit HJO. Wohin fahren Sie und was erkunden Sie mit ihm zusammen?*
   Wir machen eine Kreuzfahrt – eine Tour mit dem roten Matra-Simca Bagheera von HJO zu so vielen Autobahnkreuzen, wie wir (und der Bagheera) in 12 Stunden schaffen.

2. *Sie begleiten HJO in der Dokureihe »Durch die Nacht mit…«. In welcher Stadt sind Sie unterwegs und welche zusätzlichen Gäste laden Sie ein?*
   In Köln, ohne Gäste – wir erholen uns von der Tour im Matra-Simca Bagheera.

3. *Sie überfliegen mit HJO in einer Montgolfiere eine von Ihnen ausgewählte Region dieser Erde. Was zeigen Sie ihm?*
   Die Domäne Marienburg, den Kulturcampus der Universität Hildesheim.

4. *Sie gehen mit HJO ins Kino. Welchen Film schauen Sie sich an?*
   Mit HJO ins Kino zu gehen, ist schwierig. Vielleicht zu *Pierrot le fou*?

5. *Sie erleben HJO als Barpianisten eines Hotels. Was sollte er nur für Sie spielen?*
   »Hackensack« von Thelonious Monk.

6. *Sie besuchen mit HJO eine Galerie/ein Museum. Über welche Kunstwerke unterhalten Sie sich?*
   Über Tischbeins »Goethe in der Campagna« im Frankfurter Städel-Museum.

7. *Sie treten mit HJO in »Inas Nacht« auf. Was werden Sie beide als Duo singen?*
   »Wilde Gesellen vom Sturmwind durchweht/Fürsten in Lum-

pen und Loden./Ziehen wir dahin bis das Herze uns steht/ rastlos bis unter den Boden./« (F. Sotke)

8. *Sie kennen eine Glücksfee, die HJO einen Wunsch erfüllen würde. Was wird er sich auf Ihren Rat hin wünschen?*
Speerwerfer zu sein: blond und athletisch.

9. *Sie wollen HJO etwas näherbringen, das er bisher leider verpasst hat. Was könnte das sein?*
Den Speer 50 m weit zu werfen. Ich vermittle einen Zehnkämpfer vom USC Mainz, der ihm das beibringt.

10. *Sie erschrecken, als Sie HJO bei einer Aktion beobachten, die Sie ihm nicht zugetraut hätten. Welche könnte es sein?*
Den Speer 50 m weit zu werfen.

11. *Sie kochen für HJO. Was gibt es zu essen – und was zu trinken?*
Spaghetti (No. 1) mit Tomatensauce – heiße Milch.

12. *HJO kocht für Sie und schenkt Ihnen ein. Gibt es Speisen und Getränke, von denen Sie träumen?*
Leberknödel mit Sauerkraut und Kartoffelstampf. 1953er Valwiger Herrenberg.

13. *Sie laden HJO in ein Restaurant ein. Wo und in welches?*
In das erste Self-Service-Restaurant am Boulevard St. Michel.

14. *Sie kleiden HJO ein. Und wie?*
Fred Perry-Poloshirt (farblich passend zum Bagheera) und Ray Ban-Sonnenbrille

15. *Sie trainieren HJO in einer Sportart. Welche wäre ihm zuzumuten?*
Speerwerfen, what else.

16. *Seit Jahren ist HJO ein begeisterter Blogger. Welches Lifestyle-Thema empfehlen Sie ihm für seine Blogbeiträge?*
Speerwerfen für Fortgeschrittene.

17. *Sie sehen, dass HJO eine Kanzel im Kölner Dom besteigt. Gibt es eine Bibelstelle, auf deren Auslegung Sie gespannt sind?*
   »Vertraue dem Herrn deine Pläne an, er wird dir Gelingen schenken.« (Sprüche 16, 3)

18. *Sie lieben einen Klassiker der Weltliteratur und wollen ihn verfilmen. Wie und als was kommt HJO zum Einsatz?*
   Als Bartleby, der Schreiber.

19. *Sie haben ein Lieblingsbuch von HJO. Aus welchem seiner Bücher soll er Ihnen vorlesen?*
   Aus *Das Glück der Musik. Vom Vergnügen, Mozart zu hören.*

20. *Sie treffen HJO im Jenseits. Worüber unterhalten Sie sich?*
   Über sein erstes Semester an der jungen dynamischen Universität Hildesheim.

Hans-Otto Hügel (geboren 1944 in Mainz) war 1983–2009 Professor für Populäre Kultur an der Universität Hildesheim. Als Dekan war er maßgeblich an der Etablierung des Studiengangs für Kreatives Schreiben und Kulturjournalismus beteiligt.

Paul Klambauer

1. *Sie planen eine Reise mit HJO. Wohin fahren Sie und was erkunden Sie mit ihm zusammen?*
   Wir unternehmen eine Zeitreise in das Kuba der fünfziger Jahre. Ernest Hemingway schickt HJO im Boxring auf die Bretter, zieht aber beim abendlichen Rumwetttrinken den Kürzeren. Beim Sportfischen am nächsten Morgen sind beide grün im Gesicht.

2. *Sie begleiten HJO in der Dokureihe »Durch die Nacht mit …«. In welcher Stadt sind Sie unterwegs und welche zusätzlichen Gäste laden Sie ein?*
   Ich lade HJO nach Wien ein, wo wir mit dem Fiaker über den Ring klappern. Auf der Rückbank mümmelt Peter Handke an seinem Apfel und schmollt. Das war das letzte Mal, dass er dabei sein darf!

3. *Sie überfliegen mit HJO in einer Montgolfiere eine von Ihnen ausgewählte Region dieser Erde. Was zeigen Sie ihm?*
   Wir schweben über das Gelände des Prosanova-Festivals für junge Literatur in Hildesheim. Um Höhe zu gewinnen, werfen wir mehrere Dutzend Exemplare der *Erfindung des Lebens* über der Campingwiese ab.

4. *Sie gehen mit HJO ins Kino. Welchen Film schauen Sie sich an?*
   Die Verfilmung von HJOs Nachspeisenepos *Die Insel der Dolci,* die ich eines Tages zu drehen gedenke. Der Thriller handelt von einem Schriftsteller, der sich in den süßen Paradiesen Siziliens auf die Suche nach dem köstlichsten Dessert der Welt macht und dabei in eine Serie bestialischer Morde im Zuckerbäckermilieu verwickelt wird.

5. *Sie erleben HJO als Barpianisten eines Hotels. Was sollte er nur für Sie spielen?*

HJO ist offensichtlich knapp bei Kasse – ich werde mich hüten, ihn anzusprechen!

6. *Sie besuchen mit HJO ein Museum. Über welche Kunstwerke unterhalten Sie sich?*

HJO und ich versenken uns in die Betrachtung der Laokoon-Gruppe, die einen Hochschulprofessor und zwei seiner Assistenten im Würgegriff der Universitätsbürokratie zeigt.

7. *Sie treten mit HJO in »Inas Nacht« auf. Was werden Sie beide als Duo singen?*

»Ebony and Ivory«.

8. *Sie kennen eine Glücksfee, die HJO einen Wunsch erfüllen würde. Was wird er sich auf Ihren Rat hin wünschen?*

Einen Pariser Abend mit Roland Barthes.

9. *Sie wollen HJO etwas näherbringen, das er bisher leider verpasst hat. Was könnte das sein?*

Die Sendung »Iceroad-Truckers« auf ProSieben Maxx.

10. *Sie erschrecken, als Sie HJO bei einer Aktion beobachten, die Sie ihm nicht zugetraut hätten. Welche könnte es sein?*

Das übersteigt meine Fantasie.

11. *Sie kochen für HJO. Was gibt es zu essen – und was zu trinken?*

Ein briefmarkendünn geklopftes Schnitzel mit Petersilienkartoffeln, Zitronenspalte und grünem Salat; dazu Preiselbeergelee und eine Coke aus der 0,2-Liter-Glasflasche.

12. *HJO kocht für Sie und schenkt Ihnen ein. Gibt es Speisen und Getränke, von denen Sie träumen?*

HJO hat mich und andere abgebrannte Studierende auf Exkursionen häufig eingeladen. In besonders guter Erinnerung sind mir die Schnäpse im Engadiner Hotel Waldhaus geblieben.

13. *Sie laden HJO in ein Restaurant ein. Wo und in welches?*

Ein handverlesener Wiener Würstelstand mit Ottakringer Bier, außen knuspriger und innen flüssiger Käsekrainer, scharfem Senf, Kren und einer guten Scheibe Schwarzbrot.

14. *Sie kleiden HJO ein. Und wie?*

Wie Albus Dumbledore; der Mann weiß, wie man ein magisches Institut führt!

15. *Sie trainieren HJO in einer Sportart. Welche wäre ihm zuzumuten?*

Die Ausbildung am Rhönrad kräftigt Körper, Geist und Gleichgewichtsorgane.

16. *Seit Jahren ist HJO ein begeisterter Blogger. Welches Lifestyle-Thema empfehlen Sie ihm für seine Blogbeiträge?*

Snack-Insekten – eklig oder trendy?

17. *Sie sehen, dass HJO eine Kanzel im Kölner Dom besteigt. Gibt es eine Bibelstelle, auf deren Auslegung Sie gespannt sind?*

»Denn, Amen, ich sage euch: Wenn ihr Glauben habt wie ein Senfkorn, dann werdet ihr zu diesem Berg sagen: Rück von hier nach dort! und er wird wegrücken. Nichts wird euch unmöglich sein.« (Matth. 17, 20)

18. *Sie lieben einen Klassiker der Weltliteratur und wollen ihn verfilmen. Wie und als was kommt HJO zum Einsatz?*

HJO glänzt als Franziskanermönch William von Baskerville in einer Neuverfilmung von Umberto Ecos *Der Name der Rose*. Ich darf mich in diesem Zusammenhang bescheiden als sein österreichischer Adlatus Adson von Melk ins Spiel bringen.

19. *Sie haben ein Lieblingsbuch von HJO. Aus welchem seiner Bücher soll er Ihnen vorlesen?*

Aus dem sagenumwobenen Frühwerk *Schwerenöter*.

20. Sie treffen HJO im Jenseits. Worüber unterhalten Sie sich?

Sein Sekretariat bedauert mitzuteilen, dass ich ihn verpasst habe. HJO hält sich nur von Dienstag bis Donnerstag im Jenseits auf; den Rest der Woche verbringt er in Stuttgart.

Paul Klambauer (geboren 1986) ist Schriftsteller, Liedautor und Dramaturg, er studierte und unterrichtete an der Universität Hildesheim Kreatives Schreiben. Bei HJO hat er promoviert mit der Arbeit »Das Echo im Detail. Untersuchungen zur literarischen Profilbildung von Studienanfängern des Kreativen und Literarischen Schreibens an der Stiftungsuniversität Hildesheim«.

Thomas Klupp

1. *Sie planen eine Reise mit HJO. Wohin fahren Sie und was erkunden Sie mit ihm zusammen?*
   Stuttgart. Ich möchte Stuttgart, das wahre Stuttgart, durch HJOs Augen sehen.
2. *Sie begleiten HJO in der Dokureihe »Durch die Nacht mit…«. In welcher Stadt sind Sie unterwegs und welche zusätzlichen Gäste laden Sie ein?*
   Siehe oben. Mit Mario Gómez. Und vielleicht Peter Sloterdijk.
3. *Sie überfliegen mit HJO in einer Montgolfiere eine von Ihnen ausgewählte Region dieser Erde. Was zeigen Sie ihm?*
   Die Seen, Hügel und Wälder der nördlichen Oberpfalz.
4. *Sie gehen mit HJO ins Kino. Welchen Film schauen Sie sich an?*
   Christopher Nolans *Interstellar*.
5. *Sie erleben HJO als Barpianisten eines Hotels. Was sollte er nur für Sie spielen?*
   »Summertime« von Gershwin.
6. *Sie besuchen mit HJO eine Galerie/ein Museum. Über welche Kunstwerke unterhalten Sie sich?*
   Über die Stillleben Georgia O'Keeffes.
7. *Sie treten mit HJO in »Inas Nacht« auf. Was werden Sie beide als Duo singen?*
   »Don't worry, be happy« von Bobby McFerrin – HJO singt, ich gebe den Instrumentalpart.
8. *Sie kennen eine Glücksfee, die HJO einen Wunsch erfüllen würde. Was wird er sich auf Ihren Rat hin wünschen?*
   Eine Zeitmaschine, die ihn, 27jährig, ein paar Wochen lang in die Jenaer Frühromantik reisen lässt. Sollte der Reisende ab-

solut darauf bestehen, darf er alternativ auch in die Weimarer Klassik, aber die Frühromantik wäre besser.

9. *Sie wollen HJO etwas näherbringen, das er bisher leider verpasst hat. Was könnte das sein?*

Die Schönheit der frühen Prosa Michel Houellebecqs.

10. *Sie erschrecken, als Sie HJO bei einer Aktion beobachten, die Sie ihm nicht zugetraut hätten. Welche könnte es sein?*

Er liest heimlich, aber mit großem Vergnügen Michel Houellebecq.

11. *Sie kochen für HJO. Was gibt es zu essen – und was zu trinken?*

Pizzabrot mit Olivenöl und Weißwein. Im Anschluss mehr Weißwein. Später dann noch viel mehr Weißwein (Rheingauer Weißburgunder).

12. *HJO kocht für Sie und schenkt Ihnen ein. Gibt es Speisen und Getränke, von denen Sie träumen?*

Spaghetti al polpo. Auf venezianische Art. Hinterher Grappa.

13. *Sie laden HJO in ein Restaurant ein. Wo und in welches?*

In den Garten der Lechstedter Obstweinschänke. Oder auf die Eleon-Terrasse an der Innerste. Eigentlich egal wo. Es ist ein warmer Sommerabend, Katrin, Paul und Flo sind auch da, und das Leben ist gut.

14. *Sie kleiden HJO ein. Und wie?*

Helle Safari-Jacke aus Baumwolle, eine bis zu den Oberschenkeln reichende Khaki-Hose und Halbschuhe aus leichtem Leder. Natürlich alles von Ernest(o).

15. *Sie trainieren HJO in einer Sportart. Welche wäre ihm zuzumuten?*

Stierkampf, Autorennen oder Bergsteigen. Aber besser, wir fangen mit Tischtennis an.

16. *Seit Jahren ist HJO ein begeisterter Blogger. Welches Lifestyle-Thema empfehlen Sie ihm für seine Blogbeiträge?*
Die Kunst des Espresso-Trinkens oder Wie schaffe ich es, nur drei Stunden pro Nacht zu schlafen und trotzdem jeden Tag dreißig Seiten zu schreiben?

17. *Sie sehen, dass HJO eine Kanzel im Kölner Dom besteigt. Gibt es eine Bibelstelle, auf deren Auslegung Sie gespannt sind?*
Lieber noch als über eine Bibelstelle würde ich etwas über die *Summa theologica* Thomas von Aquins hören.

18. *Sie lieben einen Klassiker der Weltliteratur und wollen ihn verfilmen. Wie und als was kommt HJO zum Einsatz?*
HJO übernimmt in Ecos *Der Name der Rose* wechselweise die Rollen William von Baskervilles UND Adson von Melks und rettet dabei auch noch das letzte Exemplar von Aristoteles' Komödien-Poetik.

19. *Sie haben ein Lieblingsbuch von HJO. Aus welchem seiner Bücher soll er Ihnen vorlesen?*
Aus *Fermer*. Die Stelle, als Fermer und Anna nach dem Regen im Garten des Gasthauses ankommen.

20. *Sie treffen HJO im Jenseits. Worüber unterhalten Sie sich?*
Über alles außer Hildesheim. Wobei …

––––––––––––

Thomas Klupp (geboren 1977) ist Schriftsteller; er war einer der ersten Studierenden und Absolventen bei HJO in Hildesheim und ist dort seit 2007 wissenschaftlicher Mitarbeiter. Bei HJO promovierte er mit einer Arbeit über das Thema »Literarische Schreibratgeber. Eine typologisierend-vergleichende Untersuchung«.

Tilman Krause

1. *Sie planen eine Reise mit HJO. Wohin fahren Sie und was erkunden Sie mit ihm zusammen?*
   Schwaben.

2. *Sie begleiten HJO in der Dokureihe »Durch die Nacht mit…«. In welcher Stadt sind Sie unterwegs und welche zusätzlichen Gäste laden Sie ein?*
   In Schwäbisch Gmünd mit dem Oberbürgermeister Richard Arnold und dem Museumsdirektor Max Tillmann.

3. *Sie überfliegen mit HJO in einer Montgolfiere eine von Ihnen ausgewählte Region dieser Erde. Was zeigen Sie ihm?*
   Das Remstal.

4. *Sie gehen mit HJO ins Kino. Welchen Film schauen Sie sich an?*
   Wir sehen uns *Es leuchten die Sterne* an.

5. *Sie erleben HJO als Barpianisten eines Hotels. Was sollte er nur für Sie spielen?*
   »Haben Sie den neuen Hut von Fräulein Molly schon gesehn?«

6. *Sie besuchen mit HJO eine Galerie/ein Museum. Über welche Kunstwerke unterhalten Sie sich?*
   UFA-Filmplakate.

7. *Sie treten mit HJO in »Inas Nacht« auf. Was werden Sie beide als Duo singen?*
   »Davon geht die Welt nicht unter«.

8. *Sie kennen eine Glücksfee, die HJO einen Wunsch erfüllen würde. Was wird er sich auf Ihren Rat hin wünschen?*
   Einen Geigerzähler.

9. *Sie wollen HJO etwas näherbringen, das er bisher leider verpasst hat. Was könnte das sein?*
Strahlenkunde.

10. *Sie erschrecken, als Sie HJO bei einer Aktion beobachten, die Sie ihm nicht zugetraut hätten. Welche könnte es sein?*
Gartenarbeit.

11. *Sie kochen für HJO. Was gibt es zu essen – und was zu trinken?*
Geschmälzte Maultaschen und eine Flasche Lemberger Trollinger.

12. *HJO kocht für Sie und schenkt Ihnen ein. Gibt es Speisen und Getränke, von denen Sie träumen?*
Ich habe noch nie vom Essen geträumt!

13. *Sie laden HJO in ein Restaurant ein. Wo und in welches?*
Eine Gogewirtschaft in Tübingen.

14. *Sie kleiden HJO ein. Und wie?*
Indem ich ihn zum Breuninger in Stuttgart schicke.

15. *Sie trainieren HJO in einer Sportart. Welche wäre ihm zuzumuten?*
Langlauf.

16. *Seit Jahren ist HJO ein begeisterter Blogger. Welches Lifestyle-Thema empfehlen Sie ihm für seine Blogbeiträge?*
Politische Korrektheit.

17. *Sie sehen, dass HJO eine Kanzel im Kölner Dom besteigt. Gibt es eine Bibelstelle, auf deren Auslegung Sie gespannt sind?*
»Jedes Ding hat seine Zeit« (Prediger Salomo 3, 1).

18. *Sie lieben einen Klassiker der Weltliteratur und wollen ihn verfilmen. Wie und als was kommt HJO zum Einsatz?*
Als Chateaubriand in *Von jenseits des Grabes.*

19. *Sie haben ein Lieblingsbuch von HJO. Aus welchem seiner Bücher soll er Ihnen vorlesen?*
Aus *Blauer Weg.*

20. Sie treffen HJO im Jenseits. Worüber unterhalten Sie sich?
   Über den Weg dorthin.

———————

Tilman Krause (geboren 1959) ist Literaturkritiker und Feuilletonredakteur der *Welt*. Als leitender Literaturredakteur der »Literarischen Welt« betreute er die von 2001-2007 wöchentlich erschienenen Taschenbuchkolumnen von HJO.

Kevin Kuhn

1. *Sie planen eine Reise mit HJO. Wohin fahren Sie und was erkunden Sie mit ihm zusammen?*

Es geht nach Japan. Genauer gesagt in ein x-beliebiges Latenight- und 24-Stunden-Restaurant, irgendwo am Rande von *Kabukicho.* Bis in die frühen Morgenstunden beobachten wir Murakami-like nachhause stolpernde Partygänger und mit Koffein aufgeladene Frühaufsteher in Businessanzügen. Wir fragen uns, woher sie kommen und wohin sie gehen. Am nächsten Morgen helfe ich ihm, den Rucksack aufzusetzen und festzuzurren: Ganz allein geht es für ihn auf der schmalen Straße in den tiefen Norden, auf den Pilger- und Sprachspuren von Matsuo Bashō. Ich zeige ihm schlicht, wie er aus der Metropole wieder herausfindet.

2. *Sie begleiten HJO in der Dokureihe »Durch die Nacht mit…«. In welcher Stadt sind Sie unterwegs und welche zusätzlichen Gäste laden Sie ein?*

Wir fahren durch das nächtliche Auckland, Neuseeland. Vom Hafen, über die Künstlerstraße K'Road zu dem mit nativem Busch bewaldeten Titirangi-Außenbezirk. Jacinda Ardern und die grüne Gegenstimme Chlöe Swarbrick diskutieren heiß über die Ausrichtung der Welt, betrachtet von einem südpazifischen Inselstaat aus. HJO hat viele Fragen.

3. *Sie überfliegen mit HJO in einer Montgolfiere eine von Ihnen ausgewählte Region dieser Erde. Was zeigen Sie ihm?*

Wir bleiben in Europa und fliegen über eine der vielen Wasserstraßen – Flüsse, die für den Schiffsverkehr über Jahrhunderte begradigt, aufgestaut und eingezwängt wurden. Das ist nicht sonderlich schön, als flögen wir über Autobahnen und Containerschiffe wie Hochhäuser hinweg, aber ein interessanter Draufblick auf Gesellschaften und ihre Natur.

4. *Sie gehen mit HJO ins Kino. Welchen Film schauen Sie sich an?*
Wir mögen es pompös, dramatisch, mit Sog nach vorne – vor großer Leinwand und mit gutem Sound schauen wir Stanley Kubricks *2001: A Space Odyssey.*

5. *Sie erleben HJO als Barpianisten eines Hotels. Was sollte er nur für Sie spielen?*
Ryuichi Sakamoto »Tango«.

6. *Sie besuchen mit HJO eine Galerie/ein Museum. Über welche Kunstwerke unterhalten Sie sich?*
Wir erlaufen uns Kunst. Dafür geht es entlang des Hamburger Bahnhofs in Berlin. Mit Farbe und der Bewegung des Körpers hat Katharina Grosse hier die Außenwände, Wege und Sträucher bombardiert. Malerei kann auf allem landen, sagen wir, und diskutieren über die Gleichzeitigkeit aller gemachter Spuren im Bild. Es sind Gefühlsspuren, die uns da entgegenschlagen.

7. *Sie treten mit HJO in »Inas Nacht« auf. Was werden Sie beide als Duo singen?*
Weil wir es pompös und dramatisch mögen, und nach einigen Hefeweizen von dort ins Unbegreifliche kippen, singen wir 2-stimmig Otto E. Crusius' Kanon »Die Sonne tönt nach alter Weise« und plaudern danach über Goethes »Prolog im Himmel«.

8. *Sie kennen eine Glücksfee, die HJO einen Wunsch erfüllen würde. Was wird er sich auf Ihren Rat hin wünschen?*
Goethe beim Schreiben des »Prologs im Himmel« über den Rücken schauen dürfen.

9. *Sie wollen HJO etwas näherbringen, das er bisher leider verpasst hat. Was könnte das sein?*
Das Gewicht des Rucksacks über Tage und Wochen, bis sich das Gewicht auflöst und Teil des Körpers wird. – Oder doch Bitcoins?

10. *Sie erschrecken, als Sie HJO bei einer Aktion beobachten, die Sie ihm nicht zugetraut hätten. Welche könnte es sein?*
HJO als bloggender Influencer in Dubai, der – während er mit einem goldenen Bugatti eine Prachtstraße hinunterjagt – über seine Blockchain- und Token-Strategie fabuliert.

11. *Sie kochen für HJO. Was gibt es zu essen – und was zu trinken?*
Ich knete besser, als dass ich koche. Es gibt also handgemachte Ravioli mit Ricotta-Spinat-Zitronen-Füllung und Salbeibutter. Das einzige Gericht, das bei Gästen mein mangelndes Geschmacksnuancentalent zu verschleiern in der Lage ist.

12. *HJO kocht für Sie und schenkt Ihnen ein. Gibt es Speisen und Getränke, von denen Sie träumen?*
Von Getränken und Speisen träumen, ja, aber ob HJO die auch kochen kann? Fairerweise träume ich also von simpler, frisch gebackener Bruschetta mit Tomaten und Basilikum, und einem Hefeweizen von der lokalen Tankstelle.

13. *Sie laden HJO in ein Restaurant ein. Wo und in welches?*
Fußläufig von Frida Kahlos Atelierhaus in Coyoacán, Mexiko-Stadt, gibt es einen berühmten Tacos-de-mariscos-Stand. Im Stehen, dicht an dicht gedrängt, versuchen wir zuerst die tacos de pulpo gigantes, dann die in Kokosnuss gebackenen Garnelen mit Mangosalsa. Dazu trinken wir gekühlte Montejo-Biere mit aufgeschnittenen Limetten.

14. *Sie kleiden HJO ein. Und wie?*
Von oben bis unten kleide ich ihn in Hanf. Dass er uns lange umweltfreundlich erhalten bleibt.

15. *Sie trainieren HJO in einer Sportart. Welche wäre ihm zuzumuten?*

Drachensteigen.

16. *Seit Jahren ist HJO ein begeisterter Blogger. Welches Lifestyle-Thema empfehlen Sie ihm für seine Blogbeiträge?*

Wie wäre es mit dem Thema Well-Being, etwa CBD-Öle zur Linderung von Schmerzen, Ängsten und Schlafstörungen? Oder Techniken des post-digitalen Lesens vor dem Einschlafen und ggf. Träumen?

17. *Sie sehen, dass HJO eine Kanzel im Kölner Dom besteigt. Gibt es eine Bibelstelle, auf deren Auslegung Sie gespannt sind?*

Ja, die Szene, als Moses vom Berg Sinai heruntersteigt, zwei steinerne Tafeln in der Hand, die Gott selbst gemacht und mit dem Finger beschrieben hat. Schrift in Stein gegraben. – Was trägt Moses da vom Berg herunter? Der gestische Augenblick der Produktion? Ins Material eingravierte Schreib- und Entwurfsspuren? Die Lust am Text?

18. *Sie lieben einen Klassiker der Weltliteratur und wollen ihn verfilmen. Wie und als was kommt HJO zum Einsatz?*

Franz Kafkas *Die Verwandlung*. HJO natürlich als Gregor Samsa.

19. *Sie haben ein Lieblingsbuch von HJO. Aus welchem seiner Bücher soll er Ihnen vorlesen?*

Fermer. Ganz von vorne. Die flatternde Wäsche auf einem der Lastschiffe. Der Aufbruch.

20. Sie treffen HJO im Jenseits. Worüber unterhalten Sie sich?
Ich frage ihn, wie denn seine Pilgerreise auf Bashōs Spuren gelaufen ist. Mit einem Schilfrohr zeichnet er Standbilder in den Wolkensand, Momentaufnahmen, die in einer einzelnen Geste ganze Jahreszeiten einfangen. Ein Haiku, sagt er. Posthum, unveröffentlicht. Ich habe ihm die *tacos de pulpo gigantes* mitgebracht und gebe ihm fünf Sterne.

Kevin Kuhn (geboren 1981) ist Schriftsteller, lebt in Berlin und Neuseeland. Er studierte und unterrichtete an der Universität Hildesheim Kreatives Schreiben und promovierte bei HJO mit einer Arbeit über das Thema »Die Ästhetik des Romanentwurfs«.

Mariana Leky

1. *Sie planen eine Reise mit HJO. Wohin fahren Sie und was erkunden Sie mit ihm zusammen?*

   Wir reisen durch den hohen Norden, überraschenderweise in einem Wohnmobil. Es wird ein sehr nobles Wohnmobil sein, mit allen Schikanen.

2. *Sie begleiten HJO in der Dokureihe »Durch die Nacht mit…«. In welcher Stadt sind Sie unterwegs und welche zusätzlichen Gäste laden Sie ein?*

   Wir verbringen die Nacht in Rotterdam, zusammen mit Markus Gisdol und John Irving.

3. *Sie überfliegen mit HJO in einer Montgolfiere eine von Ihnen ausgewählte Region dieser Erde. Was zeigen Sie ihm?*

   Das Pantanal.

4. *Sie gehen mit HJO ins Kino. Welchen Film schauen Sie sich an?*

   Lust auf anderes von Agnès Jaoui.

5. *Sie erleben HJO als Barpianisten eines Hotels. Was sollte er nur für Sie spielen?*

   »Stella del mattino« von Ludovico Einaudi. Einaudi hat HJO mal während einer Kölner Vorlesung eingespielt, und seither will ich eigentlich nichts anderes mehr hören.

6. *Sie besuchen mit HJO eine Galerie/ein Museum. Über welche Kunstwerke unterhalten Sie sich?*

   Wir fahren nach London und betrachten die Skulptur »House« von Rachel Whiteread, und ich werde HJO haarklein und ellenlang erklären, was die mit Roland Barthes zu tun hat.

7. *Sie treten mit HJO in »Inas Nacht« auf. Was werden Sie beide als Duo singen?*

Etwas von Milva, fürchte ich.

8. *Sie kennen eine Glücksfee, die HJO einen Wunsch erfüllen würde. Was wird er sich auf Ihren Rat hin wünschen?*

Rein gar nichts.

9. *Sie wollen HJO etwas näherbringen, das er bisher leider verpasst hat. Was könnte das sein?*

Ich nehme ihn mit in eine Schreibwerkstatt im Gefängnis Moabit.

10. *Sie erschrecken, als Sie HJO bei einer Aktion beobachten, die Sie ihm nicht zugetraut hätten. Welche könnte es sein?*

Ich entdecke HJO in einem Club, 1980er-Jahre-Musik wummert aus den Boxen (beispielsweise »What a feeling«), HJO ergibt sich ekstatisch einem Ausdruckstanz, die Menge wogt und tobt.

11. *Sie kochen für HJO. Was gibt es zu essen – und was zu trinken?*

Flönz mit Schlodderkappes. Kölsch dazu, selbstverständlich.

12. *HJO kocht für Sie und schenkt Ihnen ein. Gibt es Speisen und Getränke, von denen Sie träumen?*

Von Getränken träume ich leider nie, oft aber von einem Sauerbraten.

13. *Sie laden HJO in ein Restaurant ein. Wo und in welches?*

In die Pizzeria Da Mario in Oberlahr.

14. *Sie kleiden HJO ein. Und wie?*

Das würde ich mir nur zu Karneval erlauben. HJO würde ich als Westerwald verkleiden.

15. *Sie trainieren HJO in einer Sportart. Welche wäre ihm zuzumuten?*

Gilt hier Gehmeditation?

16. *Seit Jahren ist HJO ein begeisterter Blogger. Welches Lifestyle-Thema empfehlen Sie ihm für seine Blogbeiträge?*

Schmeichelnde Trendfrisuren für die Frau ab 50.

17. *Sie sehen, dass HJO eine Kanzel im Kölner Dom besteigt. Gibt es eine Bibelstelle, auf deren Auslegung Sie gespannt sind?*

Ich wäre für seine Auslegung der Geschichte des Besessenen von Gerasa dankbar.

18. *Sie lieben einen Klassiker der Weltliteratur und wollen ihn verfilmen. Wie und als was kommt HJO zum Einsatz?*

Ich finde, HJO sollte in jeder einzelnen Weltliteraturverfilmung vorkommen: als jemand Geheimnisvolles, der im Hintergrund sitzt und etwas notiert.

19. *Sie haben ein Lieblingsbuch von HJO. Aus welchem seiner Bücher soll er Ihnen vorlesen?*

Ein Medley aus dem *Element des Elephanten* und der *Erfindung des Lebens*.

20. *Sie treffen HJO im Jenseits. Worüber unterhalten Sie sich?*

Sicher schneidet HJO sofort ein hochinteressantes Thema an, aber ich kann mich nicht darauf konzentrieren, weil ich alle Hände voll damit zu tun habe, nicht in Freudentränen über unser Wiedersehen auszubrechen. Als dann auch noch Gerard Oppermann um die Ecke biegt, ist es um meine Fassung geschehen.

Mariana Leky (geboren 1973) ist Schriftstellerin und war eine der ersten Absolventinnen des Studiengangs Kreatives Schreiben und Kulturjournalismus an der Universität Hildesheim. Nach mehreren Romanen und Erzählbänden veröffentlichte sie zuletzt ihren im Westerwald spielenden Roman *Was man von hier aus sehen kann*.

Jo Lendle

1. *Sie planen eine Reise mit HJO. Wohin fahren Sie und was erkunden Sie mit ihm zusammen?*
Nach Rom. Wohin sonst? Andererseits muss dieses Rom natürlich am Rhein liegen. Und historische Tiefe aufweisen. Wahrscheinlich enden wir daher in der Colonia Claudia Ara Agrippinensium. Wir erkunden – wie immer mit ihm – die Sitten und Gebräuche der Anwesenden. Wobei HJO Dinge auffallen, die uns anderen vollständig verborgen geblieben wären. Das Detail eines Helmes oder ein Aspekt der Kanalisation.

2. *Sie begleiten HJO in der Dokureihe »Durch die Nacht mit...«. In welcher Stadt sind Sie unterwegs und welche zusätzlichen Gäste laden Sie ein?*
In einer dieser Städte, in denen man jetzt so ist. Vilnius. Ljubljana. Tirana. Mit dabei sind selbstverständlich Mariana Leky und ein örtlicher Bibliothekar.

3. *Sie überfliegen mit HJO in einer Montgolfiere eine von Ihnen ausgewählte Region dieser Erde. Was zeigen Sie ihm?*
Grönland. Damit er nicht immer nur in den Süden zieht. Ich zeige ihm Weite, Farbverläufe, Einsamkeit.

3. *Sie gehen mit HJO ins Kino. Welchen Film schauen Sie sich an?*
Das ist leicht: Eadweard Muybridges »Animal Locomotion« von 1887. In einer unaufhörlichen Schleife.

5. *Sie erleben HJO als Barpianisten eines Hotels. Was sollte er nur für Sie spielen?*
Bach. Zum Erstaunen der anderen Gäste. Nichts als Bach.

6. *Sie besuchen mit HJO eine Galerie/ein Museum. Über welche Kunstwerke unterhalten Sie sich?*
Wir unterhalten uns ausschließlich über die anderen Besucher. Und merken erst spät, dass wir zu einem Handke-Zitat geworden sind.

7. *Sie treten mit HJO in »Inas Nacht« auf. Was werden Sie beide als Duo singen?*
»Mah Nà Mah Nà« von Piero Umiliani. Bekannt aus der Sesamstraße, aber wir interpretieren es auf unerhörte Weise neu.

8. *Sie kennen eine Glücksfee, die HJO einen Wunsch erfüllen würde. Was wird er sich auf Ihren Rat hin wünschen?*
Einen? Was ist denn das für eine Fee? Daher: Zeit. Haarfarbe. Ebenbürtige Gesprächspartner. Diese drei.

9. *Sie wollen HJO etwas näherbringen, das er bisher leider verpasst hat. Was könnte das sein?*
Siehe Grönland.

10. *Sie erschrecken, als Sie HJO bei einer Aktion beobachten, die Sie ihm nicht zugetraut hätten. Welche könnte es sein?*
Er schweigt. Sagt dann: »Ich weiß es nicht.« Und schweigt wieder.

11. *Sie kochen für HJO. Was gibt es zu essen – und was zu trinken?*
Himmel und Ääd. Das Gemüt isst mit. Dazu eine regionale Getränkespezialität.

12. *HJO kocht für Sie und schenkt Ihnen ein. Gibt es Speisen und Getränke, von denen Sie träumen?*
Ich lasse mich – gern! – überraschen.

13. *Sie laden HJO in ein Restaurant ein. Wo und in welches?*
Zu Vincent Klink. Ich habe mit ihm zwar einige Bücher gemacht und einiges gegessen, aber nie bei ihm. HJO ist dort wahrscheinlich jeden Abend und kann mir Empfehlungen geben.

14. *Sie kleiden HJO ein. Und wie?*
Badehose. Sandalen. Hütchen. Was braucht man mehr?

15. *Sie trainieren HJO in einer Sportart. Welche wäre ihm zuzumuten?*
Speerwurf. Die heldische Geste! Die antiken Bezüge! Die sehnigen Posen!

16. *Seit Jahren ist HJO ein begeisterter Blogger. Welches Lifestyle-Thema empfehlen Sie ihm für seine Blogbeiträge?*
Duckfaceselfies.

17. *Sie sehen, dass HJO eine Kanzel im Kölner Dom besteigt. Gibt es eine Bibelstelle, auf deren Auslegung Sie gespannt sind?*
Prediger 12 mit all den unsterblichen Sätzen: »Und müßig stehen die Müllerinnen.«

18. *Sie lieben einen Klassiker der Weltliteratur und wollen ihn verfilmen. Wie und als was kommt HJO zum Einsatz?*
Kein Zweifel: Shakespeare. HJO spielt gleichzeitig Julia und Romeo. Gewagt, aber möglich.

19. *Sie haben ein Lieblingsbuch von HJO. Aus welchem seiner Bücher soll er Ihnen vorlesen?*
Aus *Das Element des Elephanten.*

20. *Sie treffen HJO im Jenseits. Worüber unterhalten Sie sich?*
Was jetzt – entgrenzt – auf einmal alles möglich und denkbar ist.

Jo Lendle (geboren 1968) ist Schriftsteller und Verleger des Carl Hanser Verlags. Er beendete sein Studium bei HJO an der Universität Hildesheim mit einer Arbeit über Herta Müller.

Paul Michael Lützeler

1. *Sie planen eine Reise mit HJO. Wohin fahren Sie und was erkunden Sie mit ihm zusammen?*
   Zum amerikanischen Mittelwesten, Region St. Louis, auf den Spuren von Mark Twain.

2. *Sie begleiten HJO in der Dokureihe »Durch die Nacht mit...«. In welcher Stadt sind Sie unterwegs und welche zusätzlichen Gäste laden Sie ein?*
   In St. Louis: Wir frequentieren die besten Blues-, Ragtime- und Jazz-Clubs (z. B. St. Louis Jazz), und wir laden Gerald Early dazu ein.

3. *Sie überfliegen mit HJO in einer Montgolfiere eine von Ihnen ausgewählte Region dieser Erde. Was zeigen Sie ihm?*
   Den Forest Park von St. Louis.

4. *Sie gehen mit HJO ins Kino. Welchen Film schauen Sie sich an?*
   Meet me in St. Louis mit Judie Garland.

5. *Sie erleben HJO als Barpianisten eines Hotels. Was sollte er nur für Sie spielen?*
   Scott Joplins »Wallstreet Rag«.

6. *Sie besuchen mit HJO eine Galerie/ein Museum. Über welche Kunstwerke unterhalten Sie sich?*
   St. Louis Art Museum, da gehen wir zu den Bildern von Max Beckmann.

7. *Sie treten mit HJO in »Inas Nacht« auf. Was werden Sie beide als Duo singen?*
   »Meet me in St. Louis, Louis, meet me at the Fair«.

8. *Sie kennen eine Glücksfee, die HJO einen Wunsch erfüllen würde. Was wird er sich auf Ihren Rat hin wünschen?*

Glinda, the Good Witch of the North. Sie lädt zu einer Zeitreise ein: Louis und Clark auf ihrer Missouri-Reise ins Land der Native Americans 1804–1806.

9. *Sie wollen HJO etwas näherbringen, das er bisher leider verpasst hat. Was könnte das sein?*
Der Mardi Gras in New Orleans.

10. *Sie erschrecken, als Sie HJO bei einer Aktion beobachten, die Sie ihm nicht zugetraut hätten. Welche könnte es sein?*
Keine Antwort, denn ich trau ihm alles zu.

11. *Sie kochen für HJO. Was gibt es zu essen – und was zu trinken?*
Ein richtiges Mittelwesten-Essen mit Steak, Bohnen und Kartoffelbrei, dazu das beste Bier aus St. Louis: Michelob.

12. *HJO kocht für Sie und schenkt Ihnen ein. Gibt es Speisen und Getränke, von denen Sie träumen?*
Ja, er ist ein Kenner der römischen Küche. Was und wie aßen die alten Römer?

13. *Sie laden HJO in ein Restaurant ein. Wo und in welches?*
Giovanni's on the Hill in St. Louis (authentische italienische Einwandererküche).

14. *Sie kleiden HJO ein. Und wie?*
Locker und sportlich für den Golfsport, mit einer Golf Cap, die aber nicht rot sein darf und frei von politischen Parolen sein muss.

15. *Sie trainieren HJO in einer Sportart. Welche wäre ihm zuzumuten?*
Falls er noch nicht golfen kann, ist er jetzt im richtigen »gesetzten Alter«, um darin noch zum Meister werden zu können.

16. *Seit Jahren ist HJO ein begeisterter Blogger. Welches Lifestyle-Thema empfehlen Sie ihm für seine Blogbeiträge?*
Kennen wir noch ein Leben ohne Maske?

17. *Sie sehen, dass HJO eine Kanzel im Kölner Dom besteigt. Gibt es eine Bibelstelle, auf deren Auslegung Sie gespannt sind?*
Als Rheinländer muss er über die Hochzeit zu Kana deliberieren: Wie man Wasser in Wein verwandelt.

18. *Sie lieben einen Klassiker der Weltliteratur und wollen ihn verfilmen. Wie und als was kommt HJO zum Einsatz?*
Thomas Manns *Lotte in Weimar,* HJO als Doktor Riemer.

19. *Sie haben ein Lieblingsbuch von HJO. Aus welchem seiner Bücher soll er Ihnen vorlesen?*
Aus *Im Licht der Lagune.*

20. *Sie treffen HJO im Jenseits. Worüber unterhalten Sie sich?*
Über die Erweiterung dieses Fragebogens: ein unendliches Projekt.

Paul Michael Lützeler (geboren 1943) ist Germanist, er lehrt als Professor an der Washington University in St. Louis und ist Direktor des Max Kade Zentrums für deutschsprachige Gegenwartsliteratur. Auf seine Einladung hin war HJO dort 1988 Writer in Residence.

Rainer Moritz

1. *Sie planen eine Reise mit HJO. Wohin fahren Sie und was erkunden Sie mit ihm zusammen?*

   Wir fahren auf die Schwäbische Alb, wandern nach St. Johann, kehren ein und stellen pflanzenkundliche Studien an.

2. *Sie begleiten HJO in der Dokureihe »Durch die Nacht mit...«. In welcher Stadt sind Sie unterwegs und welche zusätzlichen Gäste laden Sie ein?*

   Meine Geburtsstadt Heilbronn am Neckar böte sich an, zumal ich mich in deren Nachtleben kaum mehr auskenne. Vielleicht zusammen mit der Schauspielerin Astrid M. Fünderich, wegen der allein ich mir SOKO Stuttgart ansehe.

3. *Sie überfliegen mit HJO in einer Montgolfiere eine von Ihnen ausgewählte Region dieser Erde. Was zeigen Sie ihm?*

   Wir besteigen den Ballon in Biarritz und gondeln dann die Pyrenäen entlang bis nach Pau. Unterwegs bekommt er dann das ihm vermutlich noch unbekannte Château d'Orion zu sehen.

4. *Sie gehen mit HJO ins Kino. Welchen Film schauen Sie sich an?*

   Truffauts *Der Mann, der die Frauen liebte.*

5. *Sie erleben HJO als Barpianisten eines Hotels. Was sollte er nur für Sie spielen?*

   Wie wäre es mit französischen Chansons, mit Claude François' »Comme d'habitude« zum Beispiel?

6. *Sie besuchen mit HJO eine Galerie/ein Museum. Über welche Kunstwerke unterhalten Sie sich?*

   Über Stillleben – da passiert so wenig und doch viel.

7. *Sie treten mit HJO in »Inas Nacht« auf. Was werden Sie beide als Duo singen?*
   »In the year 2525« von Zager & Evans.

8. *Sie kennen eine Glücksfee, die HJO einen Wunsch erfüllen würde. Was wird er sich auf Ihren Rat hin wünschen?*
   Lass mich, liebe Fee, den Georg-Büchner-Preis bekommen!

9. *Sie wollen HJO etwas näherbringen, das er bisher leider verpasst hat. Was könnte das sein?*
   Wir gehen zum Fußball, etwa zu einem Heimspiel des TSV 1860 München nach Giesing.

10. *Sie erschrecken, als Sie HJO bei einer Aktion beobachten, die Sie ihm nicht zugetraut hätten. Welche könnte es sein?*
    Er nimmt an einem Pianistenwettbewerb teil, bei dem nur Chopin gespielt werden darf.

11. *Sie kochen für HJO. Was gibt es zu essen – und was zu trinken?*
    Gefüllte Kalbsbrust, Spätzle, grünen Salat – Sauvignon Blanc aus dem Hause Aldinger, Fellbach.

12. *HJO kocht für Sie und schenkt Ihnen ein. Gibt es Speisen und Getränke, von denen Sie träumen?*
    Kutteln, die soll er für mich machen, auf dass ich davon doch noch überzeugt werde. Und dazu einen kräftigen Rotwein aus dem Südwesten Frankreichs, der mir hilft, falls mir selbst seine Kutteln nicht schmecken.

13. *Sie laden HJO in ein Restaurant ein. Wo und in welches?*
    Ins Waldhorn nach Tübingen-Bebenhausen – einfach um zu sehen, ob es noch zu vergleichen ist mit dem Waldhorn meiner Studienzeit.

14. *Sie kleiden HJO ein. Und wie?*
    Mit Stehkragen-Jacketts aus dem Hause Hollington, Paris.

15. *Sie trainieren HJO in einer Sportart. Welche wäre ihm zuzumuten?*
Tipp-Kick.

16. *Seit Jahren ist HJO ein begeisterter Blogger. Welches Lifestyle-Thema empfehlen Sie ihm für seine Blogbeiträge?*
After-Shaves im Test.

17. *Sie sehen, dass HJO eine Kanzel im Kölner Dom besteigt. Gibt es eine Bibelstelle, auf deren Auslegung Sie gespannt sind?*
»Wenn du den Menschen züchtigst um der Sünde willen,/ so verzehrst du seine Schönheit wie Motten ein Kleid.« (Psalm 39)

18. *Sie lieben einen Klassiker der Weltliteratur und wollen ihn verfilmen. Wie und als was kommt HJO zum Einsatz?*
Als Freiherr von Risach in meiner Verfilmung von Adalbert Stifters *Der Nachsommer*.

19. *Sie haben ein Lieblingsbuch von HJO. Aus welchem seiner Bücher soll er Ihnen vorlesen?*
Aus *Die große Liebe*.

20. *Sie treffen HJO im Jenseits. Worüber unterhalten Sie sich?*
Wie es im Diesseits so war.

———————

Rainer Moritz (geboren 1958) ist Schriftsteller, Germanist, Literaturkritiker und Übersetzer. Seit 2005 leitet er das Literaturhaus Hamburg. Das Werk von HJO hat er seit vielen Jahren rezensiert und auf zahlreichen Veranstaltungen zusammen mit dem Autor präsentiert.

Helmut Moysich

1. *Sie planen eine Reise mit HJO. Wohin fahren Sie und was erkunden Sie mit ihm zusammen?*
   Die Reise geht nach Havanna, wo wir die neue Musik- und Barszene erkunden, mit dem obligatorischen Abstecher zur Finca Vigia.

2. *Sie begleiten HJO in der Dokureihe »Durch die Nacht mit…«. In welcher Stadt sind Sie unterwegs und welche zusätzlichen Gäste laden Sie ein?*
   Unterwegs in Weimar mit Nora Tschirner und dem Gottfried Benn-Kenner Holger Hof.

3. *Sie überfliegen mit HJO in einer Montgolfiere eine von Ihnen ausgewählte Region dieser Erde. Was zeigen Sie ihm?*
   Die berückende, südlich von Valencia gelegene Lagunenlandschaft Albufera, u. a. auch Film-Location der spanischen Serie »El Embarcadero«.

4. *Sie gehen mit HJO ins Kino. Welchen Film schauen Sie sich an?*
   Gesualdo. Death for Five Voices von Werner Herzog.

5. *Sie erleben HJO als Barpianisten eines Hotels. Was sollte er nur für Sie spielen?*
   »The girl from Ipanema«.

6. *Sie besuchen mit HJO eine Galerie/ein Museum. Über welche Kunstwerke unterhalten Sie sich?*
   Über Claude Monets Gemälde »Blick auf Vétheuil« (1881) mit seinem schräg über das Bild fließenden, sinnlich-wilden Farben-Lava-Strom und über die magische Farbkomposition von Pierre Bonnards »Grauer Akt im Profil« (1933); beide zu sehen in der Sammlung Batliner in der Albertina/Wien.

7. *Sie treten mit HJO in »Inas Nacht« auf. Was werden Sie beide als Duo singen?*
»Dancing in the street«.

8. *Sie kennen eine Glücksfee, die HJO einen Wunsch erfüllen würde. Was wird er sich auf Ihren Rat hin wünschen?*
Ein (nicht nur) halluzinatorisches Parlando-Gespräch mit Wolfgang Amadeus.

9. *Sie wollen HJO etwas näherbringen, das er bisher leider verpasst hat. Was könnte das sein?*
Das Katamaran-Segeln unter mediterranem cielo.

10. *Sie erschrecken, als Sie HJO bei einer Aktion beobachten, die Sie ihm nicht zugetraut hätten. Welche könnte es sein?*
Im Golf von Morbihan/Bretagne steht HJO im hüfthohen Meereswasser, in sehr geräumige, bis unter die Achseln reichende Gummistiefel gesteckt, macht er sich heimlich dilettantisch-kennerhaft an den »poches à huîtres« zu schaffen.

11. *Sie kochen für HJO. Was gibt es zu essen – und was zu trinken?*
Einfach und essentiell: cozze al vino bianco e limone, dann tagliolini neri con bottarga (aus Cabras/Sardinien) und gamberoni freschi (frisch eingeflogen aus Villasimius/Sardinien). Dazu ein schlichter frischer Prosecco (Mionetto brut). Abschließend ein oder zwei Glaserl Zibibbo (selbstverständlich nur von der Insel Pantelleria).

12. *HJO kocht für Sie und schenkt Ihnen ein. Gibt es Speisen und Getränke, von denen Sie träumen?*
Frischer, gegrillter Oktopus mit Mandeln und Süßkartoffeln, am besten frisch eingeflogen aus dem Fischerdorf Santa Luzia im Süden Portugals. Dazu ein frischer Sancerre.

13. *Sie laden HJO in ein Restaurant ein. Wo und in welches?*
Südlich von Ostia/Rom ins Mediterranea.

14. *Sie kleiden HJO ein. Und wie?*

Legere, weitgeschnittene Hosen im »Bogart-Style«, dazu ein weißes Shirt mit dunklen Querstreifen und darüber eine helle Safari-Jacke – à la Hemingway, ça va de soi.

15. *Sie trainieren HJO in einer Sportart. Welche wäre ihm zuzumuten?*

Wasser-Fahrrad auf den »rii« di Venzia! (Vorzugsweise mit zwei limonengelben Schwimmkörpern.)

16. *Seit Jahren ist HJO ein begeisterter Blogger. Welches Lifestyle-Thema empfehlen Sie ihm für seine Blogbeiträge?*

Formen des Im-Garten-Abhängens.

17. *Sie sehen, dass HJO eine Kanzel im Kölner Dom besteigt. Gibt es eine Bibelstelle, auf deren Auslegung Sie gespannt sind?*

»Ich bin gekommen, meine Schwester, liebe Braut, in meinen Garten. Ich habe meine Myrrhe samt meinen Gewürzen gepflückt; ich habe meine Wabe samt meinem Honig gegessen; ich habe meinen Wein samt meiner Milch getrunken. Esst, meine Freunde, und trinkt und werdet trunken von Liebe!« (Hoheslied 5, 1)

18. *Sie lieben einen Klassiker der Weltliteratur und wollen ihn verfilmen. Wie und als was kommt HJO zum Einsatz?*

Als Helmbrecht in der mittelalterlichen Versnovelle »Meier Helmbrecht« von Wernher der Gartenaere.

19. *Sie haben ein Lieblingsbuch von HJO. Aus welchem seiner Bücher soll er Ihnen vorlesen?*

Aus *Mozart im Innern seiner Sprachen.*

20. *Sie treffen HJO im Jenseits. Worüber unterhalten Sie sich?*

Über die Wiedergeburt und das nächste neue leidenschaftliche rauschhafte Leben.

Helmut Moysich (geboren 1952) ist Germanist und Literatur-übersetzer aus dem Englischen, Französischen und Italienischen. Von 1980–1988 war er zusammen mit HJO Dozent am Deutschen Institut der Universität Mainz.

Berno Neuhoff

1. *Sie planen eine Reise mit HJO. Wohin fahren Sie und was erkunden Sie mit ihm zusammen?*
   An die Nister nach Hahnhof und mit dem Kanu bis zur Sieg mit anschließender Exkursion.

2. *Sie begleiten HJO in der Dokureihe »Durch die Nacht mit…«. In welcher Stadt sind Sie unterwegs und welche zusätzlichen Gäste laden Sie ein?*
   In Wissen. Katholische Pfarrkirche Kreuzerhöhung, kultur-WERK und ehemaliges Walzwerk.

3. *Sie überfliegen mit HJO in einer Montgolfiere eine von Ihnen ausgewählte Region dieser Erde. Was zeigen Sie ihm?*
   Den Westerwald und die Sieg und den Klimawandel.

4. *Sie gehen mit HJO ins Kino. Welchen Film schauen Sie sich an?*
   Wir sehen uns *Der Name der Rose* an.

5. *Sie erleben HJO als Barpianisten eines Hotels. Was sollte er nur für Sie spielen?*
   Edith Piaf: »Non, je ne regrette rien«.

6. *Sie besuchen mit HJO eine Galerie/ein Museum. Über welche Kunstwerke unterhalten Sie sich?*
   Museum Ludwig, Köln. Über die Sammlung zur modernen Kunst und seine Vorlieben.

7. *Sie treten mit HJO in »Inas Nacht« auf. Was werden Sie beide als Duo singen?*
   »Niemals geht man so ganz« von Trude Herr oder »Verdamp lang her« von BAP.

8. *Sie kennen eine Glücksfee, die HJO einen Wunsch erfüllen würde. Was wird er sich auf Ihren Rat hin wünschen?*

Einen reich gedeckten Tisch mit regionalen Kostbarkeiten, guten Wein und ein Picknick in der Abendsonne auf dem Steimel in Wissen.

9. *Sie wollen HJO etwas näherbringen, das er bisher leider verpasst hat. Was könnte das sein?*
Hinter der Theke der Gaststätte Hahnhof zu stehen.

10. *Sie erschrecken, als Sie HJO bei einer Aktion beobachten, die Sie ihm nicht zugetraut hätten. Welche könnte es sein?*
Die Kühe auf dem Hof seiner Großeltern zu füttern oder den Stall zu misten.

11. *Sie kochen für HJO. Was gibt es zu essen – und was zu trinken?*
Rinderbraten vom Schottischen Highlandcattle in Wissen-Köttingen mit einem Westerwälder Bier.

12. *HJO kocht für Sie und schenkt Ihnen ein. Gibt es Speisen und Getränke, von denen Sie träumen?*
Etwas aus seinem Buch *Venedig, eine Verführung.*

13. *Sie laden HJO in ein Restaurant ein. Wo und in welches?*
Alte Vogtei in Hamm (Sieg).

14. *Sie kleiden HJO ein. Und wie?*
Er hat seinen persönlichen Stil bereits gefunden.

15. *Sie trainieren HJO in einer Sportart. Welche wäre ihm zuzumuten?*
Golf.

16. *Seit Jahren ist HJO ein begeisterter Blogger. Welches Lifestyle-Thema empfehlen Sie ihm für seine Blogbeiträge?*
»Von der Kunst glücklich zu leben und der Sehnsucht nach Verbundenheit.«

17. *Sie sehen, dass HJO eine Kanzel im Kölner Dom besteigt. Gibt es eine Bibelstelle, auf deren Auslegung Sie gespannt sind?*
»Alles hat seine Zeit.« (Kohelet 3, 1-15)

18. *Sie lieben einen Klassiker der Weltliteratur und wollen ihn ver-filmen. Wie und als was kommt HJO zum Einsatz?*

    Als Regisseur.

19. *Sie haben ein Lieblingsbuch von HJO. Aus welchem seiner Bücher soll er Ihnen vorlesen?*

    Aus *Hecke*.

20. *Sie treffen HJO im Jenseits. Worüber unterhalten Sie sich?*

    Über den Westerwald als unsere gemeinsame Heimat. Von Natur und Menschen.

Berno Neuhoff (geboren 1969) ist seit 2017 Bürgermeister der Stadt Wissen und seit 2020 Bürgermeister der Verbandsgemeinde und Stadt Wissen. Er ist Westerwälder Nachbar von HJO und mit ihm gemeinsam seit vielen Jahren für das kulturWERKwissen engagiert.

Annette Pehnt

1. *Sie planen eine Reise mit HJO. Wohin fahren Sie und was erkunden Sie mit ihm zusammen?*
   Nach Irland. Westküste! Und die Aran Islands. Ob ihm das wohl gefällt?

2. *Sie begleiten HJO in der Dokureihe »Durch die Nacht mit ...«. In welcher Stadt sind Sie unterwegs und welche zusätzlichen Gäste laden Sie ein?*
   In Hildesheim. Nur wir beide. Der Abend (eher kurz, weil Hildesheim) endet mit einem Absacker im Gästehaus Klocke.

3. *Sie überfliegen mit HJO in einer Montgolfiere eine von Ihnen ausgewählte Region dieser Erde. Was zeigen Sie ihm?*
   Siehe Frage 1.

4. *Sie gehen mit HJO ins Kino. Welchen Film schauen Sie sich an?*
   Den fantastischen Film *Boyhood* von 2014. Der kann etwas, das Literatur auch ständig versucht: Zeit abbilden ...

5. *Sie erleben HJO als Barpianisten eines Hotels. Was sollte er nur für Sie spielen?*
   Celtic Rhythms. Oder etwas von O'Carolan.

6. *Sie besuchen mit HJO eine Galerie/ein Museum. Über welche Kunstwerke unterhalten Sie sich?*
   Ich möchte mit ihm den Barlach-Engel in der Kölner Antoniterkirche besuchen. Nicht reden – schauen ...

7. *Sie treten mit HJO in »Inas Nacht« auf. Was werden Sie beide als Duo singen?*
   Siehe Frage 5. Da findet sich sicher etwas schön Melancholisches.

8. *Sie kennen eine Glücksfee, die HJO einen Wunsch erfüllen würde. Was wird er sich auf Ihren Rat hin wünschen?*

   Er könnte sich den Landgasthof mit Streuobstwiese wünschen, von dem wir schon öfter sprachen, mit einigen schlichten, aber geschmackvollen Gästezimmern – wo er uns bewirtet, schreiben und leben lässt.

9. *Sie wollen HJO etwas näherbringen, das er bisher leider verpasst hat. Was könnte das sein?*

   In Gesellschaft eines Hundes zu sein. (Oder?)

10. *Sie erschrecken, als Sie HJO bei einer Aktion beobachten, die Sie ihm nicht zugetraut hätten. Welche könnte es sein?*

    Er raucht einen Joint, während er die Verfilmung der multimedialen Oper anschaut, die er in Hildesheim mit dem gesamten Fachbereich inszeniert hat.

11. *Sie kochen für HJO. Was gibt es zu essen – und was zu trinken?*

    Hm. Nicht meine Stärke. Ich könnte indisch kochen, dazu gäbe es Lassi – aber mag er das?

12. *HJO kocht für Sie und schenkt Ihnen ein. Gibt es Speisen und Getränke, von denen Sie träumen?*

    Frischer Spargel, Butterkartoffeln (neue Ernte) und dazu ein Weißburgunder.

13. *Sie laden HJO in ein Restaurant ein. Wo und in welches?*

    In den Raben in Horben, einen Berggasthof mit wunderbarer badischer Küche. Er wird es lieben! Das müssen wir unbedingt machen.

14. *Sie kleiden HJO ein. Und wie?*

    Nicht so, wie er es einmal so wunderbar beschrieben hat (karierter Anzug aus dem Secondhand-Laden). Vielleicht in Schwarz, probeweise?

15. *Sie trainieren HJO in einer Sportart. Welche wäre ihm zuzumuten?*

Schach.

16. *Seit Jahren ist HJO ein begeisterter Blogger. Welches Lifestyle-Thema empfehlen Sie ihm für seine Blogbeiträge?*

Superfood.

17. *Sie sehen, dass HJO eine Kanzel im Kölner Dom besteigt. Gibt es eine Bibelstelle, auf deren Auslegung Sie gespannt sind?*

»Gott ist Liebe, und wer in der Liebe bleibt, der bleibt in Gott und Gott in ihm.« (Johannes 1,4)

18. *Sie lieben einen Klassiker der Weltliteratur und wollen ihn verfilmen. Wie und als was kommt HJO zum Einsatz?*

Er könnte Nathan der Weise sein. Aber lieber würde ich Kafka verfilmen. Da müsste noch eine Rolle für ihn dazuerfunden werden. Oder er wäre der Regisseur.

19. *Sie haben ein Lieblingsbuch von HJO. Aus welchem seiner Bücher soll er Ihnen vorlesen?*

Abwechselnd aus *Die Erfindung des Lebens* und *Der Stift und das Papier*.

20. *Sie treffen HJO im Jenseits. Worüber unterhalten Sie sich?*

Darüber, wie erstaunt wir sind, doch hier gelandet zu sein – dabei mussten wir doch vermuten, es gäbe nur das Große Nichts.

Annette Pehnt (geboren 1967) ist Schriftstellerin und Nachfolgerin von HJO auf der Professur für Kreatives Schreiben und Kulturjournalismus an der Universität Hildesheim.

Christian Schärf

1. *Sie planen eine Reise mit HJO. Wohin fahren Sie und was er-*
   kunden Sie mit ihm zusammen?
   Ich würde mit HJO gerne in einer Déesse 21 eine Reise durch
   ganz Frankreich unternehmen, als feldforschende Ergänzung
   zu unserem gemeinsamen Seminar »Die literarische Kultur
   Frankreichs«.

2. *Sie begleiten HJO in der Dokureihe »Durch die Nacht mit…«.*
   In welcher Stadt sind Sie unterwegs und welche zusätzlichen
   Gäste laden Sie ein?
   Wir würden noch einmal zusammen nach Paris fahren und
   dazu Helmut Moysich einladen, der für uns und Peter Handke
   einen Tisch im La Coupole reservieren würde. Während
   des Essens käme es zu einem von Handke ausgelösten Eklat
   wegen des Desserts, was unseren sofortigen Aufbruch aus La
   Coupole und die Fortsetzung des Abends im Petit Dôme nach
   sich zöge.

3. *Sie überfliegen mit HJO in einer Montgolfiere eine von Ihnen*
   ausgewählte Region dieser Erde. Was zeigen Sie ihm?
   Ich würde ihm die Côte d'Azur von Marseille bis Nizza zeigen
   und vor allem das atemberaubende Hinterland von Nizza, die
   Alpes Maritimes.

4. *Sie gehen mit HJO ins Kino. Welchen Film schauen Sie sich an?*
   Falsche Bewegung von Wim Wenders. In einem alten Mainzer
   Programmkino, das nur für uns diesen Film zeigt.

5. *Sie erleben HJO als Barpianisten eines Hotels. Was sollte er nur*
   für Sie spielen?
   »4'33"« von John Cage und danach »Spain« von Chick Corea.

6. *Sie besuchen mit HJO eine Galerie/ein Museum. Über welche Kunstwerke unterhalten Sie sich?*
Über zwei Bilder von René Magritte, »Hegels Ferien« und »Pascals Mantel.«

7. *Sie treten mit HJO in »Inas Nacht« auf. Was werden Sie beide als Duo singen?*
»Azzurro«, wenn Paolo Conte am Piano sitzt.

8. *Sie kennen eine Glücksfee, die HJO einen Wunsch erfüllen würde. Was wird er sich auf Ihren Rat hin wünschen?*
Mainz 05 als Trainer zur Meisterschaft zu führen, obwohl er vielleicht lieber den FC trainiert hätte.

9. *Sie wollen HJO etwas näherbringen, das er bisher leider verpasst hat. Was könnte das sein?*
Die wilde Mani.

10. *Sie erschrecken, als Sie HJO bei einer Aktion beobachten, die Sie ihm nicht zugetraut hätten. Welche könnte es sein?*
Ich schlendere den Corso hinunter und erkenne plötzlich, wie HJO mitten auf der Piazza Venezia versucht, den Verkehr zu regeln.

11. *Sie kochen für HJO. Was gibt es zu essen – und was zu trinken?*
Arme Ritter und Falscher Hase. Dazu eine Flasche Forster Ungeheuer.

12. *HJO kocht für Sie und schenkt Ihnen ein. Gibt es Speisen und Getränke, von denen Sie träumen?*
Fasan mit Wirsing und Gratin dazu eine edle Flasche Châteauneuf-du-Pape. Oder zwei.

13. *Sie laden HJO in ein Restaurant ein. Wo und in welches?*
»Steins Traube« in Mainz-Finthen. En revanche.

14. *Sie kleiden HJO ein. Und wie?*

Klassisch im Italian Style. Dunkler Anzug, Hemd, Krawatte, Hut. Natürlich darf die Sonnenbrille nicht fehlen, mit der er im Sommersemester 2016 zum Elder Statesman gereift ist.

15. *Sie trainieren HJO in einer Sportart. Welche wäre ihm zuzumuten?*

Sitzfußball. Da könnte ich als Trainer auch noch mithalten.

16. *Seit Jahren ist HJO ein begeisterter Blogger. Welches Lifestyle-Thema empfehlen Sie ihm für seine Blogbeiträge?*

Herrenmode, selbsterprobt in Zusammenarbeit mit einer namhaften Herrenausstatterin (die auch Romane schreibt).

17. *Sie sehen, dass HJO eine Kanzel im Kölner Dom besteigt. Gibt es eine Bibelstelle, auf deren Auslegung Sie gespannt sind?*

»Den Most soll man in neue Schläuche fassen, so werden sie beide erhalten.« (Lukas 5, 38)

18. *Sie lieben einen Klassiker der Weltliteratur und wollen ihn verfilmen. Wie und als was kommt HJO zum Einsatz?*

Ich würde die *Wahlverwandtschaften* verfilmen und HJO als Eduard besetzen. Mit seinen Naturbeobachtungen und seinen Liebesromanen bringt er die besten Voraussetzungen mit, die Rolle auszufüllen.

19. *Sie haben ein Lieblingsbuch von HJO. Aus welchem seiner Bücher soll er Ihnen vorlesen?*

Da ich viele Lieblingsbücher von HJO habe, fände ich es spannend, er würde mir aus dem allerersten vorlesen, aus *Fermer*, dessen Hauptfigur ja gerade wieder als Wanderer aufgetaucht ist.

20. *Sie treffen HJO im Jenseits. Worüber unterhalten Sie sich?*

Ob Dante und Vergil hier bei uns doch noch irgendwann vorbeikommen oder ob das von vornherein eine falsche Versprechung der Kulturindustrie gewesen ist.

Christian Schärf (geboren 1960) lehrt seit 2007 als Professor am Institut für Literarisches Schreiben und Literaturwissenschaft der Universität Hildesheim. Seit seinen Mainzer Studien- und Dozentenjahren ist er mit HJO eng verbunden.

Denis Scheck

1. *Sie planen eine Reise mit HJO. Wohin fahren Sie und was erkunden Sie mit ihm zusammen?*

   Vom Blauen Weg kann die Reise nur eine auf der Suche nach der Blauen Blume sein: Ich würde HJO gern in Texas im April die Blue-Bonnet-Blüte zeigen. Ein langer Nachmittag auf der Pferderennbahn in Fort Worth mit einem schön scharfen Chili mit Tacos darf nicht fehlen. Und unbedingt ein Ausflug zu Cormack McCarthy nach El Paso an den Rio Grande.

2. *Sie begleiten HJO in der Dokureihe »Durch die Nacht mit…«. In welcher Stadt sind Sie unterwegs und welche zusätzlichen Gäste laden Sie ein?*

   Montecito, California. Natürlich ist T. C. Boyle mit von der Partie, quasi als Gastgeber in seinem Holzhaus von Frank Lloyd Wright; Antje Rávik Strubel, Joan Didion und Zaia Alexander sollten auch dabei sein. Auf Hannah Arendt, F. Scott Fitzgerald und Thomas Mann und freue ich mich ganz besonders. Philip K. Dick und Carolin Emcke liefern das Salz in der Suppe.

3. *Sie überfliegen mit HJO in einer Montgolfiere eine von Ihnen ausgewählte Region dieser Erde. Was zeigen Sie ihm?*

   Ollantaytambo in Peru. Unten erwartet uns gegrilltes Meerschwein und Cristal, das »Cerveza de los Andes« – auch fein, wir aber bleiben oben bei getrüffeltem Perlhuhn und Champagner…

4. *Sie gehen mit HJO ins Kino. Welchen Film schauen Sie sich an?*

   Laurie Anderson, *Heart of a Dog*.

5. *Sie erleben HJO als Barpianisten eines Hotels. Was sollte er nur für Sie spielen?*

»Ich hab von Kopf bis Fuß die Liebe abbestellt…«: Curt Moreck.

6. *Sie besuchen mit HJO eine Galerie/ein Museum. Über welche Kunstwerke unterhalten Sie sich?*

Eine Retrospektive der Duftkunst Ernesto Netos böte sich an. Gern im Guggenheim.

7. *Sie treten mit HJO in »Inas Nacht« auf. Was werden Sie beide als Duo singen?*

Georg Kreislers: »Weil ich unmusikalisch bin…«

8. *Sie kennen eine Glücksfee, die HJO einen Wunsch erfüllen würde. Was wird er sich auf Ihren Rat hin wünschen?*

Natürlich den Klassiker, auf den jeder aufgeweckte Fünfjährige zu seinem ewigen intellektuellen Stolz von ganz allein kommt: viel mehr Wünsche.

9. *Sie wollen HJO etwas näherbringen, das er bisher leider verpasst hat. Was könnte das sein?*

Meine Liebe zur Science Fiction: Brackett, Pohl & Kornbluth, Asimov, Lem, Heinlein, die Strugatzkys, Dick, Tiptree, Vance, LeGuin, Gibson bis hin zu Cixin Liu und Ted Chiang. Och, das ist ganz leicht…

10. *Sie erschrecken, als Sie HJO bei einer Aktion beobachten, die Sie ihm nicht zugetraut hätten. Welche könnte es sein?*

Ich hätte mir wirklich nie träumen lassen, dass ihn ganz normales gendergerechtes Sprechen von Radiobeiträgen zu solch roher physischer Gewalt hinreißen könnte.

11. *Sie kochen für HJO. Was gibt es zu essen – und was zu trinken?*

Franciacorta mit frittierten Zucchiniblüten… Pasta mit Bottarga vom Thunfisch und Semmelbrösel zu einem weißen La Grange des Pères 2016… Rehrücken auf Linsen und Koriander zu einem Chambertin 2010 von Bruno Clair ... Stilton und Port ... Ich könnte fortfahren.

12. *HJO kocht für Sie und schenkt Ihnen ein. Gibt es Speisen und Getränke, von denen Sie träumen?*

Jede Menge! Ich liebe Innereien, und man kriegt sie immer seltener – alles, was er vom quinto quarto gut findet. Und dazu gern von den sensationellen Winzern rund um Stuttgart.

13. *Sie laden HJO in ein Restaurant ein. Wo und in welches?*

Kochu karu in Berlin. Koreanisch-spanische Fusionküche; Ceviche, Pulpo, Short Ribs ... Die Wirtin ist ausgebildete Opernsängerin und serviert einmal im Monat ein »Sing Mahl« ...

14. *Sie kleiden HJO ein. Und wie?*

Turnbull & Asser, London.

15. *Sie trainieren HJO in einer Sportart. Welche wäre ihm zuzumuten?*

Stabhochsprung. Man sollte immer nach den Sternen greifen.

16. *Seit Jahren ist HJO ein begeisterter Blogger. Welches Lifestyle-Thema empfehlen Sie ihm für seine Blogbeiträge?*

Eine kritische Lektüre des Korans.

17. *Sie sehen, dass HJO eine Kanzel im Kölner Dom besteigt. Gibt es eine Bibelstelle, auf deren Auslegung Sie gespannt sind?*

Römer 1, 26 kommt in Köln meistens ganz groß: »Sie haben Gottes Wahrheit in Lüge verkehrt und das Geschöpf verehrt und ihm gedient statt dem Schöpfer, der gelobt ist in Ewigkeit. Amen. Darum hat sie Gott dahingegeben in schändliche Leidenschaften; denn bei ihnen haben Frauen den natürlichen Verkehr vertauscht mit dem widernatürlichen; desgleichen haben auch die Männer den natürlichen Verkehr mit der Frau verlassen und sind in Begierde zueinander entbrannt und haben Männer mit Männern Schande über sich gebracht und den Lohn für ihre Verirrung, wie es ja sein musste, an sich selbst empfangen.«

18. *Sie lieben einen Klassiker der Weltliteratur und wollen ihn verfilmen. Wie und als was kommt HJO zum Einsatz?*
Als echter Profi kann er bei meiner Verfilmung von Sei Shōnagons *Das Kopfkissenbuch* natürlich alles spielen.

19. *Sie haben ein Lieblingsbuch von HJO. Aus welchem seiner Bücher soll er Ihnen vorlesen?*
Aus *Liebesnähe.*

20. *Sie treffen HJO im Jenseits. Worüber unterhalten Sie sich?*
Wahrscheinlich leider über diese grau-en-haf-te Hitze.

———————

Denis Scheck (geboren 1964) ist Übersetzer, Literaturkritiker und Kanonbildner. In vielen Rundfunk- und Fernsehbeiträgen hat er Werke von HJO begleitet und kommentiert.

Klaus Siblewski

1. *Sie planen eine Reise mit HJO. Wohin fahren Sie und was er-*
   kunden Sie mit ihm zusammen?
   Ganz klar, deutsche Städte, Bamberg, Erfurt, Oldenburg, auf
   keinen Fall Berlin, Hamburg, München.
2. *Sie begleiten HJO in der Dokureihe »Durch die Nacht mit…«.*
   In welcher Stadt sind Sie unterwegs und welche zusätzlichen
   Gäste laden Sie ein?
   Mainz. Dazu bitten würde ich den Lyriker und Germanisten
   Bruno Hillebrand und Helmut Kohl, der für HJO zu seiner
   Zeit in Mainz bereits nur ein Schatten war und (nehme ich
   an) das Weinlokal gerade verließ, das HJO betrat.
3. *Sie überfliegen mit HJO in einer Montgolfiere eine von Ihnen*
   ausgewählte Region dieser Erde. Was zeigen Sie ihm?
   Die Ostseeküste zwischen Lübeck und Rostock. Weil dort
   selbst die Kälte reizvoll ist und die Kirchen auf die ange-
   nehmste Weise leer sind. Das sieht man bereits bestens von
   oben.
4. *Sie gehen mit HJO ins Kino. Welchen Film schauen Sie sich an?*
   Nur in Lichtspielhäuser wie das Kommunale Kino in Frankfurt, und dort schauen wir uns alte italienische Filme in
   Schwarz-weiß an mit den staubigsten und poetischsten Straßen.
5. *Sie erleben HJO als Barpianisten eines Hotels. Was sollte er nur*
   für Sie spielen?
   Lieder von Paolo Conte, aber gecovert als Fuge oder in Rondo-
   Form und zum Mitsummen. Zuerst muss aber das Klavier ge-
   stimmt werden.

6. *Sie besuchen mit HJO eine Galerie/ein Museum. Über welche Kunstwerke unterhalten Sie sich?*
Andy Warhol. Thema: Wo es die besten Erdbeeren oder Kirschen zu kaufen gibt und wann und wie man diese Früchte am besten isst. Mehr wird über bildende Kunst nicht gesprochen.

7. *Sie treten mit HJO in »Inas Nacht« auf. Was werden Sie beide als Duo singen?*
»An Schwager Kronos« von Goethe, allerdings nicht in der Schubert-Vertonung, sondern einer neu aufgetauchten Shanty-Version. Der Männerchor wird zur ausdrucksvoll leisen Begleitung ausnahmsweise mit ins Lokal gebeten.

8. *Sie kennen eine Glücksfee, die HJO einen Wunsch erfüllen würde. Was wird er sich auf Ihren Rat hin wünschen?*
Einen Fotografen, dessen Kunst er vertraut.

9. *Sie wollen HJO etwas näherbringen, das er bisher leider verpasst hat. Was könnte das sein?*
Dass Stuttgart und Köln furchtbare Fußballmannschaften haben und er sich besser an Mannschaften hält, die aus Städten mit dem Anfangsbuchstaben »F« kommen, Freiburg oder Frankfurt am Main.

10. *Sie erschrecken, als Sie HJO bei einer Aktion beobachten, die Sie ihm nicht zugetraut hätten. Welche könnte es sein?*
Herumfliegendes Papier auf dem Kulturcampus in Hildesheim zusammensammeln – mit dem Hinweis, außer ihm würde das ohnehin niemand machen.

11. *Sie kochen für HJO. Was gibt es zu essen – und was zu trinken?*
Gekocht wird nichts. Aber geöffnet wird viel: Austern und Riesling-Sekt aus dem Rheingau zum Beispiel.

12. *HJO kocht für Sie und schenkt Ihnen ein. Gibt es Speisen und Getränke, von denen Sie träumen?*

Nein, er kocht garantiert auch nicht. Dafür gibt es die besten Sushi Stuttgarts und für mich einen grünen Tee aus einer ausgesuchten japanischen Lage.

13. *Sie laden HJO in ein Restaurant ein. Wo und in welches?*

Stuttgart, Wielandshöhe. Gut soll es sein, nicht exotisch, und der Koch soll seinen Ehrgeiz nicht über Stunden auf das Arrangieren der Teller austoben.

14. *Sie kleiden HJO ein. Und wie?*

Wie Peaky Blinders. Schiebermützen, breite Hosenträger, gesucht einfachen Haarschnitt.

15. *Sie trainieren HJO in einer Sportart. Welche wäre ihm zuzumuten?*

Hanteltraining in einer genau abgestimmten Kaskade von Anstrengungen und immer mit dem Hinweis, danach würde ihm das Schwimmen noch leichter fallen.

16. *Seit Jahren ist HJO ein begeisterter Blogger. Welches Lifestyle-Thema empfehlen Sie ihm für seine Blogbeiträge?*

Übernachtung an fremden Orten: Zelt, Iglu-Hotel in der Arktis, Caravan, Grandhotels zwischen Moskau und Wladiwostok etc. unter besonderer Berücksichtigung der Bücher, die es dort gibt oder geben sollte.

17. *Sie sehen, dass HJO eine Kanzel im Kölner Dom besteigt. Gibt es eine Bibelstelle, auf deren Auslegung Sie gespannt sind?*

Die Vermehrung von Fisch, Brot und Wein, also ein spezieller Aspekt der Bergpredigt.

18. *Sie lieben einen Klassiker der Weltliteratur und wollen ihn verfilmen. Wie und als was kommt HJO zum Einsatz?*

Josef von Eichendorffs *Aus dem Leben eines Taugenichts* in der Rolle Eichendorffs, der den Zuschauern erklärt, dass dieser

Stoff alles andere als harmlos ist. Alleine die Frauenfiguren und was der Taugenichts mit ihnen vorhat, es lohne sich, das genau anzusehen ...

19. *Sie haben ein Lieblingsbuch von HJO. Aus welchem seiner Bücher soll er Ihnen vorlesen?*
Unter anderem die Berlin-Passagen aus *Blauer Weg.*

20. *Sie treffen HJO im Jenseits. Worüber unterhalten Sie sich?*
Wo es hier brauchbare Notizbücher, Bleistifte und Faserstifte gibt und welche Tageszeitungen die Lektüre lohnen, damit man mit Schwung in den Tag findet.

Klaus Siblewski (geboren 1950) ist seit 1980 Lektor des Luchterhand Verlags. Seit 1998 begleitet er das Werk von HJO als Lektor.

Christine Soetbeer und Ernst Günther Seibt

1. *Sie planen eine Reise mit HJO. Wohin fahren Sie und was erkunden Sie mit ihm zusammen?*
   Eine Dampferfahrt in die Havellandschaft, mit ihren Kirchen und zahlreichen Schlössern der Hohenzollern.

2. *Sie begleiten HJO in der Dokureihe »Durch die Nacht mit...«. In welcher Stadt sind Sie unterwegs und welche zusätzlichen Gäste laden Sie ein?*
   London! Mit Mackie Messer und Karl Marx durch Soho; in Covent Garden mit Mr. Händel.

3. *Sie überfliegen mit HJO in einer Montgolfiere eine von Ihnen ausgewählte Region dieser Erde. Was zeigen Sie ihm?*
   Sicherheitshalber nur die Route vom Salzkammergut ins Engadin, zur Landung in Sils Maria.

4. *Sie gehen mit HJO ins Kino. Welchen Film schauen Sie sich an?*
   Wir sehen uns *Night on earth* an.

5. *Sie erleben HJO als Barpianisten eines Hotels. Was sollte er nur für Sie spielen?*
   »As time goes by...«

6. *Sie besuchen mit HJO eine Galerie/ein Museum. Über welche Kunstwerke unterhalten Sie sich?*
   Wir gehen durch die Wallace-Collection, hin zu Jean Honoré Fragonards »Die Schaukel«.

7. *Sie treten mit HJO in »Inas Nacht« auf. Was werden Sie beide als Duo singen?*
   Zu dritt: »Am Brunnen vor dem Tore...«

8. *Sie kennen eine Glücksfee, die HJO einen Wunsch erfüllen würde. Was wird er sich auf Ihren Rat hin wünschen?*
Einen »Fliegenden Teppich« …

9. *Sie wollen HJO etwas näherbringen, das er bisher leider verpasst hat. Was könnte das sein?*
Die Liebe zu der schönen Stadt BERLIN.

10. *Sie erschrecken, als Sie HJO bei einer Aktion beobachten, die Sie ihm nicht zugetraut hätten. Welche könnte es sein?*
HJO schiebt Champagner beiseite und macht sich lustvoll über eine Mineralwasser-Flasche her.

11. *Sie kochen für HJO. Was gibt es zu essen – und was zu trinken?*
Austern und Champagner.

12. *HJO kocht für Sie und schenkt Ihnen ein. Gibt es Speisen und Getränke, von denen Sie träumen?*
Champagner und Austern.

13. *Sie laden HJO in ein Restaurant ein. Wo und in welches?*
11–15 Swallow Street London, BENTLEY'S (since 1916).

14. *Sie kleiden HJO ein. Und wie?*
Gern mit Dudelsack und Buchanan-Tartan-Rock.

15. *Sie trainieren HJO in einer Sportart. Welche wäre ihm zuzumuten?*
Kopfstand.

16. *Seit Jahren ist HJO ein begeisterter Blogger. Welches Lifestyle-Thema empfehlen Sie ihm für seine Blogbeiträge?*
Bartoli, Garanca, Netrebko – drei Primadonnen und ihre Auftritte, unter besonderer Berücksichtigung von Eros und Klang.

17. *Sie sehen, dass HJO eine Kanzel im Kölner Dom besteigt. Gibt es eine Bibelstelle, auf deren Auslegung Sie gespannt sind?*
Hoheslied Salomonis 8: »Lege mich wie ein Siegel auf dein Herz, wie ein Siegel auf deinen Arm. Denn Liebe ist stark wie

der Tod und Leidenschaft unwiderstehlich wie das Toten-reich. Ihre Glut ist feurig und eine Flamme des Herrn.«

18. *Sie lieben einen Klassiker der Weltliteratur und wollen ihn ver-filmen. Wie und als was kommt HJO zum Einsatz?*
   Tempest! *Der Sturm* aus »postkolonialer Sicht« ... und natür-lich als Caliban.

19. *Sie haben ein Lieblingsbuch von HJO. Aus welchem seiner Bücher soll er Ihnen vorlesen?*
   Aus *Im Licht der Lagune.*

20. *Sie treffen HJO im Jenseits. Worüber unterhalten Sie sich?*
   Über Gott und die Welt.

Christine Soetbeer und Ernst Günther Seibt Christine Soetbeer sind Inhaber und Leiter Kairon Filmgesellschaft in Hamburg. Für drei Filmprojekte für das ZDF (Dämonen der Städte – Georg Heym; Ezra Pound; Dr. Robert Schumann, Teufelsromantiker) gewannen sie HJO als Drehbuchautor.

Stefanie Stegmann

1. *Sie planen eine Reise mit HJO. Wohin fahren Sie und was erkunden Sie mit ihm zusammen?*
   Die Santa Constanza! HJO hatte mir das etwas versteckt gelegene einstige Mausoleum für meine Romreise empfohlen. In den wenigen Tagen meines Aufenthalts war ich gleich mehrere Male in der kleinen stillen, leeren und zutiefst bezaubernden Kirche.

2. *Sie begleiten HJO in der Dokureihe »Durch die Nacht mit...«. In welcher Stadt sind Sie unterwegs und welche zusätzlichen Gäste laden Sie ein?*
   Vermutlich wäre ich mit HJO in Köln unterwegs: eine Stadt, die mir nahezu unbekannt ist und die mich nie besonders interessiert hat. Diese Dokunacht würde das ändern. Mit dabei wäre Mariana Leky.

3. *Sie überfliegen mit HJO in einer Montgolfiere eine von Ihnen ausgewählte Region dieser Erde. Was zeigen Sie ihm?*
   Die ostfriesischen Inseln und das Wattenmeer. Mit dem Norden kann er nichts anfangen, wenn ich mich richtig erinnere. Aber von oben kann er sich die Sache ja mal anschauen.

4. *Sie gehen mit HJO ins Kino. Welchen Film schauen Sie sich an?*
   Das »Stuttgarter Journal« 1–5.

5. *Sie erleben HJO als Barpianisten eines Hotels. Was sollte er nur für Sie spielen?*
   Alles, was ich mir wünschte, wäre für ihn Quälerei! Das lassen wir mal.

6. *Sie besuchen mit HJO eine Galerie/ein Museum. Über welche Kunstwerke unterhalten Sie sich?*
Alte Pinakothek München: Er darf sich was aussuchen.

7. *Sie treten mit HJO in »Inas Nacht« auf. Was werden Sie beide als Duo singen?*
–

8. *Sie kennen eine Glücksfee, die HJO einen Wunsch erfüllen würde. Was wird er sich auf Ihren Rat hin wünschen?*
Dass die Zeit sich dehnt, um HJOs Begeisterungsfähigkeit und seinen mäandernd-vertieften Studien Raum zu geben.

9. *Sie wollen HJO etwas näherbringen, das er bisher leider verpasst hat. Was könnte das sein?*
Die Schönheit des Feminismus.

10. *Sie erschrecken, als Sie HJO bei einer Aktion beobachten, die Sie ihm nicht zugetraut hätten. Welche könnte es sein?*
Frontsprecher auf einer feministischen Demo.

11. *Sie kochen für HJO. Was gibt es zu essen – und was zu trinken?*
Siehe Frage 5: Das möchte ich ihm nicht zumuten.

12. *HJO kocht für Sie und schenkt Ihnen ein. Gibt es Speisen und Getränke, von denen Sie träumen?*
Das wiederum möchte ich mir selbst allzu gern zumuten. Traumlos.

13. *Sie laden HJO in ein Restaurant ein. Wo und in welches?*
In das Fischrestaurant in der Stuttgarter Markthalle.

14. *Sie kleiden HJO ein. Und wie?*
Das Original ist nicht zu toppen.

15. *Sie trainieren HJO in einer Sportart. Welche wäre ihm zuzumuten?*
Yoga.

16. *Seit Jahren ist HJO ein begeisterter Blogger. Welches Lifestyle-Thema empfehlen Sie ihm für seine Blogbeiträge?*
Yoga.

17. *Sie sehen, dass HJO eine Kanzel im Kölner Dom besteigt. Gibt es eine Bibelstelle, auf deren Auslegung Sie gespannt sind?*
Das Buch Ruth.

18. *Sie lieben einen Klassiker der Weltliteratur und wollen ihn verfilmen. Wie und als was kommt HJO zum Einsatz?*
–

19. *Sie haben ein Lieblingsbuch von HJO. Aus welchem seiner Bücher soll er Ihnen vorlesen?*
Aus *Lo und Lu.*

20. *Sie treffen HJO im Jenseits. Worüber unterhalten Sie sich?*
Über Beobachtungen aus dem Diesseits, Dinge des Genusses und der Lebensfreude.

———————

Stefanie Stegmann (geboren 1974) ist Kulturwissenschaftlerin und leitet seit 2014 das Literaturhaus Stuttgart, wo HJO seit 2001 über hundert Mal aufgetreten ist und die Reihen »Spätlese«, »Ortheils Monologe« und »Stuttgarter Journal« initiiert hat.

Alain Claude Sulzer

1. *Sie planen eine Reise mit HJO. Wohin fahren Sie und was erkunden Sie mit ihm zusammen?*
   Da ich Venedig und Paris möglicherweise ebenso gut kenne wie HJO, würde ich es vorziehen, dass er mir einen Vorschlag macht. Stuttgart womöglich, das ich kaum kenne?

2. *Sie begleiten HJO in der Dokureihe »Durch die Nacht mit…«. In welcher Stadt sind Sie unterwegs und welche zusätzlichen Gäste laden Sie ein?*
   Meine Stadt Basel. Ich würde meine Freunde Oliver Schnyder und Andrea Lorenzo Scartazzini dazu einladen; der eine Pianist, der andere Komponist. Da würden sich bestimmt anregende Gespräche und jede Menge Musik ergeben.

3. *Sie überfliegen mit HJO in einer Montgolfiere eine von Ihnen ausgewählte Region dieser Erde. Was zeigen Sie ihm?*
   Den elsässischen Sundgau, in dem ich lebe.

4. *Sie gehen mit HJO ins Kino. Welchen Film schauen Sie sich an?*
   Roma von Alfonso Cuarón und *Parasite* von Bong Joon–ho, weil es die eindrücklichsten Filme sind, die ich in letzter Zeit gesehen habe.

5. *Sie erleben HJO als Barpianisten eines Hotels. Was sollte er nur für Sie spielen?*
   Chopins Nocturne Nr. 5 Fis-Dur.

6. *Sie besuchen mit HJO eine Galerie/ein Museum. Über welche Kunstwerke unterhalten Sie sich?*
   In der Galleria dell'Accademia über die unermessliche Kunst des venezianischen Lichtmeisters Giovanni Bellini.

7. *Sie treten mit HJO in »Inas Nacht« auf. Was werden Sie beide als Duo singen?*
Das Duett »Suoni la Tromba« aus den *Puritani* des anderen großen Bellini!

8. *Sie kennen eine Glücksfee, die HJO einen Wunsch erfüllen würde. Was wird er sich auf Ihren Rat hin wünschen?*
Je einfallsloser der Wunsch, desto besser kann die Glücksfee ihn sich merken: ein langes Leben und viele Bücher.

9. *Sie wollen HJO etwas näherbringen, das er bisher leider verpasst hat. Was könnte das sein?*
Oh, das ist kaum zu beantworten, zumal es vermutlich nichts gibt, was HJO verpasst hat. Ich melde mich wieder, sobald mir etwas einfällt.

10. *Sie erschrecken, als Sie HJO bei einer Aktion beobachten, die Sie ihm nicht zugetraut hätten. Welche könnte es sein?*
Kaum vorstellbar, dass HJO ein Netflixabo hat und in Serien versinkt. Aber wer weiß...

11. *Sie kochen für HJO. Was gibt es zu essen – und was zu trinken?*
Beginnen wir mit dem Trinken: erst einen weißen Burgunder aus dem Burgund, später einen Bandol. Zur Vorspeise Spaghetti vongole, zur Hauptspeise einen Lammnavarin, zum Dessert Îles flottantes. Davor noch einen Bleu des Causses. Und zum Abschluss einen Champagner.

12. *HJO kocht für Sie und schenkt Ihnen ein. Gibt es Speisen und Getränke, von denen Sie träumen?*
Seltsam, aber vom Essen träume ich nie. Es gibt so viele gute Dinge, die man ohne große Umstände auf den Tisch bekommt, dass sich das Träumen davon offenbar erübrigt.

13. *Sie laden HJO in ein Restaurant ein. Wo und in welches?*
Ein Essen bei Vincent Klink, dem Freund so vieler Schriftsteller, läge natürlich nahe, aber ich würde mich für ein Cic-

chetti–Gelage auf dem Dorsoduro entscheiden. Ich würde einen der Söhne Alessandra De Respinis' bitten, ausnahmsweise einen weißgedeckten Tisch und zwei Stühle mit einer ersten Flasche Alto Adige Chardonnay von Hofstätter an den Rio S. Trovaso zu stellen und uns dann so viele verschiedene Cicchetti zu servieren wie wir nur essen können. Immer zwei von jeder Sorte. Wenn die Flasche leer ist, einen friaulischen Refosco.

14. *Sie kleiden HJO ein. Und wie?*

In ein buntes Renaissancekostüm.

15. *Sie trainieren HJO in einer Sportart. Welche wäre ihm zuzumuten?*

Da er ja bereits passend gekleidet ist, empfehle ich Fechten.

16. *Seit Jahren ist HJO ein begeisterter Blogger. Welches Lifestyle-Thema empfehlen Sie ihm für seine Blogbeiträge?*

Schminktutorials für Männer.

17. *Sie sehen, dass HJO eine Kanzel im Kölner Dom besteigt. Gibt es eine Bibelstelle, auf deren Auslegung Sie gespannt sind?*

»Wenn ich mit Menschen- und mit Engelszungen redete, und hätte der Liebe nicht, so wär' ich ein tönend' Erz, oder eine klingende Schelle.« (1. Korinther 13,1)

18. *Sie lieben einen Klassiker der Weltliteratur und wollen ihn verfilmen. Wie und als was kommt HJO zum Einsatz?*

Als Bartleby, der Schreiber. Wo kommt man als Laienschauspieler mit einem einzigen Satz so weit, die gesamte Aufmerksamkeit durch eben diesen einen Satz auf sich zu ziehen?

19. *Sie haben ein Lieblingsbuch von HJO. Aus welchem seiner Bücher soll er Ihnen vorlesen?*

Aus *Der Stift und das Papier.*

20. Sie treffen HJO im Jenseits. Worüber unterhalten Sie sich?
HJO wird mir eine Antwort auf die Frage Nr. 9 geben, und
dann werde auch ich ihm erzählen, was ich verpasst habe.

———————————

Alain Claude Sulzer (geboren 1953) ist Schriftsteller und lebt in
Basel, Vieux Ferrette und Berlin. Mit HJO teilt er die Liebe zu
Frankreich, Italien und zur klassischen Musik.

Daniela und Markus Wortelkamp

1. *Sie planen eine Reise mit HJO. Wohin fahren Sie und was erkunden Sie mit ihm zusammen?*
   Italien, Rom.

2. *Sie begleiten HJO in der Dokureihe »Durch die Nacht mit…«. In welcher Stadt sind Sie unterwegs und welche zusätzlichen Gäste laden Sie ein?*
   Venedig, Ranga Yogeshwar und Ina Müller.

3. *Sie überfliegen mit HJO in einer Montgolfiere eine von Ihnen ausgewählte Region dieser Erde. Was zeigen Sie ihm?*
   Schweden.

4. *Sie gehen mit HJO ins Kino. Welchen Film schauen Sie sich an?*
   Wir sehen uns *Die Herbstzeitlosen* an.

5. *Sie erleben HJO als Barpianisten eines Hotels. Was sollte er nur für Sie spielen?*
   »My Baby just cares for me«, Nina Simone.

6. *Sie besuchen mit HJO eine Galerie/ein Museum. Über welche Kunstwerke unterhalten Sie sich?*
   Paula Modersohn-Becker, August Macke, Anders Zorn und William Turner.

7. *Sie treten mit HJO in »Inas Nacht« auf. Was werden Sie beide als Duo singen?*
   Mit Daniela: »I am what I am«, Gloria Gaynor.

8. *Sie kennen eine Glücksfee, die HJO einen Wunsch erfüllen würde. Was wird er sich auf Ihren Rat hin wünschen?*
   Ein selbstfahrendes Auto.

9. *Sie wollen HJO etwas näherbringen, das er bisher leider verpasst hat. Was könnte das sein?*
Skifahren.

10. *Sie erschrecken, als Sie HJO bei einer Aktion beobachten, die Sie ihm nicht zugetraut hätten. Welche könnte es sein?*
HJO mit Rollschuhen durch die Kölner Innenstadt.

11. *Sie kochen für HJO. Was gibt es zu essen – und was zu trinken?*
Entweder Kalbsbries mit Crémant Rosé oder Kutteln mit Bratkartoffeln und Gutedel.

12. *HJO kocht für Sie und schenkt Ihnen ein. Gibt es Speisen und Getränke, von denen Sie träumen?*
Einfache italienische Küche mit HJOs Hauswein.

13. *Sie laden HJO in ein Restaurant ein. Wo und in welches?*
Restaurant Linnenboom im Romantik-Hotel Hof zur Linde in Münster.

14. *Sie kleiden HJO ein. Und wie?*
Leinenhose und Leinenhemd, Lederschuhe im Sommer, feine Wollhose und Kaschmirpullover (dunkel) im Winter.

15. *Sie trainieren HJO in einer Sportart. Welche wäre ihm zuzumuten?*
Yoga.

16. *Seit Jahren ist HJO ein begeisterter Blogger. Welches Lifestyle-Thema empfehlen Sie ihm für seine Blogbeiträge?*
Vegane Gerichte und Vintage-/Secondhand-Einkauf.

17. *Sie sehen, dass HJO eine Kanzel im Kölner Dom besteigt. Gibt es eine Bibelstelle, auf deren Auslegung Sie gespannt sind?*
»Die Worte eines gedankenlosen Schwätzers verletzen wie Messerstiche; was ein weiser Mensch sagt, heilt und belebt.« (Sprüche 12, 18)

18. *Sie lieben einen Klassiker der Weltliteratur und wollen ihn ver-filmen. Wie und als was kommt HJO zum Einsatz?*
   Der kleine Prinz, HJO als Erzähler.
19. *Sie haben ein Lieblingsbuch von HJO. Aus welchem seiner Bücher soll er Ihnen vorlesen?*
   Aus *Die Erfindung des Lebens*.
20. *Sie treffen HJO im Jenseits. Worüber unterhalten Sie sich?*
   Essen, Wein, Italien, Westerwald, den Sinn des Lebens.

Daniela und Markus Wortelkamp führen in fünfter Genera-tion Hotel und Restaurant der Alten Vogtei in Hamm/Sieg. Das schöne Fachwerkhaus, in dem 1818 Wilhelm Raiffeisen geboren wurde, gehört zu HJOs immer wieder aufgesuchten Oasen im Westerwald.

Erwin & Ulla Wortelkamp

1. *Sie planen eine Reise mit HJO. Wohin fahren Sie und was erkunden Sie mit ihm zusammen?*
   Venedig, um seine Liebe zu dieser Stadt vor Ort zu erleben.
2. *Sie begleiten HJO in der Dokureihe »Durch die Nacht mit...«. In welcher Stadt sind Sie unterwegs und welche zusätzlichen Gäste laden Sie ein?*
   Ein Streifzug durchs nächtliche Köln, zusammen mit Jürgen Becker, Martin Stankowski und guten Freunden.
3. *Sie überfliegen mit HJO in einer Montgolfiere eine von Ihnen ausgewählte Region dieser Erde. Was zeigen Sie ihm?*
   Das Piano Grande von Castelluccio zur Zeit der blühenden Linsenfelder, der steigenden Lerchen und der grasenden Schafherden.
4. *Sie gehen mit HJO ins Kino. Welchen Film schauen Sie sich an?*
   Einen Film, der in den Häusern, Bars, Straßen und auf den Plätzen von Ascoli spielt: *I delfini* von Francesco Maselli (1960).
5. *Sie erleben HJO als Barpianisten eines Hotels. Was sollte er nur für Sie spielen?*
   Etwas aus dem »Köln Concert« von Keith Jarrett.
6. *Sie besuchen mit HJO eine Galerie/ein Museum. Über welche Kunstwerke unterhalten Sie sich?*
   Nachdem wir uns im hintersten Kabinett der Galleria Doria Pamphilj den gebieterischen Papst Innozenz X von Diego Velasquez (1650) angeschaut haben, sitzen wir im Caffè Doria in der Via della gatta 1, bei köstlichen stuzzichini und vino frizzante und unterhalten uns über den »schreienden Papst« von Francis Bacon (1950).

7. *Sie treten mit HJO in »Inas Nacht« auf. Was werden Sie beide als Duo singen?*
Mit Ulla: »Somewhere over the rainbow«.

8. *Sie kennen eine Glücksfee, die HJO einen Wunsch erfüllen würde. Was wird er sich auf Ihren Rat hin wünschen?*
Ein Gartenhaus auf dem Meer.

9. *Sie wollen HJO etwas näherbringen, das er bisher leider verpasst hat. Was könnte das sein?*
Tango-Tanzen.

10. *Sie erschrecken, als Sie HJO bei einer Aktion beobachten, die Sie ihm nicht zugetraut hätten. Welche könnte es sein?*
Einträchtige Gänge mit einem liebenswerten Hund, der danach mit Herrchen auf dem Sofa ruht.

11. *Sie kochen für HJO. Was gibt es zu essen – und was zu trinken?*
Produkte aus dem Westerwald, aus dem Mehrbach, der durchs TAL fließt und vor allem aus den Feldgärten unseres TALs:
   * Ringelbeeten mit Chips vom Cavolo Nero
   * Rehrücken mit feinem Steinpilz-Wirsing
   * alternativ Blütchenkohl mit Stampf von der Vitelotte
   * Käseauswahl mit schwarzen Nüssen
   oder –
   * Flusskrebse aus dem Mehrbach mit Safran-Dip
   (Safran aus eigener Ernte)

12. *HJO kocht für Sie und schenkt Ihnen ein. Gibt es Speisen und Getränke, von denen Sie träumen?*
Einfache marchegianische Küche, so wie bei Azzurro in Acquaviva, dazu Weine von Ciù Ciù – Tebaldo (weiß), Gotico (rot).

13. *Sie laden HJO in ein Restaurant ein. Wo und in welches?*
In die Alte Vogtei in Hamm an der Sieg.

14. *Sie kleiden HJO ein. Und wie?*

Wir schenken ihm einen Taucheranzug.

15. *Sie trainieren HJO in einer Sportart. Welche wäre ihm zuzumuten?*

Wenn WIR ihn trainieren sollen, können wir nur Tretboot anbieten!

16. *Seit Jahren ist HJO ein begeisterter Blogger. Welches Lifestyle-Thema empfehlen Sie ihm für seine Blogbeiträge?*

Kampf den Kreuzfahrten, auch denen durch die Lagune von Venedig.

17. *Sie sehen, dass HJO eine Kanzel im Kölner Dom besteigt. Gibt es eine Bibelstelle, auf deren Auslegung Sie gespannt sind?*

Die Vertreibung aus dem Paradies – wohin?

18. *Sie lieben einen Klassiker der Weltliteratur und wollen ihn verfilmen. Wie und als was kommt HJO zum Einsatz?*

Wir lieben viele Klassiker der Weltliteratur, doch finden wir für eine Verfilmung keine Rolle, in der wir HJO gerne sehen möchten. Entweder werden die Protagonisten ermordet oder begehen Selbstmord, sind unglücklich und verzweifelt, werden irre, sind hinterhältige Schurken oder große Helden, sind skrupellose Politiker oder grausame Herrscher. HJO wird sich etwas Passendes einfallen lassen.

19. *Sie haben ein Lieblingsbuch von HJO. Aus welchem seiner Bücher soll er Ihnen vorlesen?*

Aus *Hecke.*

20. *Sie treffen HJO im Jenseits. Worüber unterhalten Sie sich?*

Über die Erfahrungen beim Schwimmen und Tauchen im Meer.

Erwin Wortelkamp (geboren 1938) ist Bildhauer und Maler; zusammen mit seiner Frau **Ulla Wortelkamp** (geboren 1945) lebt er in Hasselbach im Westerwald und in Acquaviva Picena (Provinz Ascoli Piceno). 1986 begann er mit der Anlage des Skulpturenparks im TAL, über das HJO ein Buch und viele Artikel geschrieben hat.

Penguin Random House Verlagsgruppe FSC® N001967

1. Auflage
Originalausgabe Oktober 2021
Copyright © 2021 by btb Verlag
in der Penguin Random House Verlagsgruppe GmbH,
Neumarkter Str. 28, 81673 München
Covergestaltung: Semper Smile unter Verwendung
verschiedener Cover des Autors Hanns-Josef Ortheil bei Penguin Random House
Satz: Uhl + Massopust, Aalen
Druck und Einband: GGP Media GmbH, Pößneck
cb · Herstellung: sc
Printed in Germany
ISBN 978-3-442-77179-0

www.btb-verlag.de
www.facebook.com/btbverlag

Hanns-Josef Ortheil

OMBRA

Roman einer Wiedergeburt

304 Seiten, gebunden, Luchterhand 87661

»Ombra« erzählt die Geschichte einer Wiederkehr aus großer
Todesnähe: Im Sommer 2019 wird bei Hanns-Josef Ortheil
eine schwere Herzinsuffizienz festgestellt. Die anschließende
Operation verläuft nicht ohne Komplikationen, es folgt
der lange Aufenthalt in einer Rehaklinik. Das Leben des
höchst produktiven Autors, der sich selten schont, steht am
Scheideweg – der Körper hat die Herrschaft übernommen
und lässt nicht mit sich verhandeln. Doch in das Gefühl der
Ohnmacht und Angst hinein kehrt allmählich das Schreiben
zurück …

Stück für Stück setzt Hanns-Josef Ortheil in seinem wohl
persönlichsten Buch aus Wahrnehmungen, Erinnerungen und
Reflexionen sein Leben neu zusammen. Wer ist er gewesen vor
der Krankheit? Und wer kann er danach einmal sein?

www.luchterhand-verlag.de